LES
TRACES D'ANIMAUX

LES GUIDES NATURE BROQUET

HORTICULTURE :
Les plantes d'intérieur (Larry Hodgson)
Les vivaces (Larry Hodgson)
Les annuelles (Larry Hodgson)
Les plantes sauvages médicinales
Plantes médicinales et aromatiques
Les arbres et arbustes fruitiers
Ces plantes qui nous parlent d'arômes
Grands principes de l'aménagement paysager
Guide des végétaux d'ornement (Tome I, II, III)
Serres à l'énergie solaire

OISEAUX :
L'alimentation des oiseaux
Guide d'identification des oiseaux (National Geographic Society)
Les oiseaux de l'Est de l'Amérique du Nord (Peterson)
Les oiseaux de l'Est de l'Amérique du Nord (Stokes)
Mangeoires d'oiseaux (Stokes)
Nichoirs d'oiseaux (Stokes)
Les oiseaux du Canada (Godfrey)
Les oiseaux de mer (Harrison)
L'observation des oiseaux
Petits Peterson, Oiseaux

ARBRES ET FLEURS SAUVAGES :
Guide des arbres de l'Amérique du Nord
Guide d'identification des arbres du Canada
Guide des fleurs sauvages (Newcomb)
Petits Peterson, Fleurs sauvages

AUTRES :
Le guide des Papillons du Québec
Dictionnaire des sciences de l'environnement
Guide des insectes (Peterson)
Guide des mammifères (Peterson)
Guide des traces d'animaux (Peterson)
Initiation aux champignons
Petits Peterson, Insectes
Petits Peterson, Mammifères

Les **traces** d'animaux

Olaus J. Murie

traduit de l'américain
par Philippe Blain

*Parrainé par la National Audubon Society
et la National Wildlife Federation*

 **Broquet**

151-A, boul. de Mortagne, Boucherville, Qc, CANADA, J4B 6G4
Tél.: (450) 449-5531 / Télécopieur: (450) 449-5532
Internet: http://www.broquet.qc.ca
Courrier électronique: info@broquet.qc.ca

Données de catalogage avant publication (Canada)

Murie, Olaus J. (Olaus Johan), 1889-1963.

Le Peterson des traces d'animaux

Traduction de : A field guide to animal tracks.
Comprend un index.
Bibliogr.: p.

ISBN 2-89000-248-9

1. Empreintes animales. 2. Zoologie - Amérique du Nord. 3. Zoologie - Amérique Centrale. 4. Animaux - Moeurs et comportement. I. Titre.

QL768.M8714 1989   591.5   C89-096194-8

Pour l'aide à son programme éditorial, l'éditeur remercie :
Le Gouvernement du Canada par l'entremise du Programme d'Aide
        au Développement de l'Industrie de l'Édition (PADIÉ);
La Société de Développement des Entreprises Culturelles (SODEC);
L'Association pour l'Exportation du Livre Canadien (AELC).

Photo de la couverture: Michel Julien

Titre original en anglais :
Animal Tracks, collection Peterson Field Guides
Hougton Mifflin Company Boston

pour l'édition française :

ISBN 2-89000248-9

Note de l'éditeur

LES ANIMAUX SAUVAGES sont furtifs et cherchent à nous éviter. Bon nombre de mammifères sont nocturnes et ne quittent leur gîte qu'une fois la nuit tombée. Nous voyons parfois leurs yeux briller furtivement dans le champ de nos phares sur les routes de campagne le soir. Le jour cependant, la trace la plus visible de leur présence nous est laissée par leurs empreintes - dans la neige, le sable ou la boue. Enfin, on trouve parfois leurs matières fécales. Il est donc important d'être capables de les reconnaître à leurs empreintes et aux autres traces de leur présence.

Ce volume trouve bien sa place dans la série des guides Peterson, à côté de celui des mammifères et de ceux des oiseaux, qu'il complète en offrant au naturaliste, amateur comme professionnel, un moyen d'identifier les animaux qui vivent autour de lui, même quand il n'est pas possible de les voir. En outre, cet ouvrage fait le lien entre l'art de l'identification et la science de l'écologie, car les pistes qui courent dans la neige ou longent les cours d'eau recèlent un peu des liens intimes qui relient l'animal à son habitat.

Cet ouvrage, le seul qui soit complet sur ce sujet, traite de tous les mammifères dont les traces ont pu être recueillies en Amérique du Nord et en Amérique centrale, et pas seulement des plus communs. Il inclut également une trentaine d'oiseaux, certains reptiles et quelques insectes. On y trouve une section consacrée aux branches broutées et une autre portant sur les bois grugés. Les empreintes et les pistes sont abondamment illustrées, en noir et blanc parce qu'elles ne sont pas en couleur dans la nature. En plus, on retrouve des dessins de matières fécales, avec des variantes, ainsi qu'un croquis de chaque animal dans son habitat. Lorsque les caractéristiques des empreintes ne sont pas évidentes, le texte en parle.

Olaus Murie me rappelle beaucoup un maître qui l'a précédé, Ernest Thompson Seton. Comme lui, il ne fut pas seulement un naturaliste éminent mais aussi un artiste talentueux, capable de reproduire fidèlement sur papier ce dont il avait été témoin. Les dessins de Monsieur Murie ont été réalisés sur le terrain pour la plupart; il ne faisait appel aux spécimens des musées et des jardins zoologiques que lorsqu'il ne pouvait faire autrement.

Monsieur Murie était chez lui dans les solitudes sauvages de l'Ouest américain. Il a grandi au bord de la rivière Rouge, au Minnesota, entouré de bois et de lacs, au milieu des animaux. Après sa formation universitaire en Oregon, il se rendit travailler à la baie d'Hudson pen-

dant deux ans puis passa six ans en Alaska à étudier le caribou, la sau-
vagine de l'Arctique et la faune de la péninsule et des Aléoutiennes.
Plus tard, il a déménagé à Jackson Hole, où le wapiti devint son sujet
d'étude. Après avoir démissionné du Service de la faune des États-
Unis, il devint membre du conseil de la *Wilderness Society*, puis son
président. Modeste et doué, Olaus Murie a voué sa vie à l'idéal de
la protection de la nature. Dans le présent guide, il partage avec vous
son savoir et son amour de la faune.

Depuis la parution de la première édition anglaise, la nomenclature
a connu de nombreux changements, qui ont été intégrés dans l'édition
actuelle. Le texte a également été révisé, et on a ajouté un nouvel index.
Nous exprimons notre gratitude à la veuve de l'auteur, Margaret Murie,
qui a bien voulu répondre à nos questions et relire les épreuves du
manuscrit, et nous remercions le frère de Monsieur Murie, Adolph,
qui a aidé à solutionner les problèmes de nomenclature.

ROGER TORY PETERSON

1974

Table des matières

Clé des empreintes
avec aire de distribution

8,9 cm — Cerf de Virginie (du S du Canada à l'Am. centrale) — p. 257

16 cm — Orignal (Canada, Alaska, O des É.-U.) — p. 278

11 cm — Wapiti (O du Canada et des É.-U.) — p. 271

12 cm — Caribou (N du Canada, Gaspésie, parc des Grands-Jardins) — p. 284

15 cm — Bisons (parcs de l'O du Canada et des É.-U.) — p. 308

15 cm — Cheval (O des É.-U.) — p. 314

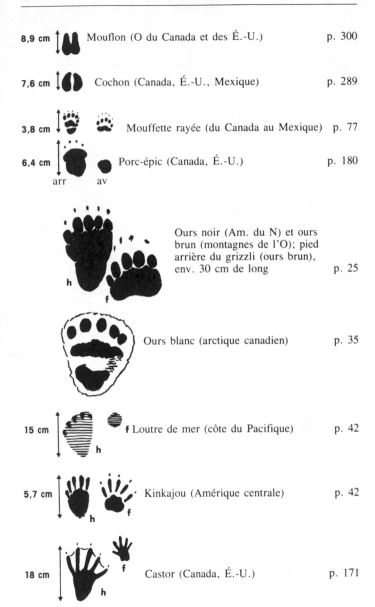

9,5 cm Raton laveur (du S du Can. à l'Am. centrale) — p. 37

3,8 cm Rat musqué (Can., É.-U.) — p. 175

1,6 cm Rat surmulot (du Can. au Mex.) — p. 193

5,7 cm Opossum (de l'Ont. et de la C.-B. à l'Am. centrale) — p. 11

6,0 cm Marmotte (Canada, É.-U.) — p. 127

6,4 cm Tatou (Texas, Mexique, Am. centrale) — p. 12

4,4 cm Paca (Amérique centrale) — p. 191

3,8 cm Agouti (S du Mexique, Am. centrale) — p. 189

10 cm Chien (partout) — p. 85

3,8 cm Chat (partout) — p. 109

2,9 cm Vison (Canada, É.-U.) — p. 53

6,4 cm Loutre du Canada (Canada, É.-U.) — p. 69

2,5 cm   Belette (partout)   p. 46

13 cm   Carcajou (N et O du Canada, O des É.-U.)   p. 65

5,7 cm   Blaireau (Ont., S-O du Can. O et c. des É.U.)   p. 82

av.

2,5 cm   Bassari (S-O des É.-U., Mexique)   p. 44

4,4 cm   Coati (Mexique, Am. centrale)   p. 40

15 cm   Tapir (S du Mexique, Am. centrale)   p. 317

Phoques et otaries (côtes). Les traces de griffes illustrées sont espacées de plus de 90 cm. L'espacement varie avec l'espèce; il peut être beaucoup plus grand.   p. 125

Taupes (E du Can. et des É.-U., côte ouest des É.-U.) : taupinière.   p. 14

Lapins et lièvres (partout). La piste illustrée s'applique à presque toutes les espèces; tenir compte des différences de taille.   p. 231

Souris à pattes blanches (Canada, É.-U., E du Mexique). Empreinte comme celle de la musaraigne, en plus gros. La piste s'applique également à la souris à abajoues, à la souris commune, à la souris à sauterelles et à la souris des moissons.   p. 202

Campagnols (Canada et É.-U.). En général, les pistes des campagnols, des genres *Microtus*, *Clethrionomys*, *Lagurus* et *Phenacomys*, ainsi que des lemmings, cet aspect.   p. 211

Musaraignes (Canada et É.-U.). Piste ne dépassant pas 3,2 cm de large.   p. 18

13 cm Écureuil roux (Canada, N des É.-U.). Piste commune à tous les écureuils; plus petite chez les tamias, plus grande chez l'écureuil gris.   p. 147

15 cm Spermophiles (O du Canada et des É.-U., N du Mexique)   p. 139

Rat kangourou (O des É.-U., N du Mexique). Bondit sur ses pattes de derrière, en laissant une série d'empreintes doubles.   p. 168

Gaufre à poches (O du Canada et des É.-U., Mexique). Monticules avec bouchon de terre d'un côté, absent des taupinières.   p. 163

Ma liste personnelle

.... Opossum
.... Tatou
.... Taupe de Townsend
.... Taupe à queue velue
.... Taupe à queue glabre
.... Taupe du Pacifique
.... Taupe de Californie
.... Condylure étoilé
.... Taupe naine
.... Musaraigne arctique
.... Musaraigne palustre
.... Musaraigne pygmée
.... Petite musaraigne
.... Musaraigne du désert
.... Chauve-souris rousse
.... Chauve-souris cendrée
.. Myotis à longues
      oreilles
.... Ours brun (incl. grizzli)
.... Ours noir
.... Ours blanc
.... Raton laveur
.... Coati
.... Kinkajou
.... Bassari
.... Hermine
.... Belette à longue queue
.... Belette pygmée
.... Vison
.... Martre
.... Pékan
.... Tayra
.... Putois d'Amérique
.... Carcajou

.... Loutre du Canada
.... Loutre de mer
.... Mouffette rayée
.... Mouffette à capuchon
.... Mouffette à nez blanc
.... Mouffette tachetée
.... Blaireau
.... Chien
.... Loup gris
.... Loup roux
.... Coyote
.... Renard roux
.... Renard gris
.... Renard véloce
.... Renard arctique
.... Chat

.... Lynx roux
.... Lynx du Canada
.... Couguar
.... Jaguar
.... Ocelot
.... Jaguarondi
.... Phoque commun
.... Otarie de Steller
.... Marmotte commune
.... Marmotte à ventre jaune
.... Marmotte des Rocheuses
.... Chien de prairie
.... Spermophile à mante dorée
.... Écureuil-antilope
.... Spermophile rayé
.... Spermophile armé
.... Spermophile de Franklin

.... Spermophile bigarré
.... Tamia de l'Est
.... Tamia de l'Ouest
.... Écureuil roux
.... Écureuil gris
.... Écureuil de Californie
.... Écureuil d'Arizona
.... Écureuil fauve
.... Écureuil du Nayarit
.... Écureuil d'Abert
.... Polatouche (2 esp.)
.... Gaufres du genre
        Thomomys
.... Gaufres du genre *Geomys*
.... Gaufre du genre
        Papogeomys
.... Souris à abajoues
.... Rat kangourou
.... Souris kangourou
.... Castor
.... Rat musqué
.... Rat musqué à queue ronde
.... Porc-épic
.... Aplodonte
.... Agouti
.... Paca
.... Rat surmulot
.... Souris commune
.... Souris sauteuse du genre
        Zapus
.... Souris sauteuse du genre
        Neozapus
.... Rat des bois
.... Souris à pattes blanches
.... Souris dorée
.... Souris du coton
.... Souris d'Oldfield
.... Souris à sauterelles
.... Souris des moissons
.... Rat du riz
.... Rat du coton

.... Campagnol chanteur
.... Campagnol montagnard
.... Campagnol de Richardson
.... Campagnol des champs
.... Campagnol des armoises
.... Campagnol-lemming
.... Campagnol à dos roux
.... Arborimus
.... Phénacomys
.... Lemming variable
.... Lemming brun

.... Lièvre arctique
.... Lièvre de Townsend

.... Lièvre de Californie
.... Lièvre antilope
.... Lièvre d'Europe
.... Lièvre d'Amérique
.... Lapin à queue blanche
.... Lapin de N.-Angleterre
.... Lapin de Nuttall
.... Lapin des marais
.... Lapin aquatique
.... Lapin pygmé
.... Pica
.... Cerf de Virginie
.... Cerf mulet

.... Wapiti

.... Orignal
.... Caribou, ou renne
.... Cochon
.... Sanglier
.... Pécari
... Antilope d'Amérique
... Mouflon d'Amérique
... Mouflon de Dall
... Mouton
... Chèvre de montagne

.... Chèvre domestique
.... Bison
.... Boeuf musqué
.... Boeuf domestique
.... Cheval
.... Âne
.... Tapir
.... Lagopède des saules
.... Chevalier branle-queue
.... Bernache du Canada
.... Cygne trompette
.... Goéland à ailes grises
.... Sarcelle à ailes vertes
.... Gélinotte des armoises
.... Tétras sombre
.... Gélinotte huppée
.... Faisan de chasse
.... Lagopède des rochers
.... Géocoucou
.... Pic flamboyant
.... Colin écaillé
.... Perdrix grise
.... Pigeon biset
,,,, Junco
.... Grue du Canada
.... Dindon sauvage
.... Grand héron
.... Grand chevalier
.... Bécassine des marais
.... Bécasseau des Aléoutiennes
.... Condor de Californie
.... Pygargue à tête blanche
.... Chouette rayée
.... Grand-duc d'Amérique
.... Grand corbeau
.... Corneille d'Amérique
.... Pie bavarde
.... *Tétras du Canada
.... *Canard arlequin
.... *Petite Poule-des-Prairies

.... *Gélinotte à queue fine
.... *Jaseur boréal
.... *Solitaire de Townsend
.... *Perdrix choukar
.... *Lagopède à queue blanche
.... *Buse rouilleuse
.... *Buse à queue rousse
.... *Faucon des Prairies
.... *Buse de Swainson
.... *Pie-grièche
.... *Crécerelle
.... *Casse-noix
.... *Hibou moyen-duc
.... *Hibou des marais
.... *Chouette des terriers
.... *Chouette lapone
.... *Autour des palombes
.... *Aigle royal
.... Crapaud
.... Grenouille
.... Lézard
.... Tortue
.... Crotale
.... Couleuvre rayée
.... *Lampropeltis*
.... *Heterodon*
.... Écrevisse
.... Palourde
.... Courtilière
.... Coléoptère fouisseur
.... Centipède
.... Sauterelle vraie
.... Criquet des Mormons
.... Chenille
.... Sauterelle
.... Nécrophore
.... Ver de terre
.... Branches écorcées
.... Os et bois grugés

*Matières fécales illustrées seulement

Les
traces d'animaux

Que s'est-il passé ici?

Introduction

QUI HABITE la forêt? Quelles créatures hantent les rives des ruisseaux, le bord des lacs, les sables du désert? Quels animaux ont laissé leurs empreintes dans la boue, leurs pistes dans la neige? Qui a grugé l'écorce, sectionné le rameau?

La chasse est une activité aussi vieille que la vie elle-même, et le dépistage est une science très ancienne, mais il serait bien difficile de savoir quand les animaux terrestres ont remarqué pour la première fois les traces laissées dans la boue ou le sable par leurs compagnons. Il est peu probable que les amphibiens de la préhistoire aient été conscients de leurs pistes, mais qu'en est-il des reptiles du Permien et de ces mammifères reptiliens malhabiles qui sont les ancêtres des gracieuses espèces d'aujourd'hui? De nombreux mammifères sont capables de suivre des pistes, et ce sont peut-être les premiers animaux à avoir développé cet art. Le dépistage se fait chez eux grâce à l'odorat: un chien voit assurément les pistes d'un lapin, et les reconnaît comme tel, non pas à leur forme, leur taille et leur arrangement, mais bien parce que son museau identifie à coup sûr un lapin.

Un jour que je voyageais en compagnie d'un chien courant dans une épaisse forêt de la côte du Pacifique, dans une mince couche neige, nous trouvâmes des traces de loup; j'étais intéressé à noter la taille des empreintes et leur espacement. Le chien, lui, humait la piste pour connaître l'identité de son auteur. Puis, en marchant un peu le long de la piste, je remarquai que le chien reniflait avec curiosité les branches qui pendaient de part et d'autre de notre chemin. Le loup les avait seulement effleurées au passage, mais il avait laissé suffisamment d'indices pour le fin limier qui m'accompagnait: quel besoin avait-il de connaître la taille ou la forme des empreintes?

L'homme a perdu son aptitude à dépister grâce à l'odorat, mais a développé en revanche ses capacités intellectuelles. Dans les pistes, il peut découvrir bien plus que leur identité et le sens du déplacement de l'animal. Les autochtones et les trappeurs ont appris à lire les signes imparfaits des pistes avec un talent remarquable, tout comme l'ornithologue compétent reconnaît un oiseau sans avoir vu les détails de son plumage. L'art du dépistage profite maintenant à l'histoire naturelle.

L'observation des oiseaux est devenue un passe-temps très populaire; imaginez maintenant les possibilités qu'offrent les mammifères à ceux qui voudront bien s'y intéresser! Certes, ils sont furtifs, généralement silencieux et très souvent nocturnes; ils ne se laissent pas souvent voir aux jumelles et vous ne finirez pas une «sortie aux mammifères» avec une liste aussi longue qu'une liste d'oiseaux. Qu'importe, leur discrétion même constitue un défi et devrait exciter vos instincts de détective. Une fois gagné à ce jeu fascinant, vous ne pourrez plus jamais longer la rive boueuse d'un ruisseau sans chercher à savoir qui est passé par là. Vous ferez des hypothèses pour chaque trace dans la neige, grande ou petite. Le monde complexe des mammifères, qui vous était jusque là méconnu, se sera révélé à vous. S'il vous arrive de parcourir un désert en auto, vous pourrez, au prix d'un arrêt et d'une marche de cinq minutes dans le sable, faire connaissance avec le rat-kangourou, le renard nain ou le lièvre à queue noire grâce à leurs empreintes.

Mieux vaut peut-être ne pas trop se spécialiser: l'amateur d'oiseaux ajoutera à son plaisir et à ses connaissances par une certaine lecture des traces de mammifères; le naturaliste sort pour profiter de ce qu'il trouvera sur son chemin, qu'il s'agisse d'oiseaux, de mammifères, d'insectes, de plantes, ou du seul murmure d'un torrent de montagne.

Un hiver, je parcourais à pied les contreforts des Rocheuses dans le Wyoming. J'étais en terrain découvert; il y avait des bosquets de trembles sur les collines, des forêts de conifères sombres au-dessus et les monts Tétons de l'autre côté de la vallée. Je tombai soudain sur les pistes d'un lièvre. De toute évidence, l'animal était très pressé. Et pour cause: ses pistes étaient bientôt rejointes par celles d'un coyote. Le lièvre s'était sauvé en prenant d'un côté; le coyote avait suivi, mais en faisant un arc plus grand. À nouveau le lièvre tourna, suivi de près par le coyote. Cette manoeuvre se répéta maintes et maintes fois. Le lièvre se débrouillait bien; réussirait-il à échapper à son assaillant par un long sprint droit?

Soudain, une troisième piste: un second coyote courait, un peu plus haut sur la colline. En grandes foulées, sa piste descendait en diagonale rejoindre les deux autres, juste au moment où le lièvre faisait un virage désespéré vers le haut de la colline. Après, les deux pistes de coyotes s'éloignaient dans la même direction...

Un automne, j'étais à la recherche de wapitis dans les hauteurs de Yellowstone, pour tenter de répondre à la question: ces cerfs passent-ils l'été ici, et combien sont-ils? Je pénétrai dans une haute cuvette, cernée de pentes déboisées. Les pistes de cerf y étaient, de même que leurs crottes. L'aspect des bouses, plus ou moins aplaties ou informes, me révéla qu'on était bien dans un pâturage d'été et que les animaux avaient trouvé là un succulent fourrage vert. Les crottes d'automne ou d'hiver auraient été dures et en forme de billes. Ces indices renseignent sur l'histoire naturelle d'un animal et sont utiles au scientifique comme à l'observateur amateur.

À une autre occasion, en passant en auto dans l'Utah, j'observai un affleurement rocheux de falaises basses. Il était d'emblée possible de savoir que des rats des bois habitaient ces rochers. Pourquoi? Parce que des taches blanches signalaient de loin les endroits où ces petites bêtes avaient déféqué. Plus loin, de longues traînées de guano indiquaient la présence d'un nid sur une haute falaise, qui se révéla en être un de corbeau.

Un jour, dans les monts Wichita de l'Oklahoma, j'observais une troupe de grues du Canada alignées au bord d'un étang. Une fois qu'elles furent parties, j'inspectai le sol. Je fus frappé de la ressemblance entre les traces des grues et celles de dindons sauvages que j'avais vues près de là. Je pris des moulages de plâtre pour comparer les empreintes à loisir. Les moulages révélèrent le pied bien net de la grue, avec l'empreinte très fine des doigts, et l'empreinte plus grossière du pied du dindon.

En avril 1949, un ami et moi escaladions les montagnes du sud de la Nouvelle-Zélande à la recherche de cerfs d'Europe et de wapitis, quand nous tombâmes sur une piste étroite qui courait dans la mousse et la litière de la forêt jusqu'à la base d'un énorme hêtre austral. En Amérique du Nord, on aurait conclu à une piste d'écureuil, mais il n'y a pas d'écureuils en Nouvelle-Zélande. Notre excitation toucha à son comble quand nous comprîmes qu'il s'agissait d'un kakapo, perroquet incapable de voler et devenu très rare. Malheureusement, nous n'avons pu voir l'oiseau, qui est aussi nocturne qu'un hibou.

La connaissance des traces laissées par les mammifères: pistes, crottes, bois grugé, éraflures, traces de frottement, barrages, nids, terriers, peut se révéler un champ d'intérêt passionnant pour le randonneur. L'alpiniste et le skieur de fond peuvent faire des observations intéressantes dans des lieux isolés et ajouter au plaisir de leurs excursions. Ceux qui pratiquent la marche, visitent les parcs nationaux ou voyagent dans les régions sauvages enrichiront leur expérience en dépistant les hôtes cachés des lieux qu'ils parcourent.

Si vous passez vos vacances dans le parc national du Big Bend, au Texas, vous serez heureux de découvrir une piste de lynx roux dans la boue au bord du Rio Grande, une trace de «grattage» du couguar en maraude dans les monts Chisos ou une figue de Barbarie grugée, en plein désert. Si vous passez quelques jours au parc national du mont McKinley en Alaska, vous aurez la chance de voir de vos yeux la curieuse empreinte ronde du caribou, les piles de foin du campagnol chanteur ou les excrétions du gerfaut dans son aire sur les falaises. Le scout peut enrichir ses excursions par un intérêt pour les traces d'animaux. Le naturaliste sérieux doit pouvoir lire l'histoire racontée par le passage des animaux. Quel que soit votre intérêt, ces petits faits de la nature vous procureront un plaisir certain.

Le coyote va aux nouvelles avec son museau; et quel plaisir a le chien qui vous accompagne dans les bois! Le but de ce *guide* est de vous aider à interpréter les traces des mammifères, non pas à la manière du coyote ou du chien, mais par une évaluation exacte de ce que vous aurez sous les yeux. Il a pour objet d'encourager le contact avec la nature, l'étude de celle-ci, et celle des animaux qui y vivent.

Bien sûr, les mammifères ne sont pas les seuls animaux à laisser des indices de leur présence. J'ai donc inclu quelques pistes et traces d'oiseaux, de reptiles, d'amphibiens et de certains insectes. Même les phénomènes météorologiques laissent des traces de leur passage, comme l'éclair, dont la trace apparaît à la figure 194b. Notre principal sujet sera cependant les mammifères qui habitent l'Amérique du Nord, du Mexique à l'Arctique.

Interpréter les signes. Lire les pistes n'est pas facile. Tout comme un détective ayant en tête certains principes généraux trouve à chaque situation des particularités, celui qui dépiste les animaux doit user d'astuce pour interpréter ce qu'il voit. Une piste dans la boue peut sembler différente d'une autre dans la poussière ou dans la neige, même si elle est faite par le même animal. Une piste dans la neige change sous l'action du soleil: elle grossit et se déforme. La piste *moyenne* ou normale dessinée dans un livre ne ressemble peut-être pas à celle que vous essayez d'identifier. Dans bien des cas, celle que vous aurez trouvée ne semblera correspondre à rien, parce qu'elle n'est pas complète; elle ne montre peut-être pas tous les doigts, elle peut être déformée par les irrégularités du sol. Il y a en outre les variations dues à l'âge ou au sexe de l'animal. Enfin, règle générale, la piste du membre antérieur diffère de celle du membre postérieur par le nombre d'orteils, la forme et la grosseur. La piste parfaite est donc plutôt rare.

Il en va de même des crottes: celles d'un jeune coyote peuvent ressembler à celles d'un renard adulte. Si le renard ou le coyote a consommé beaucoup de poils ou de plumes lors de son repas, leurs excréments seront anormalement gros. Si les rations ont été plus frugales, les crottes pourront être très petites.

Compte tenu de toutes ces considérations, ce livre doit être utilisé comme un guide plutôt que comme une clé rigoureuse. Dans le traitement de chaque espèce, toutes les suggestions possibles seront fournies pour faciliter l'interprétation des traces. L'espace manque pour illustrer toutes les variations qu'on rencontre, et dans certains cas il a été impossible d'obtenir quelque piste que ce soit. Chaque fois que je l'ai pu, j'ai représenté de vraies pistes, en indiquant l'endroit, la date, l'état de la neige ou du sol, et en montrant plusieurs variations. J'ai pu me fier surtout à mon expérience personnelle pour le contenu de ce guide, mais personne ne peut prétendre détenir toute l'information: il y a des lacunes dans mes données, que j'indique aux endroits appropriés. Dans certains cas, j'ai profité de celles des autres, et je le signale dans le texte.

Un mot d'encouragement pour le débutant: une fois entré dans le champ de l'étude des mammifères, on développe rapidement le tour de main qu'il faut pour lire les traces. En territoire familier, vous deviendrez vite expert dans l'interprétation d'indices fragmentaires et il ne vous sera plus nécessaire de compter sur tous les détails. Cependant, même le naturaliste professionnel reconnaît qu'il est parfois dérouté par ce qu'il trouve.

À l'étudiant expérimenté, je peux uniquement souhaiter qu'il trouve ce guide utile. Il y reconnaîtra l'interdépendance de tous ceux qui oeuvrent dans ce domaine. Je voudrais exprimer ici ma gratitude à mes collègues pour leur aide enthousiaste et l'utilité que j'ai trouvée aux données publiées, que j'ai consultées et dont j'ai dressé la liste. C'est avec humilité, et en étant pleinement conscient de l'immensité et de la complexité de ce domaine, que je présente ce guide des traces d'animaux.

Conservation des empreintes. Le naturaliste trouvera utile de conserver des empreintes en vue de leur étude ultérieure. L'étudiant et le randonneur pour qui les pistes sont un passe-temps voudront peut-être en rapporter en souvenir, même si cela est parfois malaisé. J'ai déjà dû affronter un douanier incrédule à mon retour de Panama: il douta de ma santé mentale quand je lui expliquai que la caisse que je rapportais dans mes bagages contenait des «empreintes d'animaux».

Ceux qui ont l'habitude de dessiner et de transporter sur eux un ruban à mesurer peuvent reproduire fidèlement les empreintes, soit grandeur nature, à l'aide du ruban (ou du crayon utilisé comme mesure), soit à l'échelle. On devrait noter également la longueur de quelques foulées ou bonds, ainsi que les dimensions des empreintes elles-mêmes.

Dans de rares circonstances, il est possible de découper le sol autour d'une empreinte avec un couteau et de recueillir celle-ci intacte. J'ai découvert cette possibilité dans la boue d'un lac asséché du Nevada, où des antilopes et des coyotes avaient laissé des empreintes à la fois fines et fermes.

En général, cependant, j'ai compté sur le plâtre de Paris pour pouvoir rapporter des empreintes à la maison. Pendant vingt-cinq ans, je suis rarement parti en excursion sans emporter des réserves de plâtre: il en est résulté une imposante collection de moulages d'empreintes. Ces moulages, et de nombreux croquis réalisés sur le terrain, sont le point de départ des illustrations de ce guide.

La méthode est simple. Il vous faut d'abord transporter le plâtre dans un contenant hermétique: bocal à large couvercle, contenant du type à margarine ou à café, à couvercle à pression. Si vous prenez des sacs en papier, mettez-en deux ou trois l'un dans l'autre pour obtenir plusieurs épaisseurs. Évitez à tout prix les dégâts causés par le plâtre renversé dans votre sac à dos!

Quand je découvre une empreinte dans la boue, je prends généralement une boîte de conserve, j'y mets un peu d'eau, j'ajoute du plâtre et je remue le tout rapidement avec les doigts ou un bâton jusqu'à consistance d'une pâte à crêpes légère; ou encore, je mets le plâtre en premier, ce qui est peut-être préférable. J'estime le volume de mélange requis à la grosseur de l'empreinte ou des empreintes qui m'intéressent. Si le mélange semble trop épais, j'ajoute rapidement un peu d'eau avec la main - *pas trop* - jusqu'à la consistance désirée. Il faut bien entendu ajouter l'eau avant que la masse commence à durcir, et travailler assez vite si le mélange commence à épaissir. Un plâtre très épais commence à prendre presque immédiatement. Un mélange plus léger vous laisse plus de temps. Une fois le plâtre versé dans la dépression du sol, j'attends patiemment ou je m'occupe à autre chose pendant au moins dix minutes pour lui laisser le temps de bien prendre. Il est imprudent de chercher à récupérer le moule trop tôt. Parfois, je laisse l'empreinte là et je la récupère sur le chemin du retour. Si le plâtre est trop épais pour couler, il commence à prendre quand on le verse et ne pénètre pas dans toutes les fentes, ce qui peut faire perdre les détails de pieds comme ceux du porc-épic et de l'ours. S'il est trop liquide, il coule partout, met une éternité à durcir et se comporte curieusement. Agitez la solution dans le récipient en la mélangeant: lorsqu'elle cesse d'être liquide et commence à bouger plus lentement, quand vous sentez une certaine résistance, il est à peu près temps de la verser. Le plâtre qui a cette consistance, celle d'une pâte à crêpes mince qui coule facilement, fera un moule bien dur. Le mélange trop épais, ou dilué une fois qu'il a commencé à prendre, donnera un moule de la consistance de la craie, qui se raie et se fracture facilement.

Il se peut que vous vouliez inclure plusieurs empreintes dans le moulage, comme les quatre pattes d'un écureuil, d'une belette ou d'une mouffette, ou deux séries de quatre pattes pour donner la mesure de la foulée ou du bond. Dans ce cas, versez le plâtre dans une série d'empreintes, puis faites une traînée de plâtre jusqu'à l'autre série. Pour renforcer le long moulage ainsi obtenu, j'enfonce souvent un ou plusieurs bouts de bois ou de fil de fer dans le plâtre encore frais.

Parfois, quand je manque de plâtre ou que je veux l'étirer pour prendre «une dernière» empreinte avec le mélange que j'ai préparé, j'en verse juste assez pour couvrir le fond et les détails, puis j'ajoute du sable, des cailloux ou des bâtons, et je termine avec du plâtre. C'est là une solution d'urgence. Si vous constatez que vous avez sous-estimé vos besoins, vous pouvez refaire du mélange et le verser sur le plâtre déjà en place, ce qui épaissira et renforcera le moule pour le transport.

Assurez-vous que le plâtre déborde bien des limites de l'empreinte: cela vous garantira que vous l'aurez au complet, avec les arêtes et les empreintes des griffes. Si la piste est en terrain incliné, il vous faudra peut-être faire une digue avec de la terre, des pierres ou des bouts de bois, afin de retenir le mélange quand vous le verserez. La meilleure méthode consiste à faire un col en papier fort ou dans un matériau analogue autour de l'empreinte, afin de retenir le mélange et de faire un moulage *épais* qui ne se brisera pas. J'avoue que, pressé par d'autres tâches, je me suis rarement donné cette peine.

Pour récupérer le moulage *une fois qu'il a pris*, découpez la terre autour et dessous avec un couteau, puis soulevez la pièce à partir d'un point situé bien en dessous. Nettoyez le moulage dans l'eau, en enlevant la boue délicatement avec une vieille brosse à dents. S'il n'y a pas assez d'eau, brossez simplement le surplus et lavez le moulage plus tard.

Ces méthodes sont un peu grossières; l'étudiant sérieux pourra les perfectionner, comme le font certains naturalistes. Ainsi, M. E. Laurence Palmer de l'Université Cornell suggère de retarder la prise du plâtre en ajoutant un peu de vinaigre au mélange.

Si la piste a été faite dans la poussière, il faut prendre certaines précautions. Pour ma part, je verse la solution directement dans l'empreinte en me mettant le plus près possible pour ne pas éclabousser.

Certains naturalistes utilisent de la paraffine ou des bougies plutôt que du plâtre de Paris. Il est certainement plus aisé d'emporter quelques bougies en excursion. Vernon Bailey recommandait de faire couler une bougie allumée dans l'empreinte. Cependant, à moins d'avoir une grande quantité de paraffine ou de cire fondue à verser assez rapidement, on obtient une surface irrégulière qui ne rend pas tous les détails, parce que la paraffine a tendance à durcir dès qu'on la coule.

Dans la neige, les empreintes sont difficiles à prendre, et on ne peut évidemment pas utiliser une bougie. Même une solution de plâtre passablement froide tend à faire fondre la neige au fond de l'empreinte: il est désolant de constater que le plâtre est «passé tout droit». Pour éviter ce résultat, il faut faire le mélange le plus froid possible en y incorporant un peu de neige. J'ai également essayé de saupoudrer du plâtre sec en une mince couche pour recouvrir le fond de l'empreinte. M. Palmer propose une méthode excellente: il pulvérise un peu d'eau très froide avec un atomiseur ordinaire pour former au fond de l'empreinte une pellicule de glace qui retiendra le plâtre de Paris.

J'ai également fait des moulages avec de la pâte cellulosique servant à réparer les fissures dans les murs. En faisant un mélange moins épais que celui indiqué sur la boîte, mais de la consistance du mélange de plâtre de Paris, on obtient d'excellents moulages. En incorporant 50 % de sable fin ou de n'importe quel sol disponible, j'ai obtenu des moulages très durs. Il vaudrait peut-être mieux essayer avec 25 % de sable, mais j'en ai déjà mis bien plus que 50 % quand j'étais à cours de mélange. Cependant, plus il y a de sable, plus la prise est longue. Si vous essayez d'enlever le moulage trop tôt, il risque de se briser ou de tomber en morceaux: laissez-le durcir longtemps.

Bien que ce produit n'ait pas encore fait toutes ses preuves, certains de mes moulages, notamment ceux qui contiennent une quantité modérée de sable, semblent très durs et durables, et pourraient se révéler moins fragiles que les moulages de plâtre. À ce sujet, on en est encore à l'expérimentation, mais je me permets un conseil: pour les empreintes aux détails fins, utilisez la pâte cellulosique pure avec de l'eau; les grandes empreintes grossières conviennent à la surface granuleuse que l'on obtient en ajoutant du sable.

Conservation des crottes. Le biologiste voudra peut-être se constituer une collection de crottes à des fins de référence, pour l'étude des habitudes alimentaires des animaux ou pour toute autre raison qui nécessite l'identification de celles-ci. La première chose à faire, c'est évidemment de bien les identifier sur le terrain, de préférence par les pistes qui leur sont associées ou en les recueillant à un endroit où une seule espèce peut produire le type de crotte présent. Ainsi, on peut recueillir une crotte de coyote d'un territoire où le lynx roux est absent (bien que les crottes de lynx roux soient assez caractéristiques dans certaines régions).

Pour conserver les crottes en permanence, il faut bien les emballer sur le terrain pour leur conserver leur forme. Les crottes qui contiennent des restes animaux (comme des os ou des poils) peuvent être détruites aussi sûrement par les mites et les dermestes que les peaux naturalisées des musées. Comme solution, je les enduis au pinceau d'ambre synthétique ou parfois de vernis en quantité suffisante pour qu'une partie pénètre à l'intérieur. Je n'ai jamais senti la nécessité de traiter ainsi les crottes contenant des débris végétaux, sauf pour ce qui est de leur conserver leur forme.

À plusieurs reprises, j'ai trouvé des excréments de wapitis, de cerfs, ou de chèvres de montagne composés d'argile pure, à proximité d'endroits où ils viennent lécher de l'argile ou de la boue. Ce sont là d'excellents spécimens à conserver, parfaitement durs et finement moulés. J'ai aussi trouvé à l'occasion, sur des buttes arides, des crottes de marmottes qui semblaient couvertes d'argile rougeâtre - peut-être apportée par le vent.

Bien sûr, on ne peut collectionner que certains types de crottes, mais une série bien identifiée, comprenant certaines excrétions d'oiseaux et des moulages pourrait faciliter l'étude sur le terrain ou servir à l'enseignement.

Il me semble qu'une collection de crottes d'animaux actuels, bien identifiées, aiderait les paléontologues à analyser les coprolithes qu'ils trouvent à l'occasion parmi les vertébrés fossiles. À cette fin, on a insisté sur les difficultés d'identifier les excréments chez certains groupes particuliers, comme on le verra dans les pages qui suivent.

Préparation du terrain. Il y a bien longtemps, Ernest Thompson Seton expliquait dans un ouvrage intitulé *Two Little Savages* comment obtenir de bonnes empreintes en préparant le terrain. Si vous connaissez un endroit où les mammifères passent habituellement, que ce soit sur un sentier, près d'un arbre servant de repaire, ou à tout autre endroit imaginable, vous pouvez préparer une surface plane de terre meuble ou de boue fraîche, selon le cas, dans laquelle ils laisseront de belles empreintes dans des conditions contrôlées. Il est parfois possible d'attirer là certaines espèces avec de la nourriture. On peut effacer les vieilles pistes en lissant la surface. Le dilettante, mais aussi le biologiste qui veut étudier les populations sauvages et l'écologie, aura tout le loisir de développer cette idée générale, notamment grâce à son imagination.

Animaux captifs. Bien des gens trouvent utile ou intéressant de garder quelque temps en captivité des animaux sauvages pour les observer de près, les dessiner, ou encore pour étudier leur comportement ou certains aspects de leur histoire naturelle. Ce sujet est complexe et ne peut être traité ici *in extenso*; le lecteur trouvera cependant dans la bibliographie des articles sur les trappes à utiliser pour capturer les animaux vivants.

À ce propos, je voudrais faire quelques observations. À basse température, une souris qui passe toute une nuit dans une trappe, sans exercice, finit par souffrir du froid, et si la température est très basse, elle peut mourir avant l'aube. Si on laisse un morceau d'ouate dans la trappe, la souris s'y fera un nid et y restera au chaud; on devrait également laisser dans la trappe assez de nourriture pour la nuit.

Lorsqu'on transporte de petits rongeurs sur un long parcours ou qu'on les expédie dans un colis, on devrait inclure leur nourriture habituelle et, à la place de l'eau, quelque chose de juteux comme une pomme ou une pomme de terre. Il est bon de remplir le contenant presque complètement de copeaux d'emballage ou d'un autre produit qui ne se tasse pas, dans lequel les rongeurs pourront se faire des abris et seront protégés du va-et-vient des gros aliments.

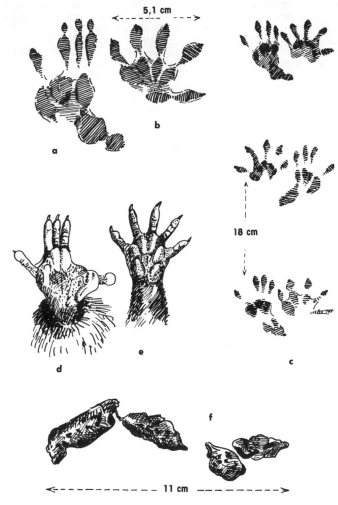

Fig. 1. Opossum

a) et b) Empreintes avant et arrière, dans la boue (Oklahoma).
c) Trace de marche, dans la boue.
d) et e) Pieds arrière et avant, montrant un arrangement inhabituel des orteils du pied arrière.
f) Crottes de l'opossum.

Famille des sarigues: Didelphidés

L'OPOSSUM, *Didelphis marsupialis*, était à l'origine un habitant du sud-est des États-Unis, mais il a étendu son aire vers l'ouest jusqu'en Californie et en Colombie-Britannique et vers le nord jusqu'en Ontario. Il devrait en venir à occuper la plus grande partie des États-Unis, à l'exception des régions les plus froides et les plus arides.

Cet animal lent n'est pas exigeant pour sa nourriture: petits mammifères, oiseaux, oeufs, insectes, fruits, viande morte et déchets composent son menu. On le rencontre généralement dans les régions boisées, les forêts marécageuses, le long des cours d'eau et au bord des lacs, où il trouve refuge dans les abris abandonnés par les autres animaux, sous les rochers, dans les arbres creux, debout ou tombés. Il cherche souvent son salut en grimpant dans les arbres. Au Texas, j'en ai trouvé en terrain accidenté, dans des forêts de chênes, et en Californie, dans le maquis aride.

La première fois que j'ai repéré les empreintes curieuses et caractéristiques de l'opossum (voir fig. 1 a, b, c), c'était il y a longtemps, en Oklahoma, dans la boue près d'un étang. Notez le pied arrière caractéristique, dont le «gros doigt» forme un angle vers l'intérieur, ou même vers l'arrière. Il y a cinq doigts, et les trois du centre sont souvent groupés, et séparés des deux autres.

Les pistes caractéristiques de la marche (c) sont souvent semblables à celles du raton laveur: pied avant et pied arrière côte à côte. Ce n'est pas toujours le cas: parfois le pied arrière est un peu en arrière du pied avant, et la foulée varie de 14 à 28 cm. Dans la neige, la queue laisse parfois une traînée sinueuse ininterrompue, ou de courtes marques alternées des deux côtés.

Les crottes de l'opposum (f) ne sont malheureusement pas caractéristiques et varient en fonction des aliments. La figure 1 f) en donne l'aspect général.

On ne connaît pas à l'opposum d'autre cri qu'un grondement grave, ou un sifflement faible lorsqu'il est dérangé. Rien, en tout cas, qui puisse attirer l'attention sur lui.

Famille du tatou: Dasypodidés

POUR SE PROTÉGER, la mouffette a adopté une odeur nauséabonde, le porc-épic un manteau d'épines acérées, et le tatou, une cotte de mailles. La peau des animaux a des fonctions très diverses. Elle a produit les plumes des oiseaux et les poils des mammifères, dans une grande variété de couleurs et de formes. Les cornes des antilopes et des chèvres de montagne, le duvet laineux des bois de cerfs sont autant d'adaptations de la fonction productrice de poils. Il serait intéressant de savoir par quelles longues étapes l'évolution a transformé la peau des lointains ancêtres du tatou en une armure qui recouvre aujourd'hui presque tout le corps de cet étrange animal fouisseur à neuf bandes.

Le *Dasypus novemcinctus* est sud-américain, mais il a traversé les tropiques pour s'installer au Mexique, dans la majeure partie du Texas, dans l'ouest de la Louisiane et de l'Arkansas, et dans le sud de l'Oklahoma.

On a comparé la trace laissée par ses pieds, dans certains substrats, à celles de sabots. À l'occasion, l'empreinte réticulée de l'armure s'aperçoit dans la terre meuble.

Le tatou se nourrit d'insectes, mais ingère en même temps une grande quantité de terre et de matières diverses, comme l'ours. La figure 2 c) montre les excréments, qui se composent surtout d'argile. Ils ont généralement la forme de billes, et font penser aux crottes argileuses de wapitis ou de cerfs qui auraient ingéré de la boue à une source minérale.

Le tatou est un fouisseur efficace capable de creuser de nombreux terriers d'une vingtaine de centimètres de diamètre et de 60 cm à plus de 4 m de long. Il creuse également pour déterrer des insectes et s'attaque aux fourmilières, ce qui laisse des traces évidentes de son passage. Remarquez que certaines mouffettes déterrent des insectes et que les pécaris trouvent également leur nourriture en creusant. On devrait donc chercher des pistes ou des excréments pour confirmer l'identification. Enfin, les ours peuvent détruire des fourmilières mais fréquentent généralement des habitats différents de ceux du tatou.

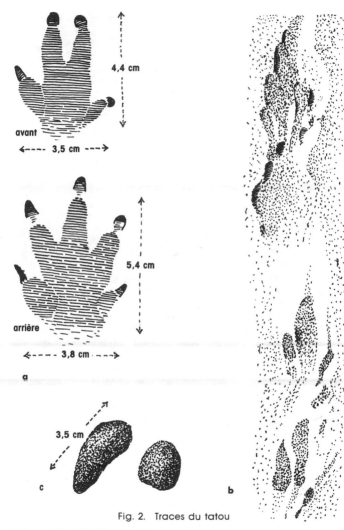

Fig. 2. Traces du tatou

a) Empreintes détaillées, aux 2/3 de leur grandeur environ: exceptionnelles en ce qu'on voit tous les doigts.
b) Piste peu visible, dans la terre meuble (d'après cliché de W.P. Taylor,
courtoisie du *Fish and Wildlife Service* des É-U).
c) Crottes, aux 2/3 de leur grandeur environ.

14

Taupe à queue glabre, Condylure étoilé et Taupe naine

Famille des taupes: Talpidés

IL ARRIVE que l'on confonde les taupes avec certains rongeurs, au point d'appeler «taupes» les gaufres et même les mulots, à certains endroits. Tout ce qui creuse le sol n'est pourtant pas une taupe! Il vaut donc la peine de s'arrêter aux cinq groupes de taupes et aux traces caractéristiques qu'elles laissent.

Les taupes ont un pelage soyeux, un corps compact, un museau plutôt nu, des yeux minuscules et des pattes antérieures en forme de bêche, le tout bien adapté à une vie souterraine. Vous n'avez guère de chance de trouver leurs empreintes, mais des monticules de terre et des tunnels révéleront leur présence (fig. 3 et 4).

Les galeries qu'elles creusent juste sous la surface du sol forment des crêtes bien visibles. L'apparence de celles-ci varie avec la nature du sol. Il ne faut pas les confondre avec les carottes de terre que laissent les gaufres dans les galeries qu'ils creusent dans la neige (voir à ce sujet la fig. 84 b). Les crêtes des taupinières recouvrent un tunnel; les carottes laissées par les gaufres, et qu'on trouve à la surface du sol après la fonte des neiges, sont pleines. Dans certains sols fermes, il y aura des empreintes dans la croûte, là où la taupe aura soulevé la crête. À au moins une occasion, on a signalé de tels moulages en terre durcie, dans une zone occupée par la taupe de Townsend *Scapanus townsendi*, mais non par des gaufres. Cela prouve que la taupe peut elle aussi excaver de la terre à l'occasion dans des tunnels de neige. Un insecte, la courtilière, creuse des galeries comme une taupe, mais celles-ci sont beaucoup plus petites; on l'appelle pour cette raison taupe-criquet (voir fig. 188 a).

En creusant, la taupe pousse la terre à l'extérieur, où elle roule au hasard. Par conséquent, la taupinière donne l'impression d'une éruption de terre, sans indication de l'entrée. Les gaufres poussent surtout la terre dans une même direction, de sorte que l'entrée se trouve en bordure du monticule ou à proximité, et qu'elle est toujours décentrée; elle est généralement bien indiquée par un dernier bouchon de terre, situé dans une dépression.

Les crottes brun-noir de la taupe à queue velue mesurent environ 10 x 2,5 mm; un peu cylindriques et effilées aux deux bouts, elles ont une surface ponctuée de petits trous. Composées de particules de sol et de restes chitineux d'insectes formant des taches luisantes, elles sèchent et durcissent rapidement.

La taupe à queue glabre, *Scalopus aquaticus*, qui habite l'extrême sud de l'Ontario et l'est des États-Unis, la taupe de Californie, *Scapanus latimanus*, des États du Pacifique, et la taupe à queue velue, *Parascalops breweri*, du nord-est des États-Unis et du sud du Canada, ont la même apparence et les mêmes moeurs. Les taupinières que nous venons de décrire s'appliquent assez bien à ces espèces, mais les monticules produits par *Parascalops* sont plus petits et les galeries moins bien marquées que ceux des deux autres. Les variations individuelles sont toutefois considérables.

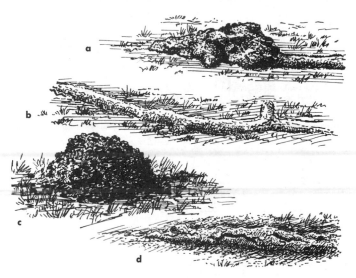

Fig. 3. Ouvrages de taupes

a) Galerie venant de la droite et aboutissant à un petit monticule de 12 x 21 cm x 5 cm de haut. La galerie à droite a 4 cm de large (Point Lobos, Cal.).

b) Galerie de 5 cm de diam. à Point Lobos. Dans le sable meuble, le diamètre variait de 13 à 15 cm.

c) Taupinière typique.

d) Autre type de galerie, où la croûte ferme est soulevée et craquelée par le passage de la taupe (près de Redding, Cal.).

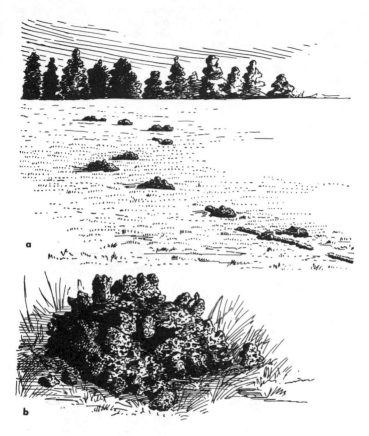

Fig. 4.　Taupinières au Wisconsin

a) Ligne typique de taupinières dans un terrain de golf.
b) Structure grossière typique d'une taupinière.

Le condylure étoilé, *Condylura cristata*, de l'est du Canada et du nord-est des États-Unis, a des moeurs légèrement différentes: il peut prolonger ses galeries souterraines dans l'herbe ou dans la neige et peut habiter sous la surface de la neige. Il va à l'eau, en passant souvent par des galeries débouchant sous la surface, et nage sous la glace fixée aux rives des cours d'eau.

La taupe naine, *Neurotrichus gibbsi*, ne mesure que 11 cm de long et habite la côte du Pacifique du sud-ouest de la Colombie-Britannique jusqu'en Californie. C'est une originale: non seulement nage-t-elle, mais elle grimpe dans les buissons.

Lloyd Ingles en parle en ces termes:

Parmi les débris de troncs pourris et de feuilles mortes, dans les ravins ombragés de la côte du Pacifique, on trouve un dédale de passages et de galeries semi-souterrains... Si l'ombre n'est pas trop épaisse, on pourra peut-être entrevoir une bête minuscule, ressemblant à une grosse musaraigne, qui frappe doucement le sol de son long museau en marchant lentement en quête de nourriture. C'est la taupe naine, qui... emprunte à la fois à la taupe et à la musaraigne, et dont la taille est intermédiaire entre les deux.

Voilà une rare découverte pour le naturaliste curieux!

Musaraigne palustre, Musaraigne arctique et Musaraigne à queue courte

Famille des musaraignes: Soricidés

LES MINUSCULES MUSARAIGNES, qui passent souvent pour «de petites souris au nez pointu» ou des «mulots» sont de petites bêtes survoltées, toujours à la recherche d'insectes, de petites proies ou de viande morte. Le genre *Sorex*, les musaraignes à longue queue, comprend un grand nombre d'espèces et de sous-espèces habitant la majeure partie de l'Amérique du Nord. J'ai trouvé la musaraigne arctique, *Sorex arcticus*, particulièrement intéressante; c'est un petit animal nordique au pelage tricolore: brun chocolat dessus, plus pâle sur les côtés et blanc dessous. À l'époque des traîneaux à chiens, elles dénichaient nos réserves de nourriture, du saumon séché, et en grignotaient sans arrêt. Un jour, en Alaska, j'ai entendu de petits cris aigus dans l'herbe haute. J'ai regardé sans faire de bruit et j'ai entrevu de minuscules silhouettes qui passaient rapidement dans les espaces entre les herbes.

Fig. 5. (page opposée)

a) Piste dans la neige, montrant la trace de la queue traînée. Les pistes en a, b, c, d, e et f proviennent du Wyoming.

b) Piste dans la neige fraîche, sans trace de queue.

c) Dans cette piste, l'animal a traîné ses pieds.

d) Ici, la queue a laissé une trace continue.

e) Sur la neige ferme, l'animal n'a pas enfoncé; la piste montre des variations courantes des empreintes.

f) Autres traces irrégulières, qu'on trouve souvent sur une courte longueur de piste.

g) Crottes de *Sorex*, à peu près grandeur nature (Wyo.).

h) Crottes de *Blarina brevicauda*, grandeur nature (État de N-Y, fournies par W.J. Hamilton Jr.).

i) Crottes de *Cryptotis parva*, grandeur nature (fournies par E.P. Walker).

j) Empreinte de *Cryptotis parva*, grandeur nature.

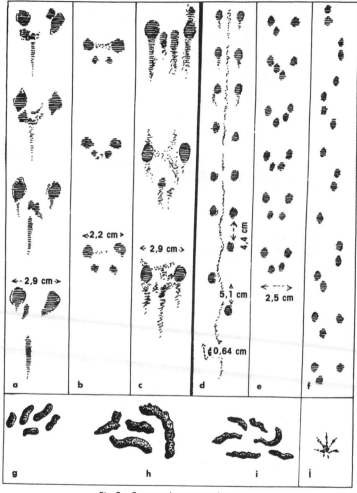

Fig.5. Traces de musaraignes

a

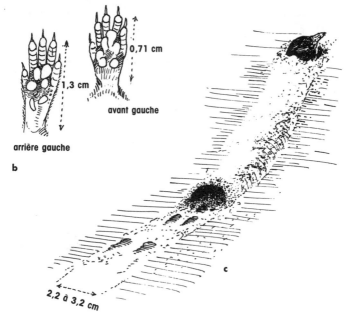

0,71 cm

avant gauche

1,3 cm

arrière gauche

b

c

2,2 à 3,2 cm

Fig. 6. Musaraigne arctique

a) Musaraigne arctique.
b) Pieds grossis pour montrer la disposition des tubercules plantaires.
c) La musaraigne plonge sous la neige et réapparaît plus loin.

Je ne pouvais donc qu'imaginer ce que devait être la vie privée de ces mammifères minuscules.

Les musaraignes sont surtout nocturnes, mais on en voit le jour également. Les *Sorex* se mettent à l'abri dans les galeries des taupes, des souris et des grandes musaraignes à queue courte, ainsi que sous l'écorce et les troncs, et dans la litière des forêts. Sur la côte du Pacifique, j'ai trouvé des terriers qui semblaient avoir été creusés par les musaraignes, mais on doute fort que ce comportement soit répandu. Leurs nids sont globulaires, faits de feuilles mortes ou d'autres matières, y compris des poils de lièvre.

Les musaraignes ne laissent rarement de traces ailleurs que dans la neige, mais on peut en rechercher dans la poussière et la boue. Dans la neige, les pistes ressemblent beaucoup à celles de la souris à pattes blanches, mais l'empreinte et la piste sont réduites, du moins dans le cas des petites espèces de *Sorex*. La piste mesure 2,5 cm de large environ, parfois presque 3 cm, mais jamais de 3,7 à 5 cm comme chez la souris à pattes blanches. En outre, la piste semble un peu plus courte, comme si le pied arrière ne devançait pas autant le pied avant que chez la souris. Tenez compte toutefois de l'état de la neige: dans la neige poudreuse et floconneuse, la queue laisse une trace, et les pieds sont traînés. Quand une couche mince recouvre une croûte de neige ou de la glace, la trace de la queue fait normalement défaut, et les empreintes des pieds sont plus nettes.

La démarche de la musaraigne varie, même sur une section de piste de 3 ou 4 mètres. Voyez les nombreuses variations illustrées à la figure 5.

Dans la neige folle, la musaraigne a un comportement qu'elle partage avec plusieurs animaux: elle plonge et chemine sous la surface. La direction du tunnel est indiquée par une légère crête à la surface de la neige. E. W. Nelson, naturaliste de longue date, signale avec étonnement avoir suivi un de ces tunnels sur deux kilomètres le long de la rivière Yukon.

Un jour, alors que je me reposais au bord d'un minuscule ruisseau dans un pré de montagne au Wyoming, j'eus la surprise de voir une musaraigne remontant le courant à la nage, sous l'eau, emprisonnée dans une pellicule d'air argentée. C'était une grosse musaraigne palustre, *Sorex palustris*, à la livrée noir jais et blanc argenté. Cette espèce est particulièrement bien adaptée à la vie au bord des étangs et des ruisseaux et nage avec aisance. Je n'ai jamais vu ses empreintes, mais elles doivent être plus grandes que celles de ses congénères plus petits, et à peu près de la taille de celles de la souris à pattes blanches.

Blarina brevicauda, la grande musaraigne, appartient à un genre d'espèces de grande taille, et ses empreintes sont légèrement plus grandes que celles qui apparaissent à la figure 5. J'ai souvent rencontré cette espèce dans les champs labourés et dans divers autres milieux, au Minnesota et dans l'est du Dakota-Nord. En hiver, elle partageait avec les campagnols l'espace qui apparaît sous la glace soudée aux rives de la rivière Rouge lorsque le niveau de l'eau baisse.

Elle se fait des passages dans la mousse et la végétation comme les mulots et utilise aussi les terriers et les passages des petits rongeurs. Cette espèce est commune dans toute la moitié est des États-Unis et le sud-est du Canada.

Il existe de petites espèces de musaraignes, qui atteignent tout juste 8 cm de long, queue comprise: la musaraigne pigmée, *Sorex hoyi*, et la petite musaraigne, *Cryptotis parva*. La petite musaraigne habite la moitié est des États-Unis et devient très commune au Mexique et en Amérique centrale; au Canada, on ne la trouve que sur la rive du lac Érié. La musaraigne pigmée se rencontre du Labrador à l'Alaska et dans le nord-est des États-Unis. Un dernier mot pour mentionner la très rare musaraigne du désert, *Notiosorex crawfordi*. On ne la trouve que dans les maquis, du Texas à la Californie, et au Mexique. Les musaraignes sont sans doute les plus petits mammifères vivants, et la figure 5 j) pourrait bien représenter la plus petite piste de mammifère au monde!

Myotis à longues oreilles

Chauves-souris: Chiroptères

IL N'EST pas nécessaire de chercher les pistes des chauves-souris! Leurs quatre membres sont tellement prisonniers d'une membrane spécialisée pour le vol qu'elles ne se donnent même pas la peine de marcher, sauf sur de brèves distances sur des surfaces horizontales, ou lorsqu'elles rampent pour aller se jucher dans une anfractuosité. Mais elles *peuvent* marcher et j'en ai même vu une regagner la rive d'un étang à la nage après y être tombée par accident. L'esquisse de la figure 7 représente la trace d'une chauve-souris à longues oreilles relâchée sur le sable fin. Remarquez les empreintes *externes* du poignet juste à l'extérieur de celle du pied et la marque laissée par l'aile à l'extrémité, quand elle s'est envolée.

On peut souvent repérer les chauves-souris par le guano maculant le sol ou le plancher situé au-dessous de leurs dortoirs. La figure 7 illustre des excréments de chauves-souris, que l'on distingue de ceux des souris par les fragments d'insectes qui les composent. Autre caractéristique, ils sont souvent segmentés comme on le voit dans l'agrandissement.

Rechercher les chauves-souris peut être une activité captivante. Certaines, comme la chauve-souris rousse, *Lasiurus borealis*, ou la chauve-souris cendrée, *Lasiurus cinereus*, se voient en plein jour, pendues aux branches. D'autres se cachent derrière l'écorce des arbres, sous les bardeaux des toits ou dans les fentes des rochers. Fait bien connu, plusieurs espèces envahissent les grottes ou se rassemblent dans les greniers et les granges. Elles se réveillent au crépuscule et partent à la chasse aux insectes dans le ciel nocturne; les insectes constituent la nourriture de la plupart des espèces de l'hémisphère. On peut observer des chauves-souris où que l'on soit, puisqu'on trouve partout plusieurs espèces, à l'est comme à l'ouest et au sud comme au nord jusqu'à la limite de la forêt boréale.

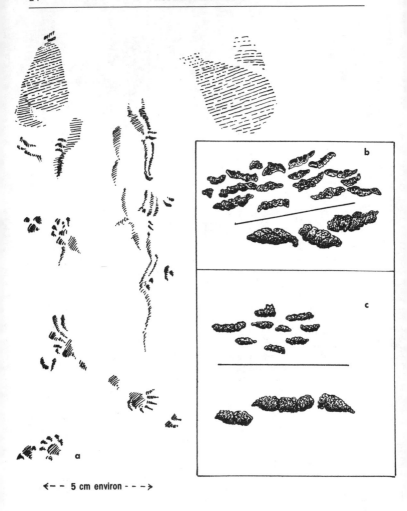

← – – 5 cm environ - - - →

Fig. 7. Empreintes et crottes de chauves-souris

a) Traces d'une chauve-souris dans le sable fin, et envol.
b) Crottes d'une espèce inconnue, probablement du genre *Myotis*: grandeur nature en haut, grossies en bas (Jackson Lake, Wyo.).
c) Crottes de la chauve-souris à longues oreilles: grandeur nature en haut, grossies en bas.

Ourse grizzli avec ses petits

Famille des ours: Ursidés
Ours noir et ours brun

CES deux espèces sont traitées ensemble parce qu'elles ont beaucoup de points communs. L'ours brun, *Ursus arctos*, comprend deux populations en Amérique du Nord: le grizzli, qui habite la majeure partie de l'Alaska, l'ouest du Canada et l'ouest du Montana, et l'ours brun de l'Alaska. Quant à l'ours noir, *Ursus americanus*, il se rencontre dans presque toutes les régions boisées.

Au printemps de 1921, je campais sur la Robertson dans le chaînon de l'Alaska. Un matin, alors que je me rendais puiser l'eau à la rivière, je trouvai des pistes de grizzli dans le sable. Elles menaient à moins de cinq mètres de ma tente, que l'ours avait flairée toute la nuit. Comme j'avais avec moi du plâtre de Paris, je fis des moulages d'empreintes, parmi les premiers que j'aie réalisés (fig. 8 b): ils font voir les longues griffes caractéristiques de la patte avant du grizzli, en comparaison avec les griffes plus courtes de l'ours noir (fig. 8 c). Cette anecdote montre à quel point la connaissance des traces des animaux peut enrichir notre expérience de la nature.

Voici, pour illustrer un autre fait, une autre expérience que j'ai vécue dans la même région de l'Alaska. Les prospecteurs du bassin de la Tanana parlaient d'un «ours des glaciers» et disaient qu'on pouvait le distinguer par la grosseur de ses empreintes, à mi-chemin entre celles du grizzli et de l'ours noir. J'ai vu cet ours, qui se révéla être un petit grizzli blanchâtre. Pourtant, dans bien des cas, on pouvait distinguer ses empreintes: elles étaient nettement plus petites que les moulages que j'avais obtenus d'un grizzli normal. S'agissait-il d'une variété distincte? d'une différence de sexe? Aujourd'hui encore, je l'ignore. Cette expérience montre à quel point il est important de tenir compte des variations individuelles, de sexe, et d'âge, de même que de l'état de la neige, du sable ou de la boue quand on considère la grosseur des

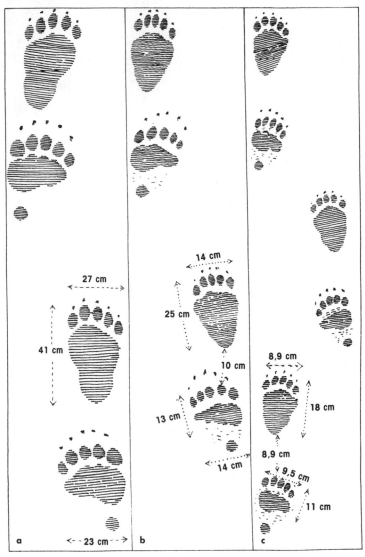

Fig. 8. Pistes d'ours à la marche

a) Ours brun de l'Alaska   b) Grizzli   c) Ours noir

empreintes. Retenez également que très souvent, le talon rond du pied avant ne laisse pas d'empreinte.

Les pistes de la figure 8 donnent la foulée normale, le pied arrière devançant un peu le pied avant du même côté. On a observé qu'un ourson grizzli qui marchait lentement mettait exactement le pied arrière dans l'empreinte du pied avant, mais qu'en avançant d'un pas plus vigoureux, il portait le pied arrière plus loin en avant, comme dans la figure 8.

Ces variantes de pistes sont présentées à la figure 9 d): une ourse noire a placé le pied arrière exactement dans la trace du pied avant (bas de la figure) puis son pied arrière s'est mis à devancer l'empreinte du pied avant (partie supérieure de la figure) produisant la piste la plus fréquente. Remarquez qu'en c) l'ourson n'a pas porté son talon au sol, de sorte que toutes les empreintes sont comme celles du pied avant.

Notez également que le «gros» doigt de l'ours est à l'*extérieur* du pied, et non à l'intérieur comme chez l'homme.

Très souvent, dans la poussière ou la boue peu profonde, le «petit» doigt (côté interne) ne laisse pas de trace, de sorte que l'empreinte du pied n'indique que quatre doigts. Parfois, le doigt interne est seulement esquissé (fig. 9, a).

À la figure 10, on retrouve le galop du grizzli en a) et celui de l'ours noir en e): le pied arrière dépasse le pied avant à chaque foulée. Ces deux types de pistes, et d'autres variantes, peuvent être produits par les deux espèces.

Les trois types d'ours fréquentent souvent des sentiers bien établis. Ceux de l'ours brun de l'Alaska sont remarquables, en particulier dans la toundra. Ils sont constitués différemment: dans les marais intertidaux et le long des rivières à saumons, ils ressemblent à n'importe quel sentier traversant une végétation dense. Dans la toundra plus sèche, ils sont formés de deux ornières parallèles, produites par les pieds gauches et droits des ours au cours des ans (fig. 10 c). J'ai déjà marché dans ces ornières, mais cela est malaisé, pour la simple raison que les hanches et les épaules de l'ours sont beaucoup plus larges que les nôtres.

Pied arrière gauche et avant droit de l'ours brun de l'Alaska

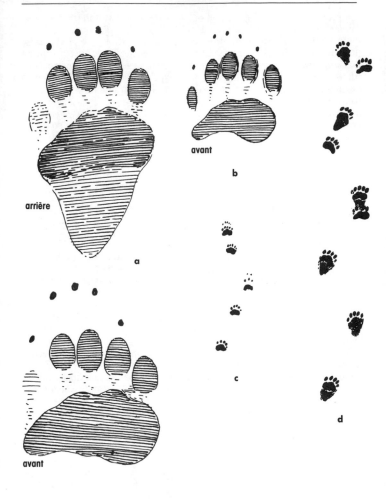

Fig. 9

Empreintes d'un grizzli d'un an, d'un ourson noir et de sa mère

a) Grizzli d'un an. Empreinte arrière de 16 cm de long sur 9 cm de large;
    avant, 10 cm x 10 cm.
b) Pied avant d'un ourson, 6 cm x 6 cm.
c) Piste erratique d'un ourson
d) Pistes de la mère, de deux types.

Il existe encore un autre type de piste d'ours brun, illustré à la figure 10 d). Il arrive que l'ours brun prenne l'habitude de passer résolument dans les mêmes empreintes, créant ainsi une série de trous disposés en zigzag. Pour les parcourir, il faut exécuter des demi-sauts de l'un à l'autre. Dans la toundra de mousse, si un sentier de ce type est abandonné pendant plusieurs années, il se couvre d'herbe parce que les graines trouvent un sol propice au fond des trous. On peut donc trouver des touffes d'herbes en zigzag sur le tracé d'un ancien sentier d'ours brun. Dans les sentiers parcourus à la fois par l'ours noir et le grizzli, on trouve parfois les mêmes trous en zigzag, formés par le passage répété des ours des deux espèces dans les mêmes traces pendant des années.

En juin, et pendant tout l'été, les saumons remontent les rivières pour frayer. À cette époque, les ours bruns descendent au bord des cours d'eau pour s'en nourrir. On trouve leurs sentiers, bien marqués, le long des rives, et leurs lieux de repos, dégagés dans la végétation parmi les saules et les aulnes. Les ours se construisent parfois de véritables «litières» en empilant de la mousse arrachée au sol en tas atteignant parfois 4 m de diamètre. Ayant trouvé de ces matelas de mousse, j'avais cru à une cachette de nourriture, mais je n'y ai rien découvert; j'ai donc retenu l'hypothèse de la litière.

En forêt, on remarquera que les sentiers d'ours passent sous des obstacles que doit contourner un wapiti, par exemple.

Enfin, les ours laissent des traces sur les arbres: ils mordillent puis arrachent l'écorce des pins, des épinettes et des sapins, parfois tout autour de l'arbre. Ensuite, il raclent la partie juteuse du bois avec leurs incisives, en laissant des traces verticales (fig. 11 a). J'ai goûté à ce délice: c'est d'abord sucré comme du sirop, mais ça prend soudain le goût de la térébenthine. Les ours, eux, semblent adorer!

Quand un jeune ours grimpe dans un peuplier, il laisse dans l'écorce lisse et tendre des traces de griffes qui persisteront sous forme de cicatrices pendant toute la vie de l'arbre (fig. 11 b).

Les ours laissent encore un autre type de trace sur les arbres. Ils aiment se frotter contre un arbre, ou, à l'occasion, contre un arbuste ou une souche. Ils peuvent se frotter et se frotter, étreignant parfois l'arbre en y enfonçant leurs griffes, ou le mordant en se tenant sur leurs pattes de derrière. Cet arbre est souvent en évidence sur le sentier ou à côté, à un endroit où l'ours le remarque aisément; il s'y frotte et s'y gratte de façon répétée jusqu'à ce qu'on puisse l'identifier comme un «arbre à ours» (fig. 11 c et 12 a). En général, la gomme de l'arbre coule et englue des poils, que l'on peut trouver également accrochés à l'écorce. Il ne faut pas confondre ces poils avec ceux des bisons dans les endroits fréquentés par les deux espèces, comme le parc de Yellowstone: le bison se frotte également contre les arbres (voir p. 311). L'«arbre à ours» que nous venons de décrire sert à indiquer la hauteur de l'animal et à défier ses rivaux. Il peut certainement servir de marqueur, comme les marqueurs odorants des chiens, mais c'est avant tout

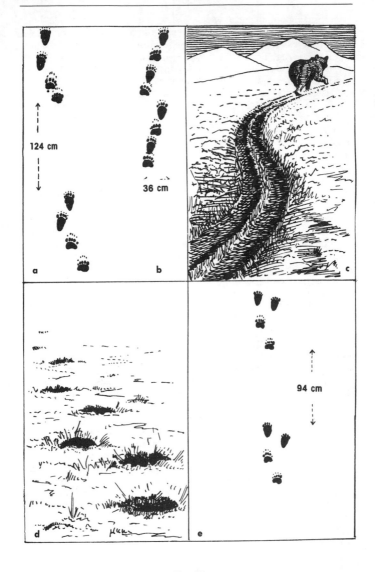

Fig. 10

Pistes d'ours brun et d'ours noir

Fig. 11. marques d'ours sur les arbres

a) Arbre écorcé pour sa pulpe juteuse.
b) Vieilles cicatrices marquant le passage d'un ours, sur un peuplier.
c) Grizzli en train de se frotter contre un arbre (Alaska).

un endroit commode pour se frotter. Dans les parcs et les réserves, les poteaux indicateurs des sentiers sont souvent grugés par les ours. Les ours aiment s'amuser gratuitement, un peu comme l'enfant qui laisse traîner sa main sur des piquets de clôture en marchant. J'ai souvent vu des ours noirs enfourcher un jeune pin pour se frotter le ventre au passage.

Les excréments des ours sont parfois difficiles à identifier, mais ils ont généralement une forme caractéristique et un diamètre

Fig. 10 (page opposée)

a) Grizzli avançant par bonds rapides dans la neige (parc de Yellowstone, É.-U.)
b) Grizzli avançant par bonds lents dans la neige (Alaska).
c) Double ornière creusée par l'ours brun de l'Alaska dans la toundra sèche.
d) Trous en zigzag produits par le passage répété d'ours bruns de l'Alaska dans les mêmes traces.
e) Bonds rapides de l'ours noir.

constant (fig. 13). Les ours mangent de la viande toutes les fois qu'ils
en ont l'occasion et peuvent tuer un animal de la grosseur d'un orignal; ils ingèrent également de la viande morte. Leurs excréments sont
alors surtout composés de poils. On se rappellera toutefois que l'ours
est végétarien avant tout, et qu'une grande proportion de ses crottes
sont composées d'herbes et parfois de racines. Il peut aussi s'agir des
masses de débris de bois et de fourmis, des masses de pignons ou des
petits fruits en saison. Les coyotes mangent également des pignons,
mais leurs crottes sont plus petites. Un régime composé uniquement
de fraises produira des masses visqueuses. La même observation
s'applique à un régime de poisson, comme c'est parfois le cas chez
l'ours brun du sud de l'Alaska. Les crottes de l'ours brun sont plus
grosses que celles de l'ours noir, mais les tailles se chevauchent.

L'alimentation de l'ours laisse d'autres traces. Une vieille bûche
retournée ou brisée peut indiquer le passage d'un ours à la recherche
de coléoptères ou de fourmis (fig. 12 b). Les ours retournent également des pierres pour la même raison. Ils grattent les fourmilières et
se lèchent ensuite la patte. Dans les prés du parc de Yellowstone, j'ai
trouvé des endroits bouleversés par un ours qui avait flairé une fourmilière souterraine et mon frère en a aperçu dans le même parc qui
retournaient des bouses de bison à la recherche de coléoptères. J'ai
également vu en Alaska un nid d'hirondelle de rivage arraché d'un
talus par un ours noir dont les marques de griffes étaient bien nettes.
Les ours déterrent des racines et leur travail est parfois aussi évident

Fig. 12.   Traces de l'activité de l'ours noir

a) Traces de griffes de l'ours noir sur un tronc (Tennessee).
b) Ours noir brisant une bûche pourrie à la recherche d'insectes. Au premier plan, fourmilière éventrée par un ours.

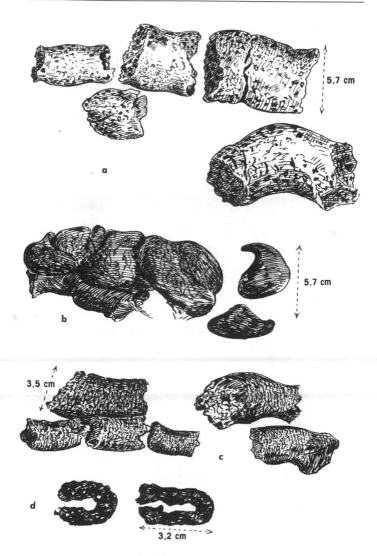

5,7 cm

5,7 cm

3,5 cm

3,2 cm

Fig. 13. Crottes d'ours

a) et b) Crottes de grizzli
c) et d) Crottes d'ours noir

que celui d'un jardinier qui aurait creusé dans son potager. Les ours déterrent également les spermophiles de leurs terriers, et les gaufres de leurs abris parmi les racines.

On trouve à l'occasion une cache de nourriture où l'ours entrepose les restes d'un chevreuil ou d'un autre animal pour s'en nourrir plus tard. La cache de l'ours ressemble beaucoup à celle du couguar, et je ne connais pas d'autre façon de les distinguer que par d'autres traces de l'animal à proximité.

Ceux qui habitent ou campent là où il y a des ours noirs peuvent compter sur un autre indice de leur passage: une poubelle renversée, dont le contenu a été dispersé.

On découvre rarement les repaires d'hibernation des ours. Il peut s'agir d'un trou apparu sous une souche déracinée dans le cas de l'ours noir, ou de toutes sortes de cavités naturelles. Dans l'île d'Unimak, en Alaska, j'ai trouvé des repaires d'ours bruns dans de longs tunnels formés dans les coulées de lave. Dans l'intérieur de l'Alaska, j'ai trouvé des repaires creusés par des grizzlis à la base d'une colline. Un jour en août, mon frère m'a montré un repaire excavé, qu'il avait trouvé, haut sur une pente; nous nous sommes introduits à l'intérieur pour le visiter, à peu près sûrs de ne pas y trouver le propriétaire à cette date (voir fig. 14).

Les ours laissent plein de traces, dont l'interprétation est très révélatrice. Il produisent également divers sons pour exprimer toute un gamme d'émotions. Si vous vous trouvez à proximité d'un ours, noir

Fig. 14. Terrier de grizzli
sur une haute pente (parc du Mont McKinley, Alaska)

ou brun, qui produit un bruit de toux, ou qui claque des dents, attention! Il n'est sûrement pas de bonne humeur et vous menace. Si l'animal est moins fâché, il produira un grognement doux qu'il est difficile de décrire. Le son le plus triste que j'aie entendu dans la nature est celui d'un ours blessé: c'est une plainte forte et modulée d'une sonorité si humaine qu'elle en est pathétique. Les ours ont donc tout un répertoire de grognements, de feulements et de reniflements, et peuvent également produire des gémissements et des plaintes. Cependant, quand on les rencontre dans la nature, ils sont généralement silencieux.

Ours blanc

Rares sont ceux qui ont eu la chance de dépister un ours blanc (*Ursus maritimus*). La seule fois que j'en ai vu un à l'état sauvage, c'était à la baie d'Hudson en 1915; il avançait dans la toundra de mousse et n'y laissait pas de trace. Les empreintes illustrées à la figure 15 proviennent du zoo de Woodland Park, à Seattle, où on a fait marcher un ours blanc dans le sable. La plante des pieds de l'ours blanc est extrêmement poilue, ce qui fait que les parties saillantes ne sont pas très nettes. La figure 15 b), tirée d'une photo, montre la forme générale des empreintes mais ne révèle pas les détails de la structure du pied.

Le seul ours que vous êtes susceptible de rencontrer sur la banquise polaire, dans les îles de l'Arctique ou dans celles de la mer de Béring est l'ours blanc.

Ses excréments se composent de végétaux ou de restes de phoques, de poissons ou d'autres proies. Contrairement à ce qu'affirme l'histoire naturelle classique, l'ours blanc n'est pas exclusivement carnivore et se nourrit parfois de végétaux, notamment dans les îles de la mer de Béring et de l'Arctique.

D'après certaines photos, il semble que l'ours blanc produit à l'occasion des empreintes alternées de gauche à droite, comme dans la figure 15 c) à droite, auquel cas les pieds avant et arrière laisseraient tous deux leur trace. Les pistes varient toutefois, et le pied arrière s'imprime parfois dans la trace du pied avant, ou même un peu en avant de celle-ci, comme chez l'ours noir.

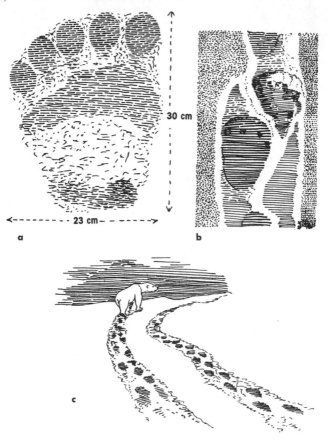

Fig. 15. Empreintes de l'ours blanc

a) Dans le sable (zoo de Woodland Park, Seattle).
b) Dans la neige (archipel arctique canadien, d'après une photo de C. O. Handley, Jr).
c) Pistes dans la neige.

Famille du raton laveur: Procyonidés

VOICI une intéressante famille de mammifères. Ses représentants sont confinés à la moitié sud de l'Amérique du Nord, à l'exception du raton laveur qui occupe jusqu'au sud du Canada.

Ces animaux sont plantigrades, c'est-à-dire qu'ils marchent sur la plante des pieds; ils font des pistes comme celles des ours, mais plus petites, à l'exception du bassari. La figure 16 compare les empreintes et les crottes de cet animal avec ceux du raton laveur.

Raton laveur

Le raton laveur, *Procyon lotor*, se rencontre de l'Atlantique au Pacifique, et de la frontière mexicaine jusque dans le sud du Canada. Il évite généralement les déserts arides, mais j'ai déjà vu sa piste caractéristique à un point d'eau au milieu des cactus dans le sud du Texas. À l'opposé, on peut le trouver à la recherche de coquillages sur une plage du Pacifique.

Ses empreintes, illustrées à la figure 17, sont caractéristiques et faciles à reconnaître. Il a cinq orteils à l'avant et à l'arrière et, lourdaud et rondouillard comme il est, il laisse une piste qui ressemble à celle d'un ours en miniature.

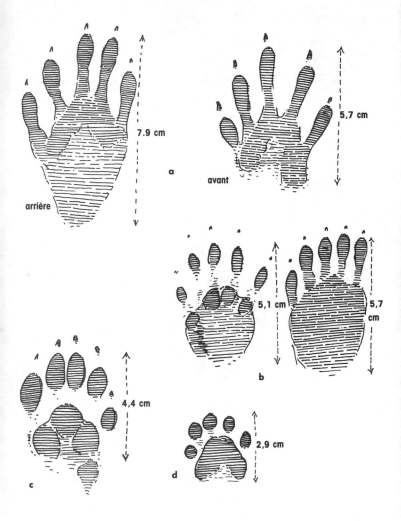

Fig. 16. Empreintes de Procyonidés, à l'échelle

a) Pieds arrière et avant du raton laveur.
b) Piste du kinkajou
c) Piste du coati
d) Piste du bassari rusé

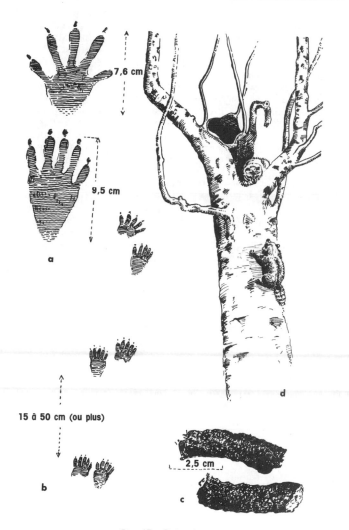

Fig. 17.   Raton laveur

a) Empreintes types dans la boue; le pied avant est en haut.
b) Piste d'un raton laveur qui marche.
c) Crottes assez typiques, non effilées.
d) Arbre à ratons laveurs: un platane (Ariz.).

Les empreintes de ratons laveurs sont généralement jumelées, celle du pied arrière gauche étant placée à côté de celle du pied avant droit quand l'animal marche (voir fig. 17 b). Comme on a pu le lire à l'article sur l'opossum, les pistes de ces deux animaux se ressemblent, et dans le sable meuble, où les orteils ne laissent pas de trace, il est difficile de les distinguer.

Les crottes du raton laveur ne sont pas aussi faciles à reconnaître que ses empreintes. Elles ont souvent un aspect granuleux et un diamètre assez constant. Leur couleur varie du noir au roux, et elles sont souvent blanchies. De nombreux spécimens ont une forme irrégulière. On peut les confondre surtout avec celles d'une grosse mouffette ou d'un opossum. À certains endroits, les excréments sont produits sur les grosses branches des arbres ou sur des bûches, ce qui est caractéristique de l'espèce. Le raton laveur est omnivore et se délecte de viande, de fruits, de noix, de maïs et d'autres légumes du potager, de même que de chair morte.

Le long de la rivière Rouge au Minnesota, nous reconnaissions les arbres fréquentés par les ratons laveurs aux marques que laissaient leurs griffes sur le tronc. Ils fréquentaient généralement les ormes, mais aussi les chênes et les tilleuls. Nous recherchions d'abord un trou dans le tronc, à la naissance d'une grosse branche qui, en se brisant, aurait produit une cavité *s'ouvrant vers le bas*. Une fois trouvé un arbre présentant une telle cavité assez haut sur le tronc, nous nous mettions à la recherche de traces sur l'écorce. Dans le sud, les ratons laveurs utilisent parfois des platanes, comme celui représenté à la figure 17 d). Les ratons s'abritent également dans divers terriers au sol, comme un billot creux ou un abri dans les rochers. Parmi les gîtes les plus inusités, W.H. Bergtold signale un nid de pie, où s'étaient logés un raton et sa famille.

Bien que j'aie vécu environné de ratons pendant des années, je ne peux me rappeler de leur cri. Pourtant, on décrit souvent cet animal comme assez bruyant. Seton décrit son cri comme un long trémolo: wou-ou-ou-ou. Il le compare au cri querelleur du Petit-duc maculé, avec lequel, dit-il, on peut le confondre.

Coati

Le coati, *Nasua narica*, est apparenté au raton laveur dont il partage le naturel fureteur. Son véritable domaine se trouve au sud des tropiques, mais son aire de distribution traverse tout le Mexique pour atteindre la frontière du Texas, le quart sud-est de l'Arizona et le sud-est du Nouveau-Mexique.

Cette bête aventureuse, prolongée par une longue queue et dotée d'un long museau, est à l'aise dans la jungle mais sait devenir très fami-

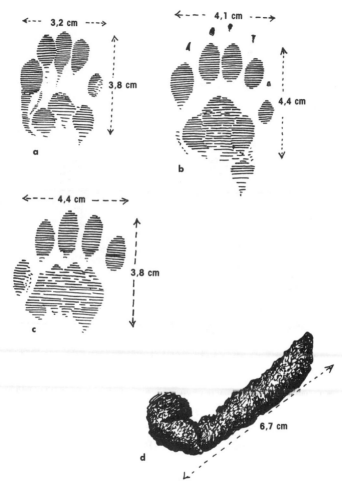

Fig. 18. Traces du coati

a), b) et c) Empreintes dans la boue. En a) les orteils sont anormalement rapprochés.

d) Crotte, aux 2/3 de sa grosseur environ.

coatis

lière si on lui manifeste un peu de prévenance. Au centre de recher-
ches de l'île de Barro Colorado, dans la Zone du canal de Panama,
des coatis sont devenus funambules pour aller chercher des morceaux
de pain suspendus au milieu d'un long câble souple. Dans la nature,
leur régime alimentaire ressemble à celui du raton laveur: ils aiment
les fruits et d'autres produits végétaux, et ne dédaignent ni les oeufs,
ni les jeunes oiseaux, ni les insectes et autres petits animaux qu'ils
arrivent à capturer.

Comme c'est le cas chez le raton laveur et l'opossum, les crottes
varient d'aspect selon les aliments ingérés.

Les pistes illustrées à la figure 18 proviennent d'animaux en captivité, puisqu'il m'a été impossible d'en trouver dans la jungle. Il se
peut que le long talon apparaisse dans les empreintes, mais ce n'était
pas le cas dans mes échantillons.

Kinkajou

Pour la plupart d'entre nous, le kinkajou, *Potos flavus*, n'est qu'un
nom évocateur de la jungle tropicale, et peut-être de sa faune féroce.
Pourtant, en captivité, le kinkajou est un animal d'un naturel doux et
amical.

Son aire de distribution atteint au nord les régions tropicales du Mexique, ce qui en fait un membre de la faune nord-américaine. Durant
mon court séjour dans la Zone du canal de Panama, j'avais espéré en
entrevoir un, qui se serait peut-être déplacé de branche en branche grâce
à sa longue queue préhensile, comme j'avais vu les singes à face blanche le faire. Hélas, je n'ai vu ni le kinkajou, ni ses traces.

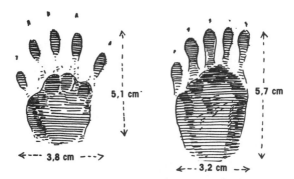

Fig. 19. Empreinte des pieds avant et arrière d'un kinkajou en captivité, dans la boue.

Je dois la figure 19 à la collaboration d'un kinkajou du Jardin zoologique national de Washington qui a bien voulu se laisser manipuler et faire quelques pas pour moi dans la boue. Les empreintes rappellent celles du raton laveur, ce qui n'est guère étonnant vu leur parenté.

Bassari

Le bassari rusé, *Bassariscus astutus*, est un animal furtif de l'Amérique centrale et du Mexique. Aux États-Unis, il a trouvé un habitat qui lui convient dans l'ouest et le sud-ouest, du sud de l'Orégon au Texas.

Animal strictement nocturne, on le voit rarement; de surcroît, on trouve difficilement ses pistes dans le pays aride qu'il habite. Par chance, en 1939, dans la grotte de Cottonwood au Nouveau-Mexique, j'ai trouvé, à la lumière d'une bougie, un grand nombre d'empreintes dans la poussière déposée sur les plates-formes rocheuses, ainsi que certaines des crottes illustrées ici. Le bassari s'y était nourri presque exclusivement de chauves-souris. Les pistes ressemblent beaucoup à celles du chat, et il n'y a pas une grande différence entre l'empreinte du pied avant et celle du pied arrière. Tous les pieds ont cinq doigts.

Le menu du bassari est assez varié et comprend des rongeurs, des chauves-souris, des insectes et des fruits. Par conséquent, les crottes sont variables. Au Texas, où son régime alimentaire est diversifié, les crottes se brisent souvent en petits bouts, et s'effritent facilement une fois sèches (voir l'échantillon du haut de la fig. 20 d).

Le bassari trouve abri et fait son nid dans les arbres creux, dans les anfractuosités des amas de roches et des falaises, et dans les grottes.

On a peu fait état du cri du bassari: il produirait un aboiement de petit chien. Personnellement, je ne l'ai jamais entendu.

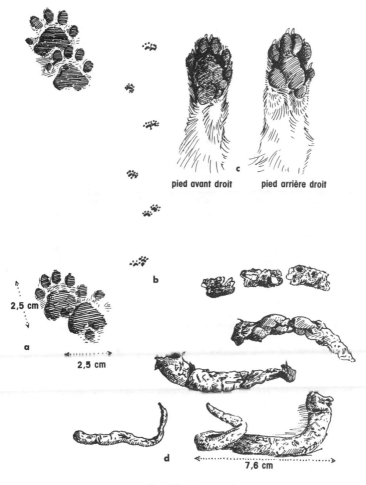

pied avant droit   pied arrière droit

2,5 cm

b

a

2,5 cm

d   7,6 cm

Fig. 20. Bassari

a) Empreintes-types dans la poussière; le pied arrière couvre partiellement l'avant.
b) Piste.
c) Pied (d'après Seton).
d) Crottes, montrant une grande variabilité de grosseur et de forme. L'échantillon du haut, provenant du Texas, contient des insectes; les autres échantillons, du Nouveau-Mexique, contiennent des restes de mammifères.

Famille des belettes: Mustélidés

LORSQU'ON veut pouvoir dépister les animaux, par intérêt ou par nécessité, il est bon de connaître les caractéristiques des familles de mammifères. La mouffette, par exemple, est bien différente d'aspect de la belette élancée, et pourtant les deux sont capables de produire une odeur nauséabonde. La famille des belettes constitue un groupe dynamique dont les espèces se sont dispersées dans toutes les niches qu'offre le milieu naturel. La loutre et le vison ont choisi les ruisseaux et les étangs, la loutre de mer s'est adaptée à l'environnement marin, le pékan et la martre ont élu domicile dans la forêt de conifères tandis que le puissant carcajou choisissait de s'établir dans les régions subarctiques et à la limite des arbres. La mouffette s'est concocté une odeur repoussante afin de pouvoir se promener tranquillement parmi les feuilles mortes des bois et les herbes des prés à la recherche d'insectes et d'autres proies faciles sans être inquiétée. Le blaireau, quant à lui, explore le sous-sol grâce à ses puissants membres antérieurs. Enfin, l'agile petite belette, chasseur hardi et obstiné, furète partout avec énergie.

Les membres de cette famille ont des pieds à cinq doigts à l'avant comme à l'arrière (fig. 21), mais l'empreinte du cinquième orteil n'est pas toujours visible. Les mustélidés ont tendance à laisser des empreintes jumelées dans la neige (fig. 23 b).

Les crottes illustrées à la figure 22 révèlent aussi des traits de famille. Il y a passablement de chevauchements de taille entre celles de certaines espèces.

En apprenant à distinguer sur le terrain les pistes des mustélidés, vous serez en mesure de déchiffrer une partie des moeurs des animaux qui les ont produites.

Hermine, belette à longue queue et belette pygmée

Répandues sur tout le continent nord-américain, les belettes sont connues de la plupart des gens. Dans la neige, leurs empreintes jumelées sont également familières. À la recherche de proies, les belettes bondissent ici et là de manière énergique et désordonnée; on voit leurs

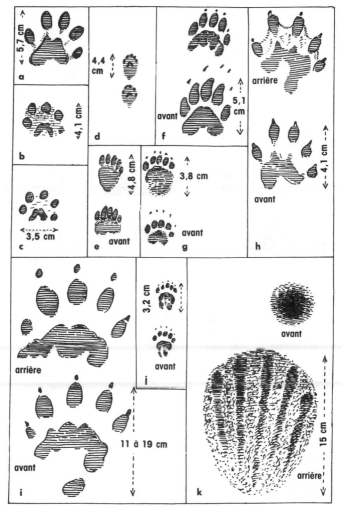

Fig. 21. Pistes de mustélidés, à peu près en proportion

a) Pékan   b) Martre   c) Vison   d) Belette
e) Mouffette à nez blanc   f) Blaireau   g) Mouffette rayée
h) Loutre de rivière i) Carcajou j) Mouffette tachetée k) Loutre de mer

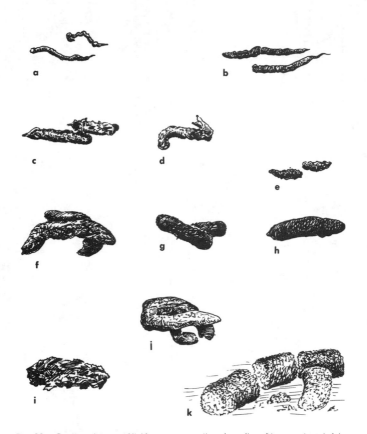

Fig. 22.   Crottes de mustélidés, en proportion. Les diamètres sont variables.

a) Hermine, *Mustela erminea muricus*; diam.: 0,5 cm.
b) Belette à longue queue, *Mustela frenata nevadensis*; diam.: 0,6 cm.
c) Vison, *Mustela vison*; diam.: 1,0 cm.
d) Martre, *Martes americana*; diam.: 1,0 cm.
e) Mouffette tachetée, *Spilogale* sp.; diam.: 0,6 cm.
f) Carcajou, *Gulo luscus*; diam.: 1,6 cm.
g) Blaireau, *Taxidea taxus*; diam.: 1,6 cm.
h) Mouffette rayée, *Mephitis* sp.; diam.: 1,6 cm.
i) Loutre de rivière, *Lutra canadensis*; diam.: 1,3 cm.
j) Pékan, *Martes pennanti*; diam.: 1,6 cm.
k) Loutre de mer, *Enhydra lutris*; diam.: 3,8 cm.

Hermine

pistes changer soudain de direction, revenir en arrière, dessiner des
boucles ici et là, disparaître sous une bûche à demi enfouie et réapparaître un peu plus loin. Les pistes de belettes sont éloquentes: elle révèlent bien le caractère de ce petit chasseur avide et fureteur.

Lorsque les belettes courent dans la neige, l'empreinte du pied arrière
se superpose plus ou moins parfaitement à celle du pied avant, de sorte
que la piste apparaît comme une ligne de traces doubles (fig. 23 b).
Généralement, mais pas toujours, ces empreintes doubles sont légèrement décalées l'une par rapport à l'autre. Très souvent aussi, les foulées alternent: une longue, une courte. Dans la neige profonde, les
empreintes de la foulée courte sont reliées par une traînée très caractéristique (voir fig. 24).

Un jour d'hiver où nous marchions, un compagnon et moi, dans les
bois du Wyoming, ce dernier s'écria soudain: «Regarde la belette!»
Une centaine de pieds plus loin, surgie de la neige, une face blanche
accentuée par des yeux noirs et un museau foncé nous fixait avec attention. La bête plongea pour réapparaître à quelques pieds de nous. Elle
répéta cette manoeuvre plusieurs fois, puis disparut. Ce comportement
est caractéristique: la belette plonge dans la neige avec aisance, comme
s'il s'agissait de l'eau. Souvent, la piste aboutit à un trou bien net dans
la neige, et resurgit un peu plus loin.

Bien que l'empreinte jumelée soit courante, il en existe de nombreuses variations (figure 23 d).

Les illustrations qui suivent appellent des commentaires. L'espace
manque pour inclure les empreintes de toutes les espèces, dont la taille
varie considérablement. Les trois espèces types sont: l'hermine, *Mustela erminea* (longueur variant de 38 cm dans le nord du Canada à
23 cm dans le sud-ouest des É.-U.); la belette à longue queue, *M. frenata*, d'une longueur de 30 à 51 cm; la belette pygmée, *M. rixosa*,
qui mesure entre 15 et 23 cm de long. Chaque espèce compte plusieurs
sous-espèces qui diffèrent par la taille, et les animaux des deux sexes
d'une même sous-espèce ont souvent une taille sensiblement différente.
Ajoutez à cela les variations dues à l'état de la neige, et vous obtenez
une gamme de tailles d'empreintes plutôt complexe. Heureusement,

les pistes de belettes ont toutes le même aspect général, et une fois que l'on sait quelles espèces se rencontrent à un endroit donné, on arrive à les distinguer assez bien.

Certaines grosses belettes peuvent faire des bonds de 2 mètres; un bond de 2 m 40 a été enregistré dans le Wyoming. *Mustela frenata* peut faire des sauts de 50 à 130 cm de long, tandis que dans la même région, *M. erminea* en exécutera de 33 à 102 cm. On a trouvé en Alaska des pistes de belettes pygmées indiquant des bonds de 58 cm.

Il y a également des différences dans la largeur des pistes. Chez la belette pygmée, cette largeur est de 3 à 4 cm environ dans la neige fraîche, tandis qu'elle peut atteindre 7,6 cm pour *M. frenata* au Wyoming.

Les belettes ont cinq doigts, mais le cinquième ne s'imprime pas toujours. En fait, il est exceptionnel de distinguer clairement tous les doigts.

Les crottes, longues et effilées, sont de couleur noire ou brun foncé. Leur grosseur varie selon la sous-espèce, mais il peut y avoir chevauchement d'une sous-espèce à l'autre. En pratique, on peut sans trop d'erreurs faire le tri dans une collection de crottes de belette et les assigner avec assez d'exactitude aux diverses espèces. Il serait toutefois difficile de bien identifier un seul spécimen de taille intermédiaire. Les crottes contiennent normalement des poils et des parties d'os de rongeurs, plus rarement des plumes.

On trouve parfois une crotte en suivant une piste dans la neige. On en découvrira des accumulations dans un terrier ou près d'un gîte hivernal sous la neige. En été, on retrouve les crottes le long des sentiers ou des chemins, souvent sur des pierres ou sur d'autres objets en évidence dans le sentier ou à côté. Ces sites sont souvent utilisés de façon répétée, et on peut trouver deux ou trois excréments au même endroit. J'ai trouvé des crottes de belettes sur des crottes de coyote, ou à côté.

Les belettes établissent leur gîte à même le sol (dans un trou de taupe ou de gaufre), sous une grange, dans le foin entreposé, sous des roches, ou dans d'autres endroits abrités. À plusieurs reprises, j'ai découvert une belette installée dans le refuge hivernal d'un mulot qu'elle avait dévoré, et qui était tapissé des poils de la victime.

Fig. 23 (page opposée)

a) Empreintes de belette à longue queue dans la neige mouillée; bonds de 74 à 86 cm.

b) Empreintes d'une hermine transportant un lemming dans la neige (baie d'Hudson).

c) Empreintes d'une hermine dans le sable (île de Kodiak, Alaska).

d) Empreintes de belette à longue queue dans la neige (Wyoming).

e) Pattes d'hermine, à peu près grandeur nature (mts Cascade, Orégon).

f) Crottes d'hermine, à peu près grandeur nature (Wyoming).

g) Crottes de belette à longue queue, à peu près grandeur nature (Wyoming).

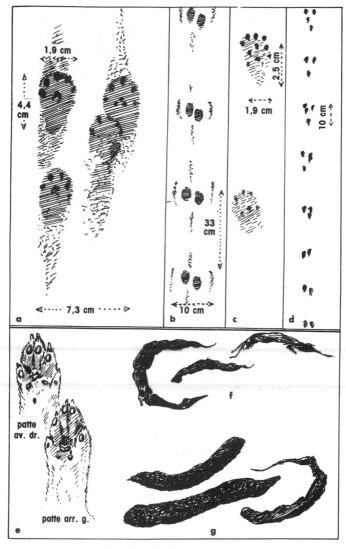

Fig. 23.   Belettes et hermine

Fig. 24.   Petits bonds de l'hermine dans la neige épaisse, produisant des
traces de traînée, et alternant avec des bonds longs au-dessus de la
neige. L'hermine plonge également sous la neige, et réapparaît alors
un peu plus loin.

Les belettes entreposent de la nourriture pour les jours difficiles. On peut ainsi découvrir un amoncellement de souris mortes au milieu des bottes de foin, dans une grange où une belette aura trouvé refuge, ou encore des mulots morts conservés sous une souche ou dans un terrier. La figure 23 b) montre une piste d'hermine avec des traces de traînée dans la neige de part et d'autre. J'ai fait ce dessin à la baie d'Hudson, où j'avais suivi la piste de l'animal sur près d'un kilomètre avant de découvrir qu'il avait enfoui un lemming dans la neige à côté d'un buisson.

Les belettes sont d'un naturel fureteur, comme on le sait; souvent, après en avoir vu disparaître une dans un tas de roches ou un arbre creux, on peut la faire revenir par curiosité, en imitant le cri d'une souris. Une belette perturbée émettra également une odeur caractéristique, aussi désagréable pour certains que celle de la mouffette.

En été, il vous arrivera peut-être d'entendre un tollé bruyant chez les oiseaux. Notez bien dans quelle direction ils regardent, et avancez prudemment. Vous découvrirez peut-être l'animal qu'ils houspillent: une corneille, un hibou ou, peut-être, une belette. Il faut toujours être réceptif aux messages de la gent ailée.

Il est parfois utile pour le naturaliste de connaître la technique de mise à mort d'un carnivore. Apparemment, la belette préfère saisir sa proie à l'arrière du crâne, parfois au cou ou à la gorge. De petites marques de dents à ces endroits sur les proies révèlent souvent l'action d'une belette.

Vison

Comme les belettes et l'hermine, le vison, *Mustela vison*, habite presque toute l'Amérique du Nord, mais il est plus inféodé qu'eux à la forêt et aux cours d'eau.

Le vison, les belettes et l'hermine sont très apparentés, et leurs pistes se ressemblent. Celles du vison sont généralement du type jumelé, avec des empreintes plus grandes que celles des belettes. Elles résultent de la quasi-surimposition du pied arrière dans l'empreinte du pied avant (fig. 25 c). Comme les belettes et l'hermine, le vison exécute lui aussi des plongeons exploratoires sous la neige. Lorsqu'il chemine, il s'élance parfois dans la neige, y creusant ainsi un chenal, et se laisse glisser à l'occasion sur une pente, comme une loutre. Ces comportements sont des manifestations de la même exubérance enjouée que celle de la loutre.

En hiver, au bord d'un cours d'eau, on découvre parfois un trou bien rond dans la neige, qui aboutit à un orifice de respiration à la surface de la glace: un vison est peut-être passé par là, pour aller explorer les eaux de la rivière. Le trou peut être plus ou moins maculé de boue, selon que le vison est allé ou non au fond du cours d'eau, et l'animal peut avoir abandonné des restes de grenouilles ou d'autres proies aux alentours.

Comme chez les belettes, le mâle est plus gros que la femelle, et les empreintes sont proportionnelles. Les trappeurs cherchent souvent à distinguer les deux sexes par leurs pistes, et y réussissent jusqu'à un certain point, avec l'expérience. L'état de la neige et l'âge de l'animal influent sur les empreintes tout comme le sexe. J'ai trouvé plusieurs empreintes de vison qui mesuraient 3,2 cm de largeur et à peu près la même longueur, griffes exceptées. Cependant, quand le talon du pied arrière s'imprime, comme à la figure 27, l'empreinte peut atteindre 4,4 cm de long. Dans la neige, on trouve des empreintes atteignant jusqu'à 5,1 sur 6,4 cm de long. La largeur des pistes varie de 5,7 cm dans la boue à 8,9 cm dans la neige. Les foulées à la course, dans la boue et sur la neige ferme sont illustrées à la figure 25 d) et e). Remarquez la ressemblance entre la foulée en 25 d) et celle de la mouffette (37 d).

Généralement, les crottes du vison sont un peu plus grosses que celles des belettes, mais il arrive qu'elles soient de la même grosseur. Lorsqu'elles contiennent des poils, comme celle de la figure 25 f), elles sont noirâtres et formées de segments irréguliers ou sont repliées. La crotte pâle illustrée à la même figure est caractéristique de celles qui contiennent des plumes. Quand elles sont formées de restes de poissons ou d'autres proies analogues, leur surface est rugueuse et elles sont d'un noir brillant.

Le gîte du vison est parfois creusé dans les rives des cours d'eau, et mesure alors un dizaine de centimètres de diamètre. Le vison peut également se loger dans un terrier de rat musqué, dans une souche

Fig. 25 (page opposée)

a) Empreintes typiques dans la boue.   b) Pattes de vison.
c) Piste caractéristique, dans la boue: empreintes jumelées, celle du pied arrière se superposant presque à celle du pied avant.
d) et e) Pistes de vison à la course.
f) Crottes de vison, aux 2/3 de leur grandeur.

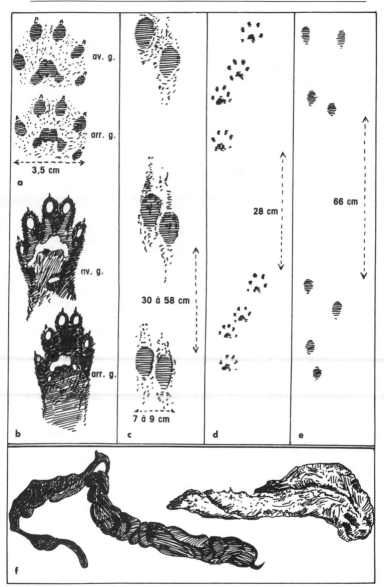

Fig. 25. Vison

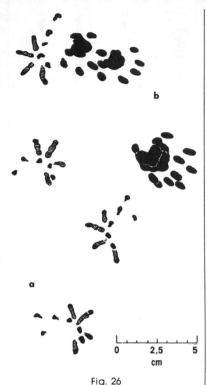

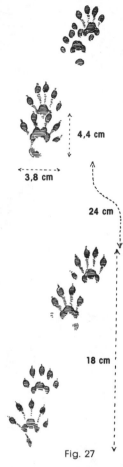

0   2,5   5
cm

Fig. 26

Empreintes de vison et de crapaud circulant en sens opposé, dans une boue molle.

a) Les empreintes du crapaud à la marche révèlent seulement l'extrémité des doigts de la patte arrière, en surimposition sur la trace du pied étant muni de quatre doigts.

b) Le vison a presque superposé ses empreintes arrière et avant lui aussi: voici à nouveau des empreintes deux-à-deux, les quatre pieds ne laissant que deux traces dans une neige où le détail se perd.

Fig. 27

Vison courant dans la boue (Wyo.). Cette piste ressemble à celle de la figure 25 d) mais les empreintes ont tendance à se regrouper en paires pour donner la piste deux-à-deux de la figure 25.

ou une bûche creuse, ou dans d'autres abris déjà existants. Le nid est fait de feuilles, dans certains cas du moins, et mesure environ 30 cm de diamètre.

Il est parfois tapissé de plumes, quand ce matériau est disponible.

L'étang à castor nous donne une merveilleuse leçon sur l'adaptation. Les compétences techniques du castor fournissent l'étang. Les rats musqués profitent de la présence de l'étang pour y ériger leur demeure, souvent même dans la paroi extérieure de la hutte des castors. Puis arrive le vison, attiré par le rat musqué dont il est friand. À plusieurs occasions, j'ai trouvé, sur des huttes de castors, des matières fécales de vison contenant des poils et des os de rat musqué.

Comme les belettes et les mouffettes, le vison produit une forte odeur, qui n'est cependant pas aussi désagréable que celle de ses cousins. Quand j'étais jeune, nous avions l'habitude d'enfoncer une longue tige dans un terrier où nous soupçonnions la présence d'un vison. Si la tige prenait l'odeur dégagée par le vison quand il est dérangé, alors nous savions que l'animal y était.

Martre

La martre d'Amérique, *Martes americana*, est la contrepartie du vison en terrain sec. On la rencontre en forêt boréale et dans les montagnes de l'Ouest.

Les empreintes de la martre peuvent être confondues avec celles du vison, qui est un peu plus petit, et celles du pékan, qui est plus gros. Tous ces mustélidés, de même que les belettes et l'hermine, font des pistes semblables, où les mesures varient, mais se chevauchent. Ainsi, le Canadien Antoon de Vos a trouvé que la foulée à la marche d'un

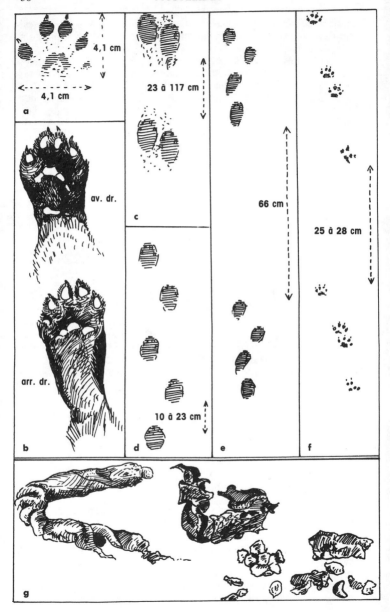

a   4,1 cm   4,1 cm

b   av. dr.   arr. dr.

c   23 à 117 cm

d   10 à 23 cm

e   66 cm

f   25 à 28 cm

g

pékan mâle est de 33 cm, et celle de la femelle, de 23 cm; que celle de la martre mâle est de 23 cm environ et celle de la femelle, de 15 cm.

Comparés à ceux du vison, les pieds de la martre sont plus grands, ce qui n'empêche pas qu'il y ait beaucoup de variation dans la taille des empreintes. L'une d'elles, sur la neige durcie, mesurait 3,8 cm de long et de large, soit un peu plus seulement que celle d'un vison sur une surface ferme, et un peu moins que l'empreinte de ce dernier dans la neige folle. Dans la neige fraîche, l'empreinte de la martre varie de 6,4 à 11,4 cm de long. J'en ai trouvé une de 15 cm de long, mais certaines grandes traces combinaient des empreintes avant et arrière partiellement superposées. Les pistes de la martre mesurent entre 6,4 et 15 cm de large, les plus larges apparaissant dans la neige folle.

Au milieu de l'hiver, le dessous des pieds de la martre est si velu que les coussinets des orteils disparaissent. Vers la fin de l'hiver, les orteils réapparaissent.

Je n'ai jamais trouvé, pour cette espèce, de traces de glissade dans la neige comme en produisent le vison et la loutre, mais on signale que la martre y fait des tunnels.

Les crottes de la martre sont difficiles à identifier: de la forme de celles des belettes et du vison, elles sont à peu près grosses comme ces dernières, et parfois comme celles d'une belette de grande taille. Il est donc utile de savoir que les martres sont friandes de bleuets, de sorbes et de pignons, que dédaignent apparemment le vison et les belettes; les crottes des martres contiennent souvent des restes de ces fruits. En Alaska, on a observé que les lèvres des martres étaient tachées de bleu au temps des bleuets. On peut trouver des crottes de martre sur des rochers le long des pistes en montagne, et sur les pistes elles-mêmes. On en trouve souvent plusieurs au même endroit, ce qui témoigne de l'habitude de l'animal à retourner déféquer au même endroit, comme beaucoup d'espèces. On trouve souvent ensemble des crottes de belettes et de martres.

D'ordinaire, la martre fait son gîte dans un trou d'arbre, mais on en a également trouvé sous terre. En outre, elle enfouit des surplus de nourriture dans des caches, comme les belettes, l'hermine et le vison.

Fig. 28 (page opposée): Martre

a) Empreinte sur la neige durcie.
b) Pieds en été (Wyo.). En hiver, un pelage épais recouvre les coussinets des orteils, qui commencent à réapparaître avant le début du printemps.
c) Piste commune, produite par une martre à la course: le pied arrière s'est posé dans l'empreinte du pied avant.
d) Allure de marche.   e) Course sur une neige durcie.
f) Piste sur neige croûtée, montrant les doigts; elle révèle une blessure à un pied arrière (monts Tétons).
g) Trois échantillons d'excréments, aux 2/3 de leur grandeur.

La martre n'a pas de cri caractéristique, mais des sifflements, des grognements et des plaintes de détresse. Dans la nature, elle ne produit aucun son qui puisse nous renseigner sur ses allées et venues.

Comme les belettes et l'hermine, la martre qui rôde en plein jour est parfois victime de harcèlement de la part de passereaux comme les pies, les geais et les merles qui se rassemblent pour l'houspiller.

Pékan

Le pékan, *Martes pennanti*, est un congénère de la martre qui est plus gros. Devenu assez rare aujourd'hui, on en trouve sur toute la largeur du Canada, particulièrement en forêt boréale; son aire de distribution traverse la frontière dans le nord-est des États-Unis et le long de la cordillère du Pacifique.

Les pistes de ce mustélidé peuvent parfois être confondues avec celles de la martre. Antoon de Vos précise: la foulée d'un gros pékan mâle à la marche est de 33 cm environ, celle d'une grosse martre mâle, de 23 cm, tandis que celle d'un pékan femelle est de 23 cm et celle d'une martre femelle, de 15 cm. Un gros pékan exécute des bonds qui ont en moyenne 66 cm, une grosse martre, 61 cm.

Fig. 29 (page opposée). Pékan

a) Empreinte dans le sable, aux 2/3 de la grandeur environ (Vanderhoof, C.-B.).
b) Pieds gauches avant et arrière.
c) À la marche, dans la boue (monts Olympic, Wash.).
d) Allure de course fréquente, dans la neige (p. nat. de Sequoia, Cal.).
e) Crotte, réduite au tiers de sa taille (C.-B.).

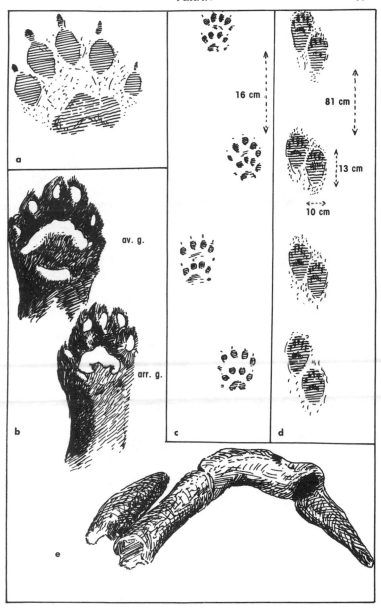

av. g.

arr. g.

16 cm

81 cm

13 cm

10 cm

a

b

c

d

e

La foulée et la grosseur des pistes varient énormément en fonction de l'état de la neige et de l'allure à laquelle l'animal se déplace. Le pékan peut faire des bonds de 90 à 150 cm. Il peut également bondir en ayant les quatre pattes séparées, comme la martre et le vison (voir fig. 28 e).

Dans la boue durcie et sur le sable, les empreintes mesurent à peu près 3,8 x 5,1 cm, griffes exclues. Dans la neige par contre, les empreintes mesurent au moins 5,1 x 6,4 cm et peuvent atteindre 10,2 x 12,7 cm dans une neige fraîche.

Les pékans ont l'habitude de grimper aux arbres et peuvent facilement se déplacer d'un arbre à l'autre. Il est donc nécessaire de parcourir un grand cercle pour retrouver plus loin la piste qu'on vient de perdre, dans la neige. Dans la Sierra Nevada, on a observé que le pékan creusait dans la neige à la recherche de souris, mais ce comportement est rare en Ontario.

Les crottes du pékan ressemblent à celles de la martre, mais sont généralement plus grosses. Le pékan est presque omnivore, et, comme la martre, se nourrit aussi bien de petits fruits et de fruits durs que de viande. Le pékan dévore également des porcs-épics et avale alors un certain nombre de piquants. Le coyote fait de même, de sorte que les excréments de ces deux animaux peuvent contenir des piquants de porc-épic. Les crottes du coyote sont cependant plus grosses, sauf lorsqu'il s'agit de très jeunes animaux.

Le pékan n'émet pas de cri remarquable, à l'exception du grognement qu'émettent les animaux qui se sentent menacés.

Les gîtes se trouvent dans les arbres ou sous terre.

Tayra

Ce mustélidé des tropiques du Nouveau-Monde, *Tayra barbara*, ressemble à la martre et au pékan, et ses empreintes sont très semblables à celles du pékan. On ne peut toutefois les confondre, puisque le pékan

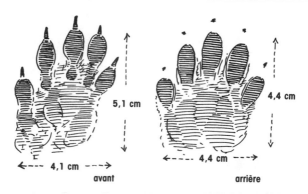

Fig. 30. Empreintes des pieds avant et arrière d'un tayra domestiqué (Zone du Canal).

est confiné à la forêt boréale et aux Rocheuses, tandis que le tayra habite l'Amérique centrale et du Sud et n'atteint au nord que certaines régions du Mexique.

Je n'ai trouvé ni le tayra, ni ses pistes, dans la jungle de la Zone du Canal de Panama, mais j'ai rencontré le Lieutenant H.H.J. Cochran qui était en poste dans cette région et qui en avait adopté un. Sa femme, qui faisait de la céramique, me procura des empreintes en forçant leur animal favori à mettre sa patte avant et sa patte arrière dans deux plats où elle avait mélangé de l'argile. Je dois donc les empreintes illustrées ici à la collaboration enthousiaste de ces deux amis des bêtes.

Comme beaucoup de mustélidés, cet animal est curieux et enjoué, et s'avère un animal familier très attachant.

Putois d'Amérique

Cet animal est peut-être le plus rare des mammifères d'Amérique du Nord. Comme son nom scientifique *Mustela nigripes* l'indique, il s'agit en fait d'une belette. À une certaine époque, on le rencontrait dans tout l'habitat du chien de prairie, dans la steppe de l'Ouest, mais il n'aurait jamais été vraiment abondant. Avec l'empoisonnement systématique des chiens de prairie, duquel le putois dépendait largement pour sa subsistance, il a presque disparu. Aujourd'hui, cette espèce menacée survit surtout dans le Dakota-Sud; elle serait complètement éteinte au Canada. Peu de gens ont vu cet animal vivant.

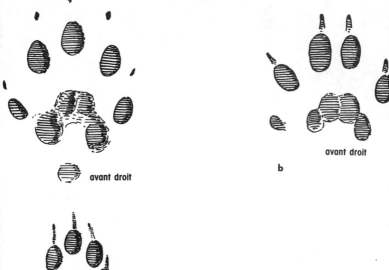

avant droit

avant droit

b

arrière droit

a

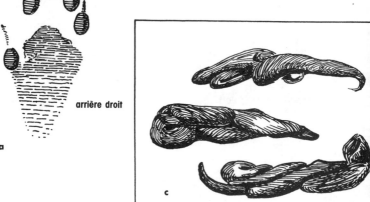

c

Fig. 31.   Traces du putois, grandeur nature (Douglas, Wyo.)

a) Empreintes avant et arrière.
b) Pied avant du vison, par comparaison.
c) Crottes du putois d'Amérique.

Putois d'Amérique

Grâce à la gentillesse de **M**. Warren Garst, qui a eu le privilège d'en étudier quelques spécimens en captivité dans l'est du Wyoming, j'ai eu la chance d'obtenir des empreintes et des crottes. (Ces animaux ont été relâchés par la suite dans un parc national.)

La figure 31 a) illustre la dimension réelle des empreintes. Remarquez leur grande ressemblance avec celle du vison, reproduite en b); il serait probablement très difficile de les distinguer sur le terrain. Les crottes du putois ressemblent aussi à celles du vison et présentent la même segmentation typique quant elles contiennent surtout des poils.

Toutefois, si vous rencontrez ces empreintes dans une «ville» de chiens de prairie, comme dans le parc national de Wind Cave, il s'agira sans doute d'une piste de putois d'Amérique.

Carcajou

Le personnage le plus puissant et le plus pittoresque de la famille des mustélidés est sans contredit le carcajou, *Gulo luscus*, qui habite les régions boréales et arctiques de l'hémisphère nord, et certaines montagnes de l'Ouest américain.

Peu nombreux sont ceux qui ont vu cet hôte furtif des régions reculées, devenu extrêmement rare aujourd'hui au sud de la frontière canadienne. Ses pistes n'en sont que plus importantes. À la figure 32, les empreintes parfaites révèlent les cinq doigts caractéristiques des mustélidés; le petit doigt, cependant, n'apparaît pas toujours. On retrouve plusieurs allures: marche ou trot, comme en b); trot un peu plus rapide, c); bonds, d); galop, e). On remarque ici des ressemblances avec d'autres membres de la famille des mustélidés. Comparez par exemple la piste en c) avec les pistes à empreintes jumelées du vison, des belettes, de la martre et du pékan. Comparez maintenant la piste indiquant des bonds, en d) avec le même genre de piste laissée par la mouf-

Carcajou

fette, le vison et la martre, et même le renard roux et le loup. La piste illustrée en f) indique que la patte arrière gauche est blessée et n'est pas utilisée pour la marche.

La grosseur des empreintes varie avec la taille de l'animal et l'état de la neige. L'empreinte du pied antérieur peut mesurer de 11 à 19 cm de long. Dans la neige épaisse, le carcajou ne produira qu'une série de trous profonds, comme à la figure 33.

Au premier coup d'oeil, les empreintes du carcajou peuvent passer pour celles du loup, mais le loup a quatre doigts et le carcajou cinq, et les talons sont différents. La piste du carcajou est souvent sinueuse, l'animal ayant l'habitude de fouiner partout à la recherche de la moindre proie ou du plus petit morceau de chair morte.

Les crottes du carcajou ont la forme fuselée caractéristique des crottes de mustélidés, mais elles sont plus grosses que celles des autres espèces, à l'exception de celles, très particulières, de la loutre de mer.

Assez curieusement, le carcajou rappelle à la fois l'ours et la mouffette. Par son apparence générale, il ressemble à un ours miniature, tandis que les deux bandes brun clair qu'il arbore sur les côtés, et qui se prolongent en une queue touffue, font songer à une mouffette. En outre, il possède des glandes anales bien développées qui produisent une odeur désagréable.

Les seuls sons que j'ai entendu émettre par des carcajous étaient des grognements et des grondements, produits parmi un groupe de bêtes captives, dans un zoo.

Le carcajou a une personnalité remarquable qui en fait un sujet de prédilection pour les chroniqueurs naturalistes. Sa férocité et sa force sont incontestables. Je doute qu'il y ait un habitant des solitudes nordiques qui excite autant l'imagination que lui. Un jour, je passais sur un sentier de carcajou lors d'une première tempête hivernale, dans le centre de l'Alaska. J'étais si fasciné par les moeurs de cette espèce

Fig. 32 (page opposée)

a) Empreintes typiques, montrant les cinq doigts.
b) Marche ou trot.   c) Allure un peu plus rapide.
d) Allure bondissante.   e) Galop.
f) Piste d'un carcajou au pied arrière blessé. (Il n'y a que trois empreintes, ce qui signifie que le pied blessé était relevé.)
g) Crotte caractéristique.

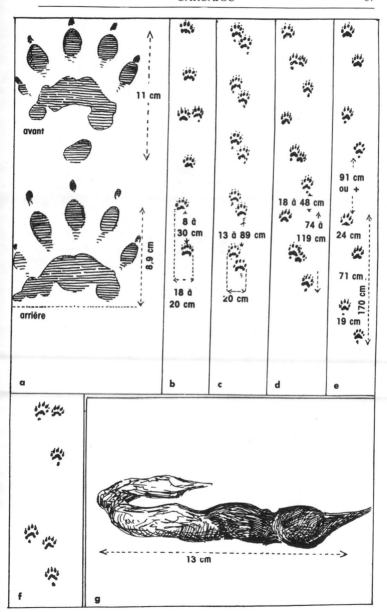

Fig. 33. Carcajou courant dans une neige épaisse

que je suivis laborieusement la piste sur une longue distance pour découvrir les agissements de son auteur. La seule vue de ces empreintes avait illuminé ma journée. Le fin museau de l'animal avait flairé quelque chose sous la neige, qui se révéla être une aile de corbeau. À un autre endroit, il avait mis au jour quelques os de caribou. Ainsi se dévoilaient toutes les péripéties de la quête de nourriture d'un carcajou.

Une autre fois, j'avais abattu un bélier de montagne pour le bénéfice d'un musée. C'était une journée d'hiver particulièrement froide, et il se faisait tard; je n'avais pas le temps de dépecer complètement l'animal et de retourner à ma tente avant la nuit. J'avais vu des pistes de carcajou dans la montagne, et je savais ce qu'il risquait d'advenir de mon spécimen si je le laissais là.

Je fis donc un pacte avec le prédateur. Comme je ne voulais pas qu'il gâte la tête du bélier, je dépeçai partiellement l'animal à partir de l'arrière, retournai la peau par-dessus la tête pour la protéger en offrant à l'appétit du carcajou le postérieur et l'abdomen, avec tous les organes internes.

Je revins le lendemain. Il y avait des pistes de carcajou partout autour du bélier. De grosses pièces de viande avaient été emportées, mais la peau et la tête du spécimen étaient intactes.

Loutre de rivière

Bien qu'on ne l'observe pas souvent dans la nature, la loutre du Canada, *Lutra canadensis*, est un animal assez connu de la plupart des gens. Son aire de distribution occupait à l'origine presque toute l'Amérique du Nord et couvre encore la majeure partie du Canada. C'est l'un des plus gros mustélidés, qui peut peser plus de dix kilos... et je n'ai même pas de chiffres pour la grande sous-espèce de l'Alaska!

La loutre est agile, et aussi fluide dans ses mouvements que l'eau qui constitue son élément préféré. Sur terre, elle n'est pas aussi légère sur ses pattes que l'hermine ou la martre et semble se mouvoir dans la neige en s'y coulant. Ce phénomène est révélé par ses pistes qui apparaissent parfois au fond d'une tranchée. La longue traînée dans la neige, où la loutre s'est laissée glisser, est également caractéristique de l'espèce. La glissade est pratiquée à l'occasion par le vison, mais ce sport est développé à l'extrême chez la loutre (fig. 35).

Par une journée d'hiver au sud de la baie d'Hudson, je remontais en raquettes le cours d'un ruisseau lorsqu'un mouvement sur le talus

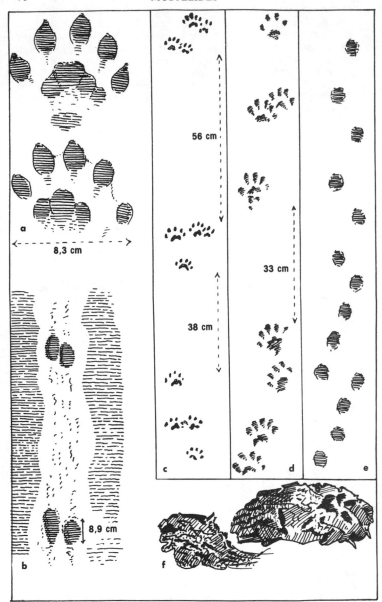

Fig. 35.   Glissoire de loutre

enneigé devant moi capta mon attention. Je réalisai que c'était une loutre, et la seconde d'après, elle glissait en bas du talus. Une deuxième
apparût, grimpa jusqu'au sommet du talus et glissa à son tour. Une
troisième sortit d'un trou dans la glace. Pendant plusieurs minutes,
j'observai ces bêtes enjouées qui grimpaient, glissaient, remontaient,
glissaient, encore et encore - jusqu'à ce qu'elles disparaissent toutes
par le trou. La récréation était terminée, et elles s'en furent sous la
glace, comme les loutres le font si souvent.

Lorsqu'elles se laissent glisser, les loutres ramènent leurs pattes antérieures sur les côtés, et leurs pattes postérieures à l'arrière, se don-
nant ainsi un profil aérodynamique. Les traces de glissade sont un indice
sûr de la présence des loutres. Certaines glissoires peuvent atteindre
plus de 8 m de long. La loutre glisse également sur le plat, en se don-
nant un élan de temps à autre. Enfin, la loutre, tout comme le vison,
peut plonger dans la neige folle pour réapparaître plus loin, quand elle
est poursuivie de trop près. Severinghouse et Tanck (1948) ont signalé

Fig. 34 (page opposée).   Traces de la loutre de rivière

a) Empreintes dans le sable humide (Wyo.).
b) Piste en tranchée dans une neige profonde.
c) et d) Course d'une loutre dans la boue meuble (Wyo.).
e) Allure ralentissant à la marche, dans le sable meuble (lac Yellowstone).
 f) Crotte, aux 2/3 de sa grosseur environ.

des glissades atteignant 7 à 8 m de long sur la glace, dans le cas d'une loutre se déplaçant de 24 à 29 km/h. Les glissades étaient plus courtes sur une neige bien tassée. Feu Francis H. Allen m'a relaté l'incident suivant:

Le 7 mars 1937, j'ai trouvé des pistes de loutre sur la neige recouvrant la glace en bordure d'un étang à Cohasset (Mass.). La glace n'allait pas très loin sur l'étang, et il n'y avait pas de neige au sol, de sorte que les seules empreintes visibles se trouvaient sur cette pellicule de neige. Comme la glace était trop mince pour me supporter, j'estimai à partir de la rive que la loutre, après avoir couru jusqu'à quelques mètres de la rive, avait glissé sur 75 cm, puis couru sur 3 m, glissé sur 6 m, et, après avoir parcouru 2 autres mètres environ, avait glissé sur près d'un mètre jusqu'à l'extrémité de la neige, à faible distance de l'eau libre. Ce qui m'avait particulièrement ébahi, c'était la glissade de 6 m qui suivait une si courte course. L'élan particulièrement puissant qui précédait la longue glissade semblait avoir été donné par les quatre membres à la fois.

Comme le vison, la loutre passe une bonne partie de son temps sous la glace des cours d'eau, venant respirer près de la rive, entre le dessous de la couche de glace et la surface de l'eau qui s'est abaissée depuis une crue. On peut également apercevoir des trous dans la glace, permettant au vison et à la loutre de plonger et de sortir de l'eau. Ces trous, qui traversent la couche de neige avant de traverser la glace, ont été décrits à l'article qui traite du vison. Ceux qu'utilise la loutre sont plus gros en proportion.

La tranchée produite par la loutre dans la neige peut atteindre 30 cm ou plus de large, et se distingue facilement de celle laissée par le vison. Il faut savoir cependant que le castor sort également sur la neige, et produit alors une tranchée profonde. Un examen attentif révélera la trace des gros pieds postérieurs palmés du castor. De loin, j'ai déjà pris une tranchée de castor pour celle d'une loutre, sur une rive enneigée.

Le porc-épic creuse lui aussi une tranchée lorsqu'il avance dans la neige profonde. À l'examen, on découvre normalement la trace des poils raides de la queue et les empreintes des pieds aux doigts rentrés. Les traces de glissade seront évidemment absentes. En cas de doute, suivez la piste pour trouver un indice dans une meilleure neige, ou pour voir si l'animal a grimpé dans un arbre ou fait une chose qu'une loutre ne fait pas.

Les empreintes de la loutre sont une version agrandie de celles du vison (fig. 34 a). Dans l'empreinte postérieure, le doigt interne est souvent déplacé nettement vers l'extérieur. La palmure ne laisse pas de trace sur une surface ferme, mais elle apparaît particulièrement dans la boue meuble. Les empreintes sont souvent jumelées comme celle du vison, en tranchée (fig. 34 b) aussi bien que sur une surface ferme. D'autres allures sont illustrées à la figure 34.

Pied avant et pied arrière de la loutre de rivière.

En plus des glissades, qui sont exécutées dans la neige ou sur la boue humide, la loutre adore se rouler, que ce soit dans l'eau ou sur terre. Sur terre, ce comportement laisse des traces dans la végétation.

David B. Cook relate une expérience qui lui est arrivée dans l'État de New-York, le long de la rivière Kinderhook: «Je remarquai vers l'amont un objet foncé qui flottait au milieu du courant. En s'approchant, l'objet se révéla être une loutre. J'observai l'animal descendre deux rapides, la tête dressée hors de l'eau, le corps et la queue raides et les pattes arrière bien écartées; de toute évidence, la descente l'amusait. Il se maintenait dans la partie la plus rapide du courant, évitant adroitement les rochers.»

Grinnell, Dixon et Linsdale (1937) signalent une autre trace de la loutre dont je n'ai pas parlé: «Les loutres du Canada ont une façon bien particulière de tortiller les touffes d'herbe pour indiquer les endroits qu'elles marquent régulièrement de leurs glandes anales. A.H. Luscomb, familier de longue date des loutres de la région de Suisun Bay, dit connaître plusieurs endroits où elles se roulent et laissent des «amas indicateurs», qui ont été visités régulièrement par presque toutes les loutres ayant longé un certain marécage durant quatorze ans. Il est donc possible que les loutres, comme les castors, utilisent des sortes de «poteaux indicateurs» qui sont visités par tous les adultes qui passent à proximité.»

Les crottes des loutres se retrouvent à côté de ces «poteaux indicateurs», sur des troncs ou sur des rochers à proximité de l'eau ou dans l'eau. La personne qui loue des barques au lac Yellowstone s'est parfois plainte des loutres qui souillaient ses embarcations la nuit.

Les crottes sont souvent de forme irrégulière, et ne sont parfois qu'une galette d'arêtes de poissons ou d'autres matières non digérées.

Elles se composent souvent de courts morceaux; leur couleur varie avec la nourriture ingérée.

Le gîte de la loutre n'est souvent qu'un endroit commode où se reposer sous les racines. Le repaire permanent est creusé dans la berge et dispose d'issues sur terre et sous l'eau. On en a trouvé dans des troncs creux: Audubon et Bachman en ont signalé dans des racines de cyprès chauves, l'un aménagé dans un arbre creux au bord de l'eau, avec une issue par en dessous. Le nid se compose de branches, de feuilles et d'herbe.

Les sentiers partent des glissoires, relient deux plans d'eau, ou aboutissent à un lieu de «roulade». Dans les scirpes, ces lieux sont des surfaces aplaties de près de 2 m de diamètre (Grinnell et coll.).

En résumé, nous avons affaire ici à un mustélidé adapté à la vie aquatique et, plus important encore, à un bon vivant. L'énergie débordante des mustélidés a trouvé chez la loutre un exutoire privilégié dans le jeu: les roulades, les glissades, les plongeons, les descentes en rapides constituent, chez cet animal, un certain art de vivre.

Loutre de mer

La loutre de mer, *Enhydra lutris*, occupait autrefois la côte du Pacifique de la Californie à la Sibérie, en passant par la mer de Béring. En Amérique du Nord, on ne la retrouve plus qu'au sud de Monterey, en Californie, et dans les Aléoutiennes.

Détecter les loutres de mer signifie généralement trouver les bêtes elles-mêmes plutôt que leurs traces, puisque cette espèce est la plus aquatique de la famille des mustélidés. Elles mangent, dorment et s'accouplent en mer, et n'ont pas souvent besoin de venir à terre. Le mâle peut mesurer 1 m 50 et peser plus de 36 kg. Leurs membres postérieurs ressemblent aux pattes des phoques.

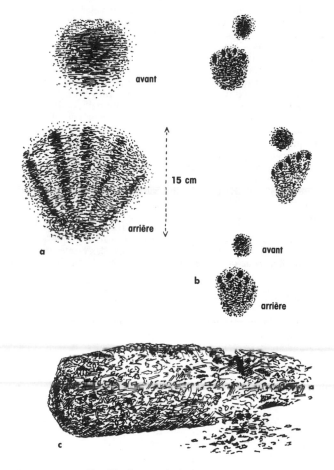

Fig. 36.   Traces de la loutre de mer

a) Empreintes dans le sable: pied avant arrondi et pied arrière palmé.
b) Piste dans le sable.
c) Crotte, aux 2/3 de sa grosseur environ.

Un indice de la loutre de mer pourrait attirer votre attention. Aux Aléoutiennes, j'ai souvent entendu un tapement rapide venant de l'endroit où ces bêtes se nourrissaient. Cela m'intriguait. Des mois plus tard, alors que j'observais avec deux amis des loutres de mer en Californie, l'explication m'apparût. Nous entendions le même bruit répété et nous vîmes à la jumelle ce qui se passait: une loutre plongeait, puis revenait avec une palourde ou une moule et une pierre. L'animal se mettait sur le dos, plaçait la pierre sur son ventre puis, tenant le bivalve de ses deux pattes antérieures, le frappait contre la pierre pour en briser l'écaille! Si vous entendez un tapement venant des lieux d'alimentation des loutres de mer, repérez les animaux à la jumelle et vous pourrez être témoin de ce spectacle peu commun.

Les loutres de mer préfèrent se tenir dans les bancs de varech, qui ne sont présents dans les Aléoutiennes que l'été. Elle viennent à terre à l'occasion, de préférence sur des plages rocheuses, où elles laissent des excréments caractéristiques, qui contiennent des morceaux de tests d'oursin et d'écailles et des restes de crustacés, et forment une masse compacte d'éclats durs. Parfois, on ne retrouve que ces éclats dispersés sur les rochers, où les crottes se sont effritées. Notez également que les goélands régurgitent la même matière. Effritées, leurs pelotes ne contiennent qu'une petite portion du volume des crottes de la loutre. Lorsqu'il ne reste qu'un peu de ces fragments, l'identification reste donc incertaine.

Les empreintes de la loutre de mer sont rares. J'en ai vu sur une plage de sable de l'île d'Ogliuga, où une loutre était passée (fig. 36).

Il est souvent difficile de repérer une loutre de mer dans un banc de varech, la tête de l'animal pouvant être confondue avec une masse d'algue émergente.

En grande partie la loutre de mer est presque aussi agile et enjouée que sa cousine d'eau douce. Couchée sur le dos, en train de grignoter une palourde ou une moule, elle peut soudainement faire un plongeon vrillé, puis revenir à sa position de départ et continuer à manger. Ces manoeuvres semblent exécutées juste pour le plaisir.

Le nouveau-né se blottit souvent pour dormir sur le ventre de sa mère qui flotte au repos comme un bouchon de liège. Si le besoin s'en fait sentir, la mère enlace son petit d'un de ses membres antérieurs et s'éloigne à la nage doucement et rapidement, apparemment avec beaucoup d'aisance.

Mouffettes à nez blanc (premier plan) et rayée

Mouffettes: rayée, à capuchon
et à nez blanc

Sous cette rubrique sont regroupées la mouffette rayée, *Mephitis mephitis*, qui habite la majeure partie de l'Amérique du Nord, la mouffette à capuchon, *Mephitis macroura*, du sud de l'Arizona et du Mexique, et la mouffette à nez blanc, *Conepatus leuconotus*, du sud-ouest des États-Unis et du Mexique.

Leur mode de défense notoire a valu à ces modestes créatures une réputation imméritée. En réalité, les mouffettes sont des animaux intéressants qui ne sont pas menaçants si on les approche calmement. Voyez les faits: voici un membre de la famille des mustélidés, reconnue pour l'agilité et la férocité de ses membres, qui a choisi de vivre paisiblement en se nourrissant d'insectes, de grenouilles, d'oeufs et de viande morte. Comme tous les mustélidés, la mouffette dispose de glandes anales, mais les siennes sont modifiées pour projeter un liquide fétide à des fins défensives.

Conséquence de son adaptation et de ses moeurs, la mouffette a perdu son agilité. Comme tous les êtres sédentaires, elle est devenue ventrue et replète. Cette évolution est résumée dans les pistes de la mouffette: voyez les pas rapprochés illustrés à la figure 37.

J'ai découvert que les empreintes de la mouffette à nez blanc indiquaient des doigts un peu plus longs que ceux de la mouffette rayée (fig. 37). L'aridité du parc national de Big Bend, au Texas, offre peu de chances de trouver des pistes, et j'ai dû me contenter d'empreintes laissées dans les endroits poussiéreux, comme certains bouts de routes. Les trois espèces font essentiellement la même piste. Remarquez toutefois la variation des pistes aux différentes allures, à la figure 37; la vitesse la plus rapide, où l'empreinte du pied arrière devance celle du pied avant, est illustrée en f).

Dans les régions froides, comme au Canada, la mouffette dort pendant l'hiver. Elle sort parfois pendant les périodes de réchauffement,

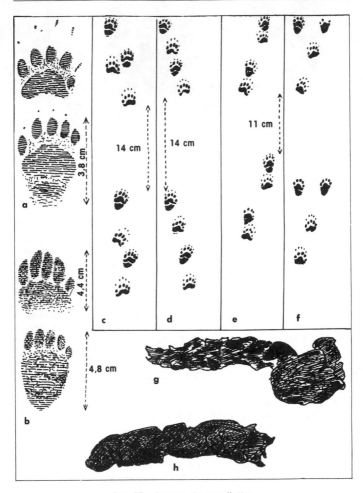

Fig. 37. Traces de mouffettes

a) Empreintes de *Mephitis* sp. dans la boue.
b) Empreintes de la mouffette à nez blanc dans la poussière; dans les deux cas, l'empreinte du haut est celle du pied avant (parc nat. de Big Bend, Tex.).
c), d), e), f) Diverses allures de la mouffette rayée: remarquez les changements de la position du pied arrière, identifié par le talon.
g) Crotte de mouffette rayée.   h) Crotte de mouffette à nez blanc.

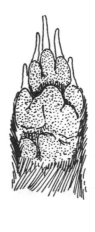

Pieds arrière et avant de la mouffette rayée, aux 2/3 de leur grosseur.

en particulier à la fin de l'hiver: on peut alors voir ses pistes qui vaga-
bondent dans la neige et aboutissent à un terrier, à un tronc creux ou
sous un bâtiment. Pourquoi a-t-elle changé d'abri? Est-elle revenue
par la suite à son premier gîte? Nul doute qu'elle doit dormir encore
avant le printemps. Quoi qu'il en soit, cette piste aux pas rapprochés
révèle d'intéressants comportements de la part de ce dormeur tout frais
réveillé.

Toutes les mouffettes creusent le sol en quête d'insectes et de larves, surtout la mouffette à nez blanc, dont le museau est bien adapté
à cette fin. Les «travaux d'excavation» sont donc de bons indices de
la présence de cet animal, qui porte au Nouveau-Mexique et au Texas
le surnom de mouffette fouisseuse. La mouffette rayée creuse également le sol, mais produit de petits trous, qui sont difficiles à identifier.

La mouffette produit des indices sonores de sa présence. Lorsqu'une
mouffette se trouve sous un plancher ou dans un refuge analogue, et
qu'elle est dérangée ou inquiétée, on peut entendre un tapement du
pied. Pendant un certain temps, il y a eu une mouffette sous notre maison et nous pouvions entendre ses tapements sourds dans le silence
de la nuit. Nous nous demandions comment une mouffette pouvait faire
autant de tapage. Quoi qu'il en soit, nous avons finalement bouché
toutes les issues alors qu'elle était absente, pour qu'elle aille se faire
entendre ailleurs!

Les mouffettes trouvent refuge dans n'importe quel abri: terrier,
bûche creuse, tas de pierres, même sous les bâtiments. Elles tapissent

leur nid d'herbe, dont la présence révèle parfois qu'il est occupé. Comme la mouffette a le poil long, recherchez la présence de poils à l'entrée du gîte. On y sent parfois une faible odeur, même si la mouffette ne l'émet normalement que si elle est menacée.

Mouffette tachetée

Cette espèce, qui porte le nom scientifique de *Spilogale putorius* et compte quelques congénères, est un joli petit animal. Plus agile que la mouffette rayée, il est même capable de grimper un peu aux arbres. Cette mouffette partage avec ses grandes cousines l'odeur nauséabonde. Elle habite le Mexique, la moitié ouest des États-Unis et l'extrême sud de la Colombie-Britannique.

Les empreintes de l'animal sont beaucoup plus petites que celles des grandes espèces et ses pistes sont différentes, comme le montre la figure 38. La piste illustrée en f) correspond à la marche, ou plus exactement au trottinement.

Les crottes, petites et de forme irrégulière, ont un diamètre d'environ 6 mm.

La mouffette tachetée fait son gîte à toutes sortes d'endroits: dans des terriers, parmi les pierres, sous les bâtiments. À mon grand regret, j'ai déjà dû en déloger une qui avait trouvé refuge sous le lit, dans ma cabane au fond des bois!

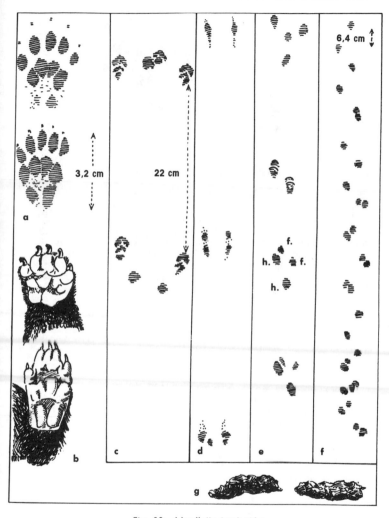

Fig. 38.   Mouffette tachetée

a) Empreintes dans la boue (monts Olympic, Wash.).
b) Pieds de la mouffette tachetée (monts Olympic).
c), d), e) Pistes produites à la course.
 f) Piste produite à la marche.
g) Crottes, aux 2/3 de leur grosseur environ; diam.: 6 mm.

Blaireau d'Amérique

Ce mustélidé, devenu fort et costaud, se détourna des arbres et de l'eau, et décida de faire sa vie sous terre. Le blaireau, *Taxidea taxus*, est court sur pattes et aplati, et dispose de puissants membres antérieurs pour creuser. Contrairement au blaireau nocturne de l'Ancien Monde, qui vit dans les bois, le blaireau d'Amérique habite les steppes, du Mexique jusqu'à la Prairie canadienne; son aire de distribution fait une pointe vers l'est jusqu'à l'extrême sud de l'Ontario. L'animal s'aventure un peu en montagne et dans les forêts.

Le trou du blaireau, trace la plus importante de l'espèce, est une caractéristique du paysage de l'Ouest, dont le danger était connu des premiers cavaliers: leur cheval pouvait s'y estropier et eux-mêmes pouvaient s'y faire désarçonner. Les trous abandonnés fournissent des nichoirs à la chouette de terriers et un refuge à de nombreux animaux.

Les terriers sont apparents: ils ont une entrée de 20 à 30 cm de diamètre et le profil elliptique de leur auteur, véritable dynamo. Il évacue une grande quantité de terre parce que les galeries de son terrier sont vastes. On peut trouver beaucoup de trous dans un même endroit, étant donné que le blaireau creuse pour capturer ses proies, spermophiles et autres rongeurs. Dans les cités de chiens de prairie, le blaireau agrandit beaucoup de terriers en quête de ces rongeurs.

Les empreintes illustrées ici révèlent les pieds aux doigts extrêmement rentrés, et les longues griffes des membres antérieurs laissent

Fig. 39 (page opposée)

a) et b) Empreintes dans la poussière (Jackson Hole, Wyo.).
c) Empreintes fragmentaires (fréquentes), sur neige durcie (Jackson Hole).
d) Piste dans la neige.
e) Crotte, aux 2/3 de sa grosseur environ.

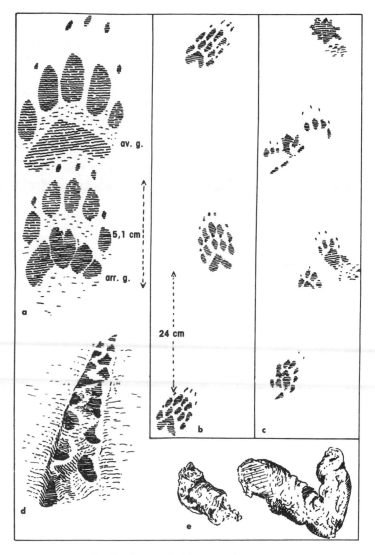

Fig. 39. Traces du blaireau d'Amérique

généralement des traces. La figure 39 c) illustre la piste fragmentaire du blaireau sur un banc de neige durcie. La foulée varie de 15 à 30 cm environ; les pistes ont 10 à 18 cm de largeur mais peuvent paraître beaucoup plus larges dans la neige folle. L'empreinte du pied avant a environ 5 cm de large, l'empreinte arrière, un peu moins. L'empreinte du pied postérieur est parfois derrière celle du pied antérieur (fig. 39 b et c), parfois devant.

Les crottes du blaireau ne sont pas faciles à trouver, du moins pour l'observateur occasionnel. Elles ne présentent pas non plus de caractéristique qui permettrait de les distinguer aisément de celles des autres carnivores de même taille. Il faut être à l'affût d'autres traces et savoir quels animaux fréquentent tel ou tel endroit.

Quand on rencontre un blaireau, on ne manque pas d'être impressionné par un animal aussi particulier. Le seul son que je lui ai entendu émettre est un grognement ou un sifflement de défi, alors qu'il me faisait face. À d'autres occasions, sortant sa tête d'un trou pour me regarder, ses zébrures lui donnaient l'air d'un clown.

Un jour, un blaireau essayait de se sauver en creusant dans le sol. Alors que l'avant de son corps disparaissait déjà, je l'ai saisi par les pattes de derrière et j'ai essayé de le sortir de son trou, juste pour le regarder de près et voir ce qu'il ferait. Mais le blaireau tenait bon: j'avais l'impression de tenter de déraciner un arbuste. Au bout de quelques instants, j'ai vu poindre le museau, qui passa sous le ventre, à la recherche de mes mains. J'ai vite laissé filer l'animal, qui disparut rapidement dans le sol!

Famille des chiens: Canidés

EN AMÉRIQUE, les animaux apparentés au chien sont le loup, le coyote et les renards. Leurs empreintes sont semblables: quatre doigts, des griffes généralement apparentes, le pied avant légèrement plus grand que le pied arrière (voir la fig. 40). Quand il est bien visible, le coussinet du talon a un contour très caractéristique, différent pour le pied avant et le pied arrière, et d'une espèce à l'autre. Remarquez les trois lobes à l'arrière de l'empreinte, plus prononcés sur le pied arrière que sur le pied avant, chez le chien et le loup. Chez le coyote, le dessin est différent. Il y a chez le renard roux une crête calleuse en arc sous le pied, apparente malgré le pelage; en creux sur une empreinte nette, elle n'est généralement qu'esquissée en profil. Chez le renard gris, les coussinets ont une projection latérale plus prononcée, en crochet sur les côtés. En général, les coussinets n'ont rien de particulier chez le renard arctique et chez le renard nain.

Les crottes des canidés se ressemblent beaucoup. Elles diffèrent par la grosseur moyenne, mais la variation est si grande et les tailles se chevauchent tant, qu'on ne peut pas toujours les identifier avec certitude. En plus des variations dues au type et à la quantité d'aliments ingérés, il faut tenir compte du fait que les petits de chaque espèce font des crottes plus petites.

Les échantillons typiques de taille moyenne présentés à la figure 41 donnent souvent de bons indices et permettent une identification plus positive une fois que l'on sait quelles espèces sont absentes de la région et que l'on s'est familiarisé avec les traces des canidés.

Chien

Il y a tant de variétés de chiens, de toutes les tailles et de toutes les formes, qu'il serait illusoire de vouloir caractériser toutes leurs empreintes. La figure 42 illustre les empreintes d'un husky de Port Moller (Alaska). Celles-ci pourraient être confondues avec celles du loup gris, puisque les

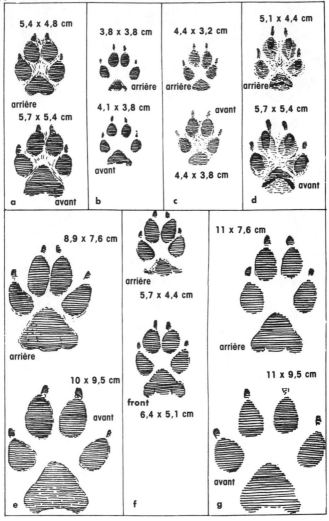

Fig. 40. Empreintes de canidés

a) Renard arctique, dans le sable
b) Renard gris, dans la boue
c) Renard nain, dans la neige
d) Renard roux, dans la boue

e) Chien husky, dans la boue
f) Coyote, dans la boue
g) Loup gris, dans la boue

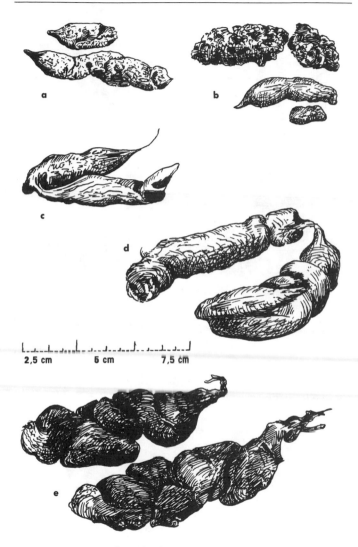

2,5 cm   5 cm   7,5 cm

Fig. 41.   Crottes de canidés

a) Renard gris ou nain (Tex.).   c) Renard roux (Alaska).
b) Renard arctique (Aléoutiennes).   d) Coyote (Wyo.)
e) Loup (p. nat. du mont McKinley, Alaska).

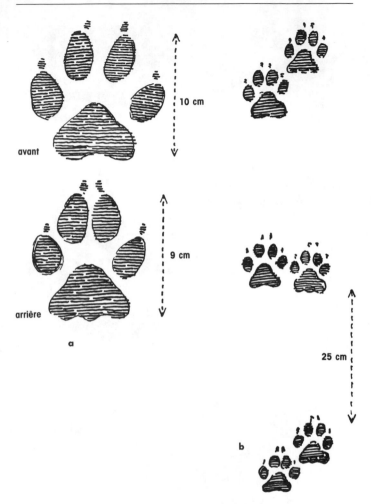

avant

arrière

a

b

10 cm

9 cm

25 cm

Fig. 42. Empreintes de chien husky

a) Pied avant et arrière.   b) Piste, à la marche

deux espèces partagent le même territoire. À titre de comparaison, on trouvera à la figure 43 les empreintes d'un épagneul et d'un chien bâtard.

Certaines caractéristiques des empreintes de canidés sont communes au chien, au loup et au renard. Les coussinets des talons des pieds avant et arrière ont un dessin caractéristique, mais dans la neige ou la boue, on trouve une différence sans rapport avec la forme du coussinet, et qui aide à distinguer le pied arrière du pied avant: les deux pieds touchent le sol à des angles différents. Les membres antérieurs des canidés sont plus mobiles que les membres postérieurs et leurs doigts ont tendance à s'écarter plus. Quoi qu'il en soit, le talon avant laisse une

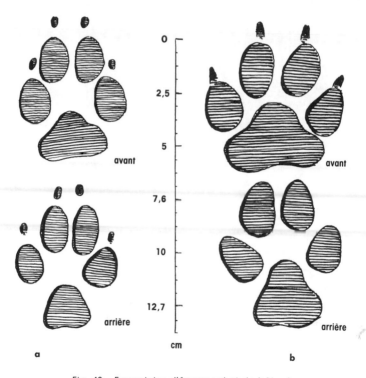

Fig. 43.   Empreintes d'épagneul et de bâtard

a) Épagneul, grandeur nature environ.
b) Chien bâtard, 3/5 de la grandeur réelle.

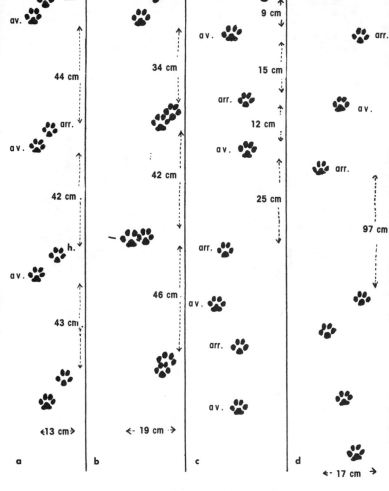

Fig. 44. Pistes de chien bâtard dans la boue

a) Petit trot; piste de 13 cm de large
b) Même allure, pied arrière presque dans l'empreinte du pied avant
c) Bonds lents   d) Galop

marque assez nette, tandis que le talon du pied arrière ne s'imprime pas complètement dans la neige ou la boue, les lobes latéraux étant, au mieux, suggérés. Par conséquent, la trace du coussinet du talon arrière n'est souvent qu'une dépression arrondie ou ovale.

Ce phénomène est illustré à la figure 43, pour l'épagneul et le chien bâtard. Les pieds avant et arrière se distinguent également dans les pistes de la figure 44. Les mêmes observations s'appliquent au coyote et aux renards.

Remarquez à la figure 44 comment le pied arrière devance souvent le pied avant, bien qu'en b) il tende à s'y superposer à l'occasion. De a) à d), les pistes illustrent la gamme des allures, du trot lent au galop.

Par rapport au coyote, les chiens ont généralement une foulée plus courte et des pistes plus larges.

Les crottes des chiens ressemblent beaucoup à celles du loup, du coyote et des renards; leur grosseur varie avec la race du chien et la nourriture. Pour distinguer les crottes des canidés de celles des félins, on se fie dans une certaine mesure au fait que les félins, grands et petits, ont l'habitude de recouvrir soigneusement leurs excréments de boue ou d'autres matières qu'ils arrachent au sol en grattant de leurs pattes antérieures. Quant à eux, les chiens, les coyotes et peut-être d'autres canidés se contentent de quelques vigoureux coups des pattes arrière, au hasard, après avoir déféqué. Les canidés pourront donc laisser quelques marques de grattage à proximité de leurs excréments.

Loup

Le loup gris, *Canis lupus*, qui compte de nombreuses sous-espèces, occupait autrefois la majeure partie de l'Amérique du Nord jusqu'à l'Arctique. Presque complètement disparu des États-Unis et des régions habitées du Canada, il n'est commun aujourd'hui que dans le Nord et en Alaska, où les spécimens atteignent une grande taille. Le loup roux, *Canis rufus*, qui peut également être noir, se rencontre du Texas au Missouri et sans doute aussi dans le nord du Mexique. La taille de certains spécimens approche celle du coyote.

À une époque où la nature sauvage disparaît rapidement, le hurlement des loups est une chose rare à entendre et un souvenir précieux. Je me rappelle avoir vu des traces de loup dans le centre du Labrador il y a très longtemps, en compagnie d'un Amérindien. Même à l'époque, les loups devenaient rares là-bas, et nous étions impressionnés d'être à l'endroit même où un loup était passé.

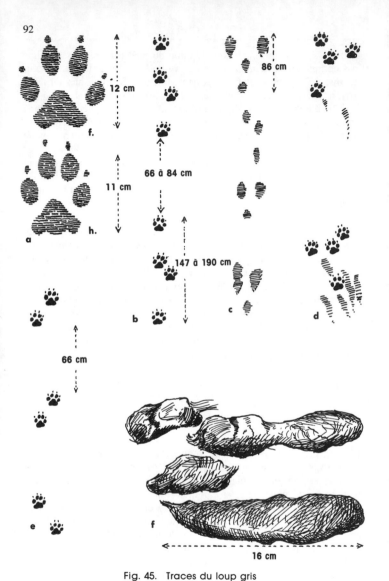

Fig. 45. Traces du loup gris

a) Empreintes dans la boue (Alaska).
b) Galop léger.
c) Course irrégulière.

d) Galop plus rapide.
e) Petit trot.
f) Crottes (Minn.).

Loup gris

Une nuit, ma famille et moi, y compris mon bébé d'un an, campions sur un banc de gravier au bord de la Porcupine, dans le nord-est de l'Alaska. C'était en septembre, la nuit était claire et douce, et nous dormions à la belle étoile. À l'aube, nous sommes réveillés par des cris venant de l'autre côté de la rivière. Nous réalisons rapidement que deux loups, l'un en amont et l'autre en aval, nous jouent la sérénade. Le premier, puis le second, dresse la gueule et se met à hurler. Apparemment, nous avions fait intrusion dans leur territoire. Étendus confortablement dans nos sacs de couchage, dans l'air vif d'un matin d'automne, nous écoutons le chant des solitudes de l'Arctique avec une admiration mêlée de crainte.

Le chant du loup est long et monotone, sans les jappements et le trémolo du coyote. Il ressemble beaucoup au hurlement du chien husky et d'autres races à la voix caverneuse.

Pour de plus amples considérations sur le sens probable du hurlement des loups et de leurs cérémonies, référez-vous à la monographie *The Wolves of Mount McKinley*, d'Adolph Murie.

Les empreintes illustrées ici sont celles de la grande sous-espèce de l'Alaska. Le pied avant est plus gros que le pied arrière et mesure 10 à 13 cm de long (sans les griffes) sur 9,5 à plus de 13 cm de large dans la boue ou le sable humide, selon la vitesse du déplacement et l'écartement des doigts. Les doigts du pied avant ont tendance à s'étaler beaucoup plus que ceux du pied arrière. Les empreintes arrière ont de 9,5 à 12 cm de long sur 7,5 à 11,5 cm de large. Dans la neige, les empreintes sont souvent un peu plus grandes, celle du pied avant atteignant 14 cm de long. La plus grande empreinte que j'aie mesurée, au bord de la Porcupine, en Alaska, mesurait un peu plus de 15 cm de long et de large, avec les doigts écartés. Notez le dessin diffé-

Pied avant et pied arrière droit d'un loup mâle

rent des coussinets des pieds avant et arrière. Cette différence se retrouve également chez le chien (fig. 42).

La figure 45 présente des pistes à diverses allures, qui ressemblent beaucoup à celles d'un chien de même taille. Dans le Nord, on peut facilement confondre les pistes des loups et celles des chiens de traîneau.

Les crottes de loup sont illustrées, mais leur taille varie tellement qu'on peut souvent les confondre avec celles du chien et les plus grosses du coyote.

Coyote

Le coyote, *Canis latrans*, est bien connu et très répandu aujourd'hui.

Le signe le plus évident de la présence du coyote est sans doute son chant nocturne. Un campement dans la Prairie ou dans les montagnes de l'Ouest est certainement plus agréable s'il offre en prime la sérénade du coyote au clair de lune. Celui qui traque les mammifères dans la nature doit en savoir un peu plus à ce sujet. Les oreilles inaccou-

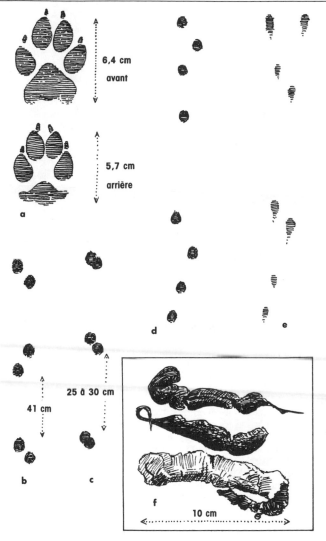

Fig. 46. Traces du coyote

a) Empreintes dans la boue (Okla.). d), e) Galop.
b), c) Petits bonds. f) Deux types de crottes.

Coyotes

tumées pourraient l'interpréter comme un appel lugubre, un requiem
qui rapproche les campeurs du feu, ou encore comme de simples jappements.

En fait, il s'agit d'un chant, tout simplement. Quelle qu'en soit notre
perception, et malgré sa simplicité, il répond pour le coyote au besoin
universel d'expression de l'émotion.

Le coyote a un chant beaucoup plus aigu que le loup: c'est le soprano
de la famille. Le chant peut débuter par un long appel clair, interrompu
par un trémolo violent, les deux alternant par la suite. Il peut également commencer par quelques aboiements qui se fondent dans l'appel.

Dans ma famille, l'appel du coyote a déjà servi de signal. Un soir,
comme j'approchais du camp, j'ai lancé cet appel, pour annoncer mon
arrivée. Aussitôt, un coyote qui se trouvait à proximité, sur une colline sans arbres, me fit une réponse passionnée!

Les coyotes, comme les chiens, ressentent ainsi le besoin de s'exprimer sans retenue et vont souvent réagir à un appel. En outre, les coyotes
s'approchent parfois par curiosité lorsqu'on imite le cri d'une souris,
à condition d'être à proximité, ou encore l'appel ou la plainte d'un
animal en détresse - ce qui est plus difficile à reproduire - à condition
d'être sous le vent par rapport à l'animal. Cette fois, c'est bien sûr
l'instinct du chasseur qu'on éveille.

À proximité d'un repaire de coyote, on peut entendre le parent
aboyer, à la manière d'un chien.

Les pistes ressemblent à celles du loup et des chiens, comme on le
voit dans les figures. Comme chez les autres canidés, le pied avant
est plus grand que l'arrière. L'empreinte avant, dans la boue meuble,
mesure 5,7 à 7 cm de long, sur 4,4 à 6 cm de large. Dans la boue,
l'empreinte arrière mesure 5,1 à 6 cm de long sur 3,8 à 4,8 cm de
large. Notez les marques différentes laissées par les talons avant et
arrière (fig. 46 a). Ce dessin est rarement net dans les empreintes que

l'on trouve. Dans la neige folle et sur bien des surfaces, la forme du talon n'est souvent que suggérée et apparaît généralement comme celle du talon avant. C'est sur la neige dure et dans la boue qu'on peut voir ce dessin.

Un hiver, je suivais une piste de coyote sur une courte distance. En traversant une clairière, le coyote avait creusé la neige en retrait de la piste à plusieurs endroits. Finalement, il avait trouvé quelque chose, les restes d'une gélinotte huppée: il y avait des plumes éparpillées dans la neige près du trou (fig. 48 a). Au début, j'ai pensé que le coyote avait attaqué l'oiseau dans un abri sous la neige, où les gélinottes ont l'habitude de se terrer. Mais le coyote avait creusé trop profondément, et il n'y avait pas de traces de sang sur la neige. L'oiseau devait donc être déjà mort, et enfoui en profondeur. Le coyote l'avait-il caché là

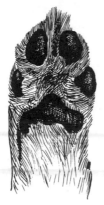

arrière droit

avant droit

Fig. 47. Pieds d'un coyote mâle,
         demi-grandeur

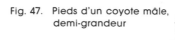

arrière droit

après l'avoir tué, ou l'avait-il flairé grâce à son puissant odorat? Je l'ignore.

C'est le même coyote qui a produit les pistes illustrées à la figure 48: marche en b), trot en c) et bonds lents en d). La largeur de la piste

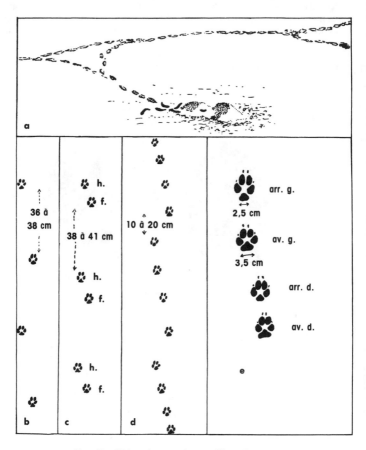

Fig. 48.   Pistes de coyotes au Wyoming

a) Piste de coyote, avec écart de la route pour aller chercher une proie.
b) Marche.   c) Trot.   d) Bonds lents.
e) Partie inférieure de d, montrant le détail et l'ordre des empreintes.

est de 10 cm en b) et c), et de 15 cm en d). La figure e) est un agrandissement des empreintes de la partie inférieure de d). Le coussinet
du pied arrière produit un dessin à peu près circulaire dans la neige,
plus petit que l'empreinte bien lobée du coussinet avant.

Dans les pistes b), c), d) et e) de la fig. 46, les pieds postérieurs
sont à l'avant des pieds antérieurs. Les bonds illustrés varient de 81
à 155 cm au galop rapide; à d'autres endroits, ils variaient de 130 à
305 cm.

Les crottes du coyote sont de grosseur extrêmement variable. Les
restes de viande pure sont généralement semi-liquides. Les crottes contenant beaucoup de poils sont souvent grosses. Celles qui résultent d'une
diète de pignons de pin et de cerises de Virginie sont généralement
friables. La grosseur des crottes du coyote chevauche celle des crottes
du loup et du renard roux; celles des nouveau-nés sont évidemment
beaucoup plus petites.

Les crottes s'accumulent souvent le long des sentiers. Dans les montagnes de l'Ouest, on les trouve là ou les sentiers passent sur une petite
butte, dans un endroit plat, ou en tout autre lieu présentant un intérêt
pour le coyote. On en rencontre souvent une accumulation à l'endroit
où deux pistes se croisent - comme là où une piste qui descend une
pente en traverse une qui suit une vallée.

Ces accumulations se rencontrent également à un «poste d'odeur»
utilisé également par les chiens, les loups et les renards: il peut s'agir
d'une roche, d'une touffe d'herbe en évidence, d'une souche ou de
tout autre objet bien visible, que sentent et où urinent les canidés de
passage.

Renard roux

Le renard roux, *Vulpes fulva*, est un personnage d'histoires et de fables
parmi les mieux connus dans toute la zone tempérée et froide de l'hémisphère nord. Sa beauté, sa grâce et son intelligence ont ravi les artis-

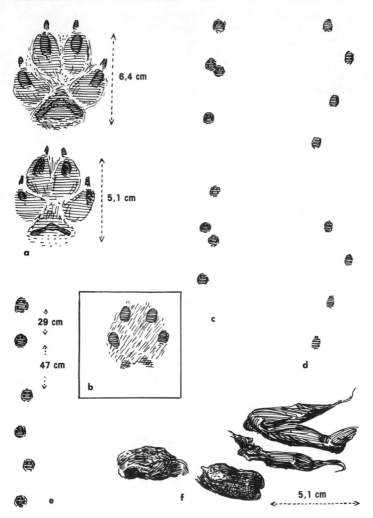

Fig. 49. Traces du renard roux

a) Empreintes dans la boue: en haut, avant; en bas, arrière (Alaska).
b) Empreintes dans le sable ferme (Alaska).
c) Allure bondissante.
d) Course; les empreintes arrière sont devant.
e) Marche.   f) Crottes.

tes, les poètes et les naturalistes et méritent certainement l'attention de ceux qui veulent interpréter les signes de la nature.

Le 30 janvier 1841, Henry Thoreau écrivait dans son journal:

Voici, sur la glace de l'étang, pendant un quart de mille, la piste distincte d'un renard. J'aimerais savoir ce qui a pu déterminer ces courbes gracieuses, ces intervalles inégaux, leur netteté plus ou moins grande et la coïncidence de ces traces avec les mouvements divers d'un esprit, savoir pourquoi elles m'entraînent tantôt de deux pas à droite, tantôt de trois à gauche. Si ces choses ne sont pas inscrites et expliquées au *Livre de la Vie* de Lamb, je vais les noter pour les observateurs négligents. Il y a eu, ici ce matin, une manifestation de l'esprit divin. L'étang était son journal et la neige de la nuit dernière lui a fait une page blanche. Je sais, par la disposition de ses traces, de quel côté un *esprit* s'est dirigé ce matin, à quel horizon il a fait face, s'il est allé vite ou lentement, je le sais par leurs intervalles inégaux et leur netteté plus ou moins grande, car les pas les plus rapides laissent toujours une marque durable.

Le renard roux produit divers cris, qualifiés de braillements, de plaintes et d'aboiements; chacun a bien sûr sa signification propre. Je ne connais pas celle de l'aboiement, à moins qu'il ne corresponde au hurlement du coyote. À une occasion au moins, lorsqu'encore enfant, au Minnesota, j'étais tombé avec deux camarades sur un repaire de renards, la réaction des parents renards en avait été une de protestation, une réaction de crainte face à notre intrusion. C'était un aboiement aigu combiné à une plainte perçante, bien différent de l'aboiement habituel, et plus strident.

La piste du renard roux est décrite comme une ligne à peu près droite d'empreintes délicates. Comme chez beaucoup d'espèces cependant, les pistes varient beaucoup en fonction de l'allure et de la vitesse de l'animal. La piste quasi rectiligne peut avoir moins de 9 cm de large quand elle est faite à la marche et environ 10 cm à une autre allure. Les pistes comparables du coyote ont 10 à 15 cm de large.

Chez le renard roux, l'empreinte du pied avant est large et étalée, celle du pied arrière, plus étroite et plus pointue. Sur une surface peu profonde, comme une neige durcie, l'empreinte ne révèle souvent que la partie des doigts et du talon qui font saillie par rapport au pelage (fig. 49 a). La marque du talon apparaît alors loin derrière les doigts, sans le lobe qui avance vers l'avant comme chez le loup et le chien. Dans une neige plus profonde et dans la boue meuble, on voit tout le coussinet, et l'empreinte est comparable à celle d'un coyote ou d'un chien de petite taille, ou des autres renards.

L'empreinte du renard roux présente une caractéristique distinctive: le coussinet du talon a une saillie arquée, visible quand l'empreinte est bien nette (fig. 49 a). Dans la neige peu profonde, ou sur une surface ferme, la saillie apparaît parfois sans le reste du talon, ou alors donne le résultat illustré à la figure 49 b): seules ses deux extrémités apparaissent. Sur une surface plus meuble, on trouve un petit sillon au fond de la trace du talon.

Rappelez-vous ce détail anatomique pour pouvoir bien reconnaître les empreintes du renard roux.

La grosseur et l'aspect des crottes du renard roux varient considérablement, en fonction de la quantité et du type de nourriture ingérée. Les échantillons de la figure 49 sont représentatifs; on voit que les crottes du renard roux ont l'aspect général de celles des canidés. À cause de leur taille très variable, on peut les confondre avec celles du renard gris dans l'est des États-Unis et dans l'extrême sud du Canada, avec celles du renard arctique dans le nord et avec celles du coyote, qui partage une bonne partie de son aire de distribution avec lui. Cependant, règle générale, les crottes du coyote sont nettement plus grosses.

Les renards établissent leur tanière dans divers habitats: dans les bois de l'est comme dans les steppes de la Prairie. On en a trouvé dans des bûches creuses et dans d'anciens terriers de marmottes. On peut les identifier par les pistes à proximité, et par les poils à l'entrée. Il y a aussi l'odeur caractéristique,

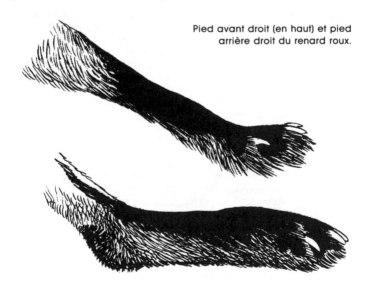

Pied avant droit (en haut) et pied arrière droit du renard roux.

que certaines personnes détectent. Quant à moi, je ne suis pas capable de la distinguer de celle du coyote. Francis H. Allen m'a déjà dit qu'il repérait cette odeur à une certaine distance de toute tanière de renard. Elle ressemble à celle de la mouffette, sans avoir la même qualité ni être aussi forte.

Renard gris, renard nain et renard véloce

Renard gris

Le renard gris, *Urocyon cinereoargenteus*, se partage en nombreuses sous-espèces qui habitent la majeure partie des États-Unis à l'exception du nord-ouest, mais seulement l'extrême sud du Québec, de l'Ontario et du Manitoba. Ce renard boude les hautes montagnes et la Prairie; il recherche les bois de la Nouvelle-Angleterre, la brousse et le maquis du sud-ouest des États-Unis et les habitats comparables du Mexique et de l'Amérique centrale.

Dans le sud-ouest américain, le renard gris partage souvent son habitat avec le renard nain et le renard véloce, et leurs traces sont difficiles à distinguer.

Les empreintes du renard gris mesurent:

     avant — 3,2 à 4,8 cm de long sur 3,5 à 3,8 cm de large;

     arrière — 2,9 à 4,4 cm de long sur 2,9 à 3,8 cm de large.

Cependant, dans les îles au large du sud de la Californie, le renard gris est beaucoup plus petit que la sous-espèce qui habite la Nouvelle-Angleterre.

Comme toutes les empreintes, celles du renard gris ne sont pas toujours parfaites, et le talon du pied arrière apparaît souvent rond et petit, sans les lobes latéraux, contrairement au talon du pied avant, qui laisse une trace plus complète parce que le pied avant est plus lourd. On retrouve le même phénomène chez le coyote.

Le renard gris est le seul renard qui grimpe aux arbres, en particulier sur les troncs inclinés; les pistes peuvent parfois témoigner de cette habileté.

Je n'ai pas été capable de distinguer les crottes du renard gris de celles du renard nain: celles qui apparaissent à la figure 50 i) peuvent provenir de l'une ou l'autre espèce. Dans l'est du continent, où le renard nain est absent, il s'agirait bien sûr de crottes du renard gris.

L'animal établit son repaire à divers endroits: dans le sol, au milieu des roches ou même dans un arbre creux.

Je n'ai jamais entendu le renard gris, mais il aboie, à la manière du renard roux. Cet aboiement est mal connu, car il est rarement mentionné dans les références.

Renard nain et renard véloce

Le renard nain, *Vulpes macrotis*, et le renard véloce, *Vulpes velox*, sont deux espèces très apparentées qui habitent les déserts du sud-ouest des États-Unis et du nord du Mexique.

Il s'agit des plus petits renards du continent, aux pistes graciles. Les empreintes sont en proportion:

avant — 2,9 à 4,4 cm de long sur 2,9 à 3,8 cm de large;

arrière — 3,2 à 4,4 cm de long sur 2,9 à 3,2 cm de large.

On a trouvé au moins trois empreintes de ces renards qui avaient 5 cm de long.

Lorsqu'on doit considérer des écarts aussi faibles dans des empreintes aussi petites, il faut se rappeler que ces mesures varient considérablement selon les surfaces, qu'il s'agisse de sable meuble ou ferme, sec ou humide, ou de neige. Dans le sable meuble, les détails des empreintes disparaissent. Par conséquent, dans les dunes du Nevada, on trouve des pistes composées d'une ligne de dépressions, dans lesquelles le sable a comblé les traces de doigts (fig. 50 e) et qu'on ne peut identifier que par leur allure générale et la taille globale des empreintes.

Fig. 50 (page opposée)

a) Empreintes du renard gris.
b) Empreintes du renard nain ou véloce dans la neige.
c) Pieds du renard gris.
d) Empreinte du renard nain ou véloce dans la poussière.
e) Empreinte du renard nain ou véloce dans le sable meuble.
 f) Piste du renard nain ou véloce.
g) Piste de renard nain ou véloce lors d'un bond.
h) Piste de renard gris.
 i) Piste de renard nain, véloce ou gris, souvent impossibles à distinguer (Texas).

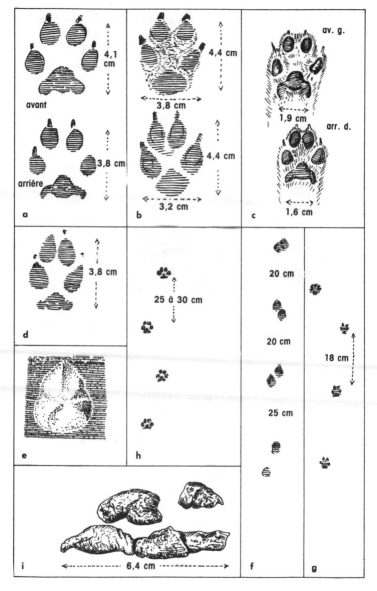

Fig 50. Renards gris, nain et véloce

Les crottes du renard nain et du renard véloce (fig. 50 i) sont semblables à celles du renard gris. Au milieu du désert, il est vraisembla-
ble qu'elles appartiennent aux deux premières espèces.

Le terrier est souvent situé au milieu de la plaine sableuse et comprend souvent plusieurs issues, qui mesurent environ 20 cm de diamètre, parfois plus. Il paraît que ces espèces utilisent leur repaire toute
l'année.

Je n'ai jamais entendu de renard nain ou de renard véloce. Ernest
Thompson Seton a écrit que leur aboiement ressemble à celui du renard
roux, dans un registre plus petit.

Renard arctique

Le renard arctique, *Alopex lagopus*, habite tout le Grand-Nord, y compris le Nouveau-Québec jusqu'à la Baie James au sud. La majorité
des renards arctiques deviennent blancs en hiver, mais certains individus prennent une livrée gris-bleu de laquelle les fourreurs ont tiré
l'appellation «renard bleu». Tous les renards arctiques sont brunâtres
en été.

Fig. 51 (page opposée)

a) Empreintes dans le sable: pied avant dans le haut, pied arrière dans
le bas (Aléoutiennes). Dans le sable, certaines empreintes mesuraient
jusqu'à 7,0 x 6,4 cm.

b) Trot ou marche.   c) Course.

d) Pied arrière couvert de fourrure, en hiver (Baie d'Hudson).

e) Crottes du renard arctique; celles qui contiennent des plumes (les deux
du haut) sont filiformes.

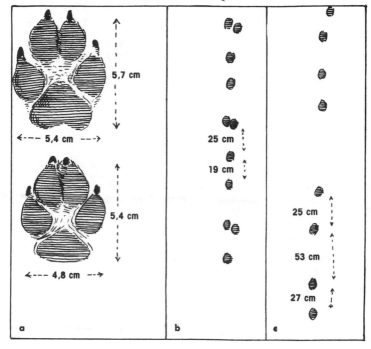

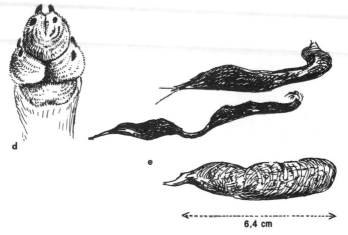

Fig. 51. Traces du renard arctique

Nous sommes ici en présence d'un renard différent de celui des contes et des fables. Un jour, assis sur une butte dans une des Aléoutiennes, je regardais un couple de renards argentés en contrebas sur la plage. L'un d'eux m'espionnait et, à ma grande surprise, fonça sur moi en remontant la pente, vint me heurter le genou de son museau et s'en retourna sur la plage en courant. L'histoire nous raconte que quand Vitus Béring campa dans les îles du Commandeur, où ces bêtes étaient particulièrement abondantes, les renards venaient jusque dans les tentes, y mordant même les dormeurs. Au Groenland également, les renards arctiques vivent près des habitations. Sauf là où l'homme les piège beaucoup et où par conséquent sa présence les effraie, les renards arctiques sont faciles à approcher et à observer.

Le dessous du pied du renard arctique est plus velu, en particulier en hiver, que celui des autres renards. Malgré cela, il laisse des empreintes typiques de canidé, avec la trace des doigts et du coussinet du talon, particulièrement en été quand le pelage est moins dense. Quand l'empreinte est nette, elle se distingue bien de celle du renard roux par l'absence du renflement sur le coussinet du talon. Cette caractéristique est difficile à considérer dans une neige légère ou folle, par exemple.

Les crottes sont en général semblables à celles du renard roux, mais lorsque le renard arctique se nourrit de crustacés, elles sont rosées et ont tendance à blanchir en séchant. Dans les Aléoutiennes, j'ai parfois trouvé des pelotes de déjection de goélands qui ressemblaient un peu aux crottes du renard arctique, en particulier lorsque l'oiseau s'était nourri de crustacés.

L'appel du renard arctique est un cri ou aboiement rauque.

Famille du chat: Félidés

LES CHATS ET LES CHIENS laissent des empreintes qui se ressemblent beaucoup mais qui laissent voir des différences notables quand elles sont nettes. Comme les félidés gardent normalement leurs griffes rentrées, celles-ci ne sont visibles que dans des circonstances exceptionnelles.

En outre, chez les félidés, les coussinets des talons sont relativement plus gros, et les doigts sont disposés en une rangée plus courbe que chez les canidés.

Les crottes sont difficiles à distinguer, parce que le régime alimentaire des deux familles est assez semblable. Les félidés ont l'habitude de recouvrir leurs excréments de terre ou d'autres matières, et les marques qu'ils laissent alors en grattant le sol aident à identifier les empreintes. Les types de crottes de chaque félidé ne sont pas tous illustrés. Quand les canidés défèquent, ils grattent le sol de quelques coups des pattes arrière au hasard, mais ne recouvrent pas délibérément leurs excréments.

Chat domestique recouvrant ses excréments

Chat domestique

Le chat domestique, *Felis domestica*, présente une grande variété de races, de tailles et de robes, mais ses empreintes sont toujours assez uniformes. Elles sont trop petites pour qu'on puisse les confondre avec celles du lynx roux et plus rondes que celles du renard gris ou d'un petit chien. L'absence des traces de griffes distingue les empreintes

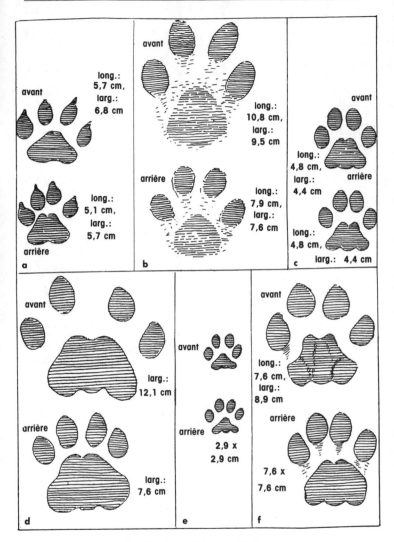

Fig. 52. Empreintes de félidés

a) Ocelot   b) Lynx du Canada   c) Lynx roux   d) Jaguar
e) Chat domestique   f) Couguar

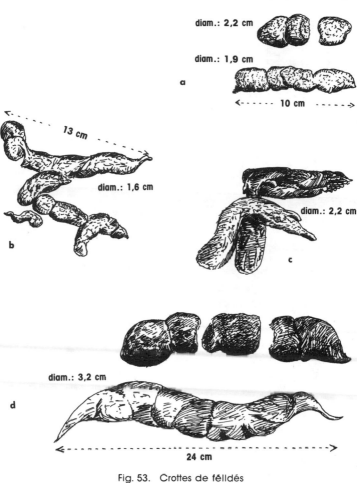

diam.: 2,2 cm

diam.: 1,9 cm

a

←------ 10 cm ------→

13 cm

diam.: 1,6 cm

b

diam.: 2,2 cm

c

diam.: 3,2 cm

d

←- →
24 cm

Fig. 53. Crottes de félidés

a) Lynx roux   b) Ocelot   c) Jaguar
d) Couguar (en haut, mts Chisos, Tex.; en bas, mts. Olympic, Wash.).

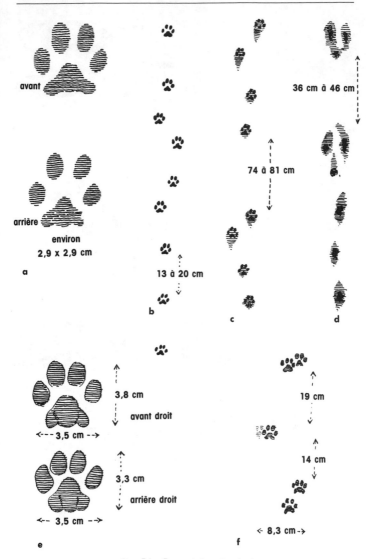

avant

arrière
environ
2,9 x 2,9 cm

a

13 à 20 cm

b

74 à 81 cm

c

36 cm à 46 cm

d

3,8 cm
avant droit

←--- 3,5 cm --→

3,3 cm
arrière droit

←-- 3,5 cm --→

e

19 cm

14 cm

← 8,3 cm →

f

Fig. 54. Empreintes du chat

du chat domestique de celles du renard ou du chien, mais aussi du vison, qui présente cinq doigts plutôt que quatre comme chez le chat. Les chats ont une démarche assurée et laissent des pistes assez droites (fig. 54 b).

Fidèle à la tradition de propreté de la famille, le chat recouvre ses excréments, tout comme ses congénères sauvages.

Lynx roux

Le lynx roux, *Felis rufus*, habite le sud du Canada, les États-Unis et la majeure partie du Mexique; il se divise en plusieurs sous-espèces. Comme il est surtout nocturne, on le voit rarement. Heureusement, ses empreintes sont caractéristiques: plus rondes que celles du coyote et du chien, elles ne présentent pas de traces de griffes. Cependant, les empreintes imparfaites de coyote ou du chien ne révèlent pas non plus les griffes. Le coussinet du lynx roux se distingue de celui du coyote (et de tous les canidés) par les deux lobes sur le devant (comparez les fig. 55 a et 40).

Fig. 54 (page opposée)

a) Empreintes typiques.
b) Marche; allure irrégulière.
c) Galop dans la neige peu épaisse.
d) Marche, puis galop dans la neige épaisse.
e) Empreintes dans la poussière, montrant les détails.
f) Marche dans la poussière; positions variées des pieds avant et arrière, lorsqu'ils ne s'impriment pas.

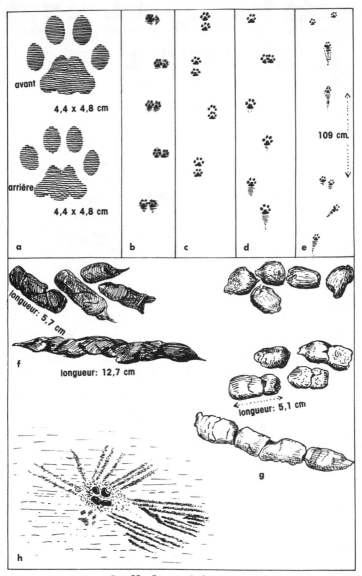

Fig. 55. Traces du lynx roux

Les mesures d'empreintes trouvées dans les monts Olympic et dans le Dakota-Nord sont:
> *avant* — 4,4 à 5,4 cm de long sur 4,8 à 8,6 cm de large;
> *arrière* — 4,4 à 5,7 cm de long sur 4,4 à 4,8 cm de large.

La grosseur des empreintes d'une même piste variait selon le substrat, dans le sud du Texas: 5,1 sur 5,1 cm dans la boue ferme et 5,7 cm de long sur 6,0 à 6,7 cm de large dans la boue meuble.

Apparemment, les doigts du pied avant sont généralement plus étalés que ceux du pied arrière lorsque l'animal court. Le pied avant se distingue principalement du pied arrière par le coussinet légèrement plus gros. Les empreintes sont généralement un peu plus longues que larges, mais cela dépend de l'étalement variable des doigts.

À la marche ou au trot, les empreintes sont distantes de 20 à 40 cm environ. À la course, les foulées varient considérablement selon la vitesse et l'épaisseur de la neige: de moins de 1,2 m à plus de 2,4 m. Comme les autres promeneurs hivernaux, le lynx roux laisse dans la neige folle et épaisse une profonde tranchée, où les empreintes sont obscurcies. On doit chercher alors un endroit favorable où les empreintes sont claires.

Le lynx roux établit son repaire dans des sites qui varient selon l'habitat: abris sous roche ou grottes, arbres ou bûches creuses, espaces protégés aménagés dans des fourrés. Ses crottes rappellent celles du coyote ou du chien. Dans les grandes forêts de la côte du Pacifique, elles ressemblent à celles du coyote, et cette observation s'applique peut-être à d'autres habitats humides. Dans le sud-ouest des États-Unis, les crottes sont souvent délimitées en courts segments par des constrictions nettes, et prennent souvent la forme de boulettes (fig. 55 g). Cette caractéristique est précieuse pour l'identification dans les régions arides.

Contrairement aux canidés, les félidés essaient de recouvrir leurs excréments. Souvent, cette opération est très sommaire, mais si les excréments sont recouverts, ou s'il y a des traces de grattage, on peut conclure à la présence d'un lynx roux. Si les crottes sont vieilles et si les traces de grattage sont effacées, on doit se fier à l'extrême segmentation des crottes pour l'identification, du moins dans les régions

Fig. 55 (page opposée)

a) Empreintes typiques
b) Piste à la marche, foulée de 23 à 36 cm (Dak.-N.).
c) Marche, foulée de 25 cm (mts Olympic, Wash.).
d) Marche, foulée de 33 à 41 cm (mts. Olympic).
e) Galop (mts Olympic).
 f) Échantillons de crottes (Wash.).
g) Échantillons de crottes (Nev.).
h) Grattage de lynx roux (Palm Canyon, Cal.).

Traces de griffes de lynx roux sur un arbre que l'animal a gratté (mts Olympic, Wash.).

arides. Ailleurs, là où les coyotes sont présents, l'identification reste douteuse.

Il arrive qu'un lynx roux s'étire et gratte un arbre, comme le ferait un chat domestique.

Pour ce qui est de la voix, on doit dire que ce lynx a le même répertoire qu'un chat, sauf que ses grognements, miaulements, sifflements et chuintements sont plus forts que ceux auxquels nous a habitué l'animal domestique. La première fois que j'ai entendu un lynx roux, dans l'Orégon, j'ai été étonné par la tonalité grave de son grognement.

Lynx du Canada

Proche parent du lynx roux, le lynx du Canada ou loup-cervier, *Felis canadensis*, habite surtout le Nord. Il est adapté au froid et à la neige épaisse grâce à son épaisse toison et à ses larges pieds qui font office

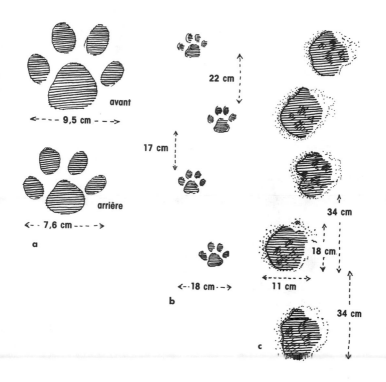

Fig. 56. Pistes du lynx du Canada

a) Sur la neige ferme.
b) Dans la neige, doigts visibles; l'animal s'est enfoncé de 5 à 8 cm.
c) Dans la neige épaisse, doigts indistincts.

de raquettes. Il occupe la forêt boréale du Canada, ainsi que le nord-est et le nord-ouest des États-Unis.

Ses empreintes sont plus grosses que celles du lynx roux et sont presque de la grosseur de celles du couguar, mais ce dernier s'enfonce plus profondément dans la neige épaisse. En outre, le couguar laisse à l'occasion des traces de queue dans la neige. La largeur de la piste illustrée à la figure 56 b) est de 18 cm. Les pistes de couguar que j'ai observées mesuraient entre 20 et 33 cm de large.

Extérieurement, le lynx du Canada ressemble beaucoup au lynx roux, mais ses doigts sont plus étalés et ses pieds sont plus velus. Je n'ai pas été capable de distinguer leurs crottes.

Le lynx du Canada est très bruyant, et émet les grognements et hurlements déjà décrits pour le lynx roux, qui sont une version amplifiée des cris du chat domestique. On a qualifié ses cris variés de miaulements, de plaintes, de gémissements et de grognements. John Burroughs a décrit une sérénade nocturne du lynx du Canada en ces termes: «un cri strident et perçant, suivi d'un long gémissement».

Couguar

Le couguar ou puma, *Felis concolor*, occupait autrefois tout le continent depuis le nord de la Colombie-Britannique jusqu'en Argentine, et notamment le sud du Canada et tous les États-Unis. Il est aujourd'hui disparu de la majeure partie de son aire de distribution.

Le couguar est nocturne et si secret que le fait d'en rencontrer un dans la nature est une expérience rarissime. Les traces de sa présence sont donc particulièrement précieuses. Et le seul fait de trouver ses empreintes dans la neige procure une émotion qui n'est surpassée que par celle d'entrevoir l'animal lui-même.

Fig. 57 (page opposée)

a) Empreintes dans la boue (mts Olympic, Wash.).
b), c), d) Pistes à la marche et au trot.
e) Couguar marchant dans une neige épaisse,
 f) Piste dans la neige, avec trace des pieds traînés.
g) Même piste, avec bonds et trace de la queue (Canada, d'après photos de C. H. D. Clarke).

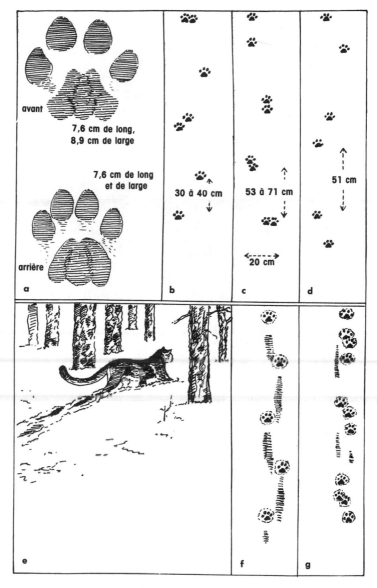

Fig. 57. Traces du couguar

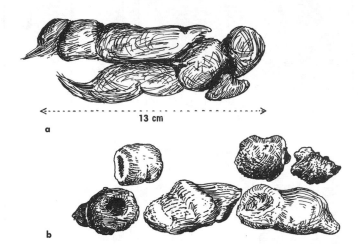

13 cm

a

b

Fig. 58. Crottes du couguar

a) mts Olympic (Wash).   b) mts Diablo (Texas).

L'empreinte laisse rarement voir les griffes. Comme chez les autres
félidés, le pied avant est le plus grand et les doigts sont souvent largement étalés lorsque l'animal court. La largeur de l'empreinte varie de
7,5 à plus de 10 cm, et peut être beaucoup plus considérable dans certains types de neige. On peut prévoir que les couguars qui vivent sous
les tropiques laissent des empreintes plus petites.

Une caractéristique distinctive, signalée dans certaines régions, serait
la trace de la queue dans la neige (voir fig. 57 f et g). Cependant, cette
trace n'est pas toujours présente, et je ne l'ai jamais observée sur la
côte du Pacifique.

Comme celles du lynx roux, les crottes du couguar sont souvent marquées de constrictions profondes, et sont même parfois séparées en
boulettes, surtout dans les régions désertiques des États-Unis (voir fig.
58). Comme les autres félidés, le couguar recouvre ses excréments
de terre, et ses traces de grattage sont des signes caractéristiques.
D'anciens chasseurs de couguar disaient que cet animal se place généralement dans la direction où il va quand il gratte le sol.

Comme le loup et les ours, il enterre ses surplus de nourriture pour
plus tard.

Un jour, au Texas, je remontais le Pine Canyon dans les monts Chisos. Le sol était tapissé d'une épaisse couche de feuilles de chênes.
Je m'étais arrêté pour photographier un papillon vivement coloré, quand
je remarquai que le sol avait été dérangé plus loin, d'un côté. Il y avait

là un amoncellement de feuilles, qui dissimulait un jeune chevreuil. Plus loin, une faible odeur de viande et le bourdonnement des mouches me signalèrent la présence des restes d'un autre chevreuil. Le chevreuil de Virginie était alors surabondant et le couguar contribuait à en restreindre le nombre. J'étais impressionné de trouver des indices aussi tangibles de la présence du grand félin.

Le couguar établit généralement son repaire dans une grotte, dans les régions où il y en a, ou dans tout autre abri naturel.

Les cris du couguar font l'objet d'une controverse: on les a qualifiés tour à tour de hurlements, de miaulements, de rugissements, de gémissements et de grognements. Quand on considère la variété des sons produits par le chat domestique, il est facile de concevoir cette diversité des cris assignés au couguar. Les rares fois que j'en ai entendu, j'ai constaté qu'ils étaient assez semblables à ceux du chat, mais amplifiés plusieurs fois en volume et en profondeur de tonalité.

Jaguar

J'aurais aimé rencontrer le jaguar dans sa jungle sud-américaine, avec des perroquets dans les arbres, et peut-être un singe au milieu des branches. Au Mexique, son habitat est bien différent de la forêt tropicale: c'est la brousse aride et la montagne. Avoir trouvé une piste de jaguar là où nous la cherchions, dans la poussière ou dans l'eau boueuse, aurait constitué une découverte excitante. Mais je n'ai pas

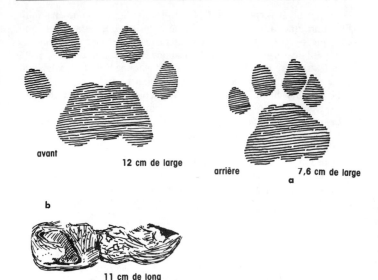

avant

12 cm de large

arrière   7,6 cm de large

a

b

11 cm de long

Fig. 59.   Traces du jaguar

a) Empreintes.   b) Crotte.

ramené d'empreintes de la nature. En revanche, mon fils, en collaboration avec le personnel du zoo Fleishhacker de San Francisco, m'a procuré les empreintes illustrées à la figure 59.

En général, les pistes du jaguar ressemblent beaucoup à celles du couguar, et les empreintes ont à peu près la même taille. Je pense qu'il serait difficile de les distinguer dans la partie commune de leur aire de distribution. Les crottes sont également semblables.

El tigre, comme on l'appelle au Mexique, ou *Felis onca*, comme l'appelle la science, atteint le Mexique au nord, et pénètre parfois au Texas, en Arizona et en Californie.

On a décrit son cri comme un rugissement qui, produit en une série de toussotements, ne ressemble pas du tout à celui du lion.

Ocelot

Ce magnifique petit chat, qui porte le nom scientifique de *Felis pardalis*, a pour patrie l'Amérique du Sud tropicale, mais aussi le Mexique; il s'est déjà aventuré dans le sud des États-Unis.

Je n'ai jamais eu l'occasion de dépister cet animal dans la nature, et j'ai dû compter sur le directeur du zoo de Woodland Park à Seattle, qui m'a aidé à me procurer des empreintes (fig. 60 a). Celles-ci, qui révèlent généralement les griffes, n'ont pas l'aspect habituel de celles des félidés. Il pourrait s'agir d'un développement anormal des griffes de l'animal en captivité, ou de sa réaction lorsqu'on l'a forcé à marcher sur le sable humide préparé à mon intention.

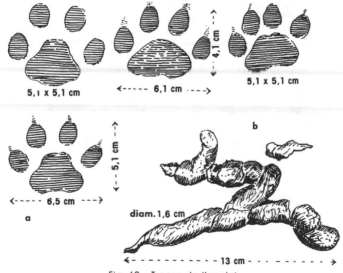

Fig. 60.   Traces de l'ocelot

a) Empreintes dans le sable (zoo de Woodland Park, Seattle).
b) Crotte.

Jaguarondi

Ce petit félin élancé, *Felis yagouaroundi*, est un autre habitant de l'Amérique du Sud tropicale qui a atteint le Mexique et le sud du Texas. Il fait partie de ces animaux qui, comme le petit-duc maculé, le renard roux et l'ours noir, peuvent naître blonds ou bruns. Les deux pelages qu'on lui connaît sont le roux, et le gris terne. Au Texas et au Mexique, le jaguarondi fréquente la brousse aride. Ce félidé grimpe aux arbres et va à l'eau sans hésiter.

La figure 61 montre les empreintes des pieds avant et arrière d'un jaguarondi.

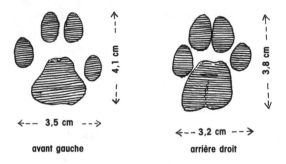

Fig. 61. Empreintes du jaguarondi, aux 2/3 de leur grandeur environ (gracieuseté de Luther C. Goldman du *Fish and Wildlife Service* des É.-U.; Harlingen, Texas).

Otarie

Phoques et otaries: Pinnipèdes

LES ANIMAUX AQUATIQUES comme les phoques et les otaries ne font pas de traces sauf lorsqu'ils viennent à terre. Le phoque commun, *Phoca vitulina*, a des membres antérieurs courts et se traîne gauchement sur le sol. Sur la boue ou le sable, la trace de son corps est visible, de même que les trous faits par les griffes de ses membres antérieurs (fig. 62 a). Si le phoque se hisse sur la glace ou sur une autre surface dure couverte de neige, sa trace apparaît alors comme à la figure 62 b).

Les phoques défèquent généralement dans l'eau; lorsqu'on trouve leurs excréments sur terre, ils sont généralement d'apparence argileuse ou pâteuse, et ont environ 4 cm de diamètre.

Sur la banquise, les phoques sont bien visibles à distance, leur corps foncé contrastant vivement avec la neige et la glace. Ils ont l'habitude de dormir par intermittence, dressant la tête de temps à autre pour inspecter les environs. Les Inuits profitent souvent des intervalles de sommeil du phoque pour s'en approcher, et restent immobiles quand il fait le guet. L'hiver, le phoque garde ouvert des trous dans la glace pour venir y respirer. Quand la neige forme une croûte au-dessus de la glace, le phoque sort de son trou sans traverser la couche de neige, profitant alors d'un véritable iglou.

Une colonie d'otaries est facile à reconnaître de loin aux cris rauques de ses habitants et de près à la forte odeur d'ammoniaque qui y règne. Les crottes d'otaries sont de la même matière que celles des phoques mais plus grosses, mesurant de 5 à 7 cm de diamètre, selon le sexe et l'âge (fig. 62 c). Elles peuvent également être molles et informes.

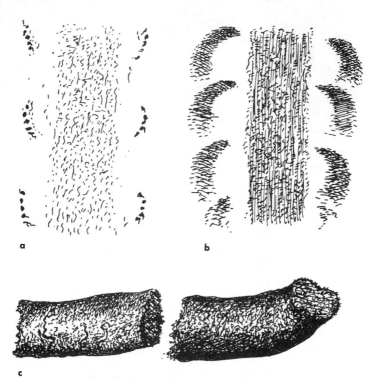

Fig. 62. Traces de phoques et d'otaries

a) Traces du phoque commun dans la boue (d'après une photo de Victor B. Scheffer).

b) Traces de phoque dans 1 cm de neige (Jardin zoologique national, Washington, D.C.).

c) Crottes d'une otarie de Steller, *Eumetopias jubatus*, d'environ 5 cm de diam. (Aléoutiennes).

Rongeurs: Rodentia

LES MEMBRES de l'ordre des rongeurs, animaux aux dents en ciseaux qui grugent la matière végétale et s'en nourrissent, sont extrêmement nombreux et variés. Cet ordre comprend des espèces de grande taille comme le castor, l'agouti, le paca et la marmotte, de même que les hordes variées de souris. Certains rongeurs se nourrissent de pousses vertes, d'autres mangent surtout des graines, d'autres enfin abattent des arbres et grugent leur écorce. Les moeurs variées des rongeurs se reflètent dans les traces qu'ils laissent dans la boue, sur la neige ou dans la végétation.

Les figures 63, 64, 65 et 66 rassemblent de manière commode des empreintes et des crottes représentatives de tous les rongeurs à l'exclusion des lièvres et des lapins; dans la mesure du possible, elles sont à l'échelle dans chaque figure. Les crottes sont reproduites à peu près en grandeur réelle.

Des analyses plus détaillées sont fournies dans les descriptions des espèces.

Marmottes

La marmotte commune, *Marmota monax*, est une espèce de basse altitude qui habite le Canada à l'exclusion des Rocheuses et de la côte du Pacifique, et la moitié est des États-Unis.

La marmotte à ventre jaune, *Marmota flaviventris*, est l'espèce commune à faible altitude dans les Rocheuses canadiennes et dans l'ouest des États-Unis.

La marmotte des Rocheuses, *Marmota caligata*, ainsi que deux espèces voisines, *M. olympus* et *M. vancouverensis*, est la grande espèce de haute montagne, qu'on trouve le plus fréquemment dans les Rocheuses de l'Ouest canadien et de l'Alaska, mais aussi dans certains massifs du Montana au Washington.

Les empreintes des marmottes sont assez semblables, mais celles de la marmotte des Rocheuses sont légèrement plus grandes. Remarquez à la figure 67 la ressemblance des pistes de la marmotte à ventre jaune (e) et de la marmotte commune (f). Les empreintes sont de taille à peu près identique. Remarquez également que les empreintes avant de ces deux espèces, en a) et en d), ont les mêmes dimensions.

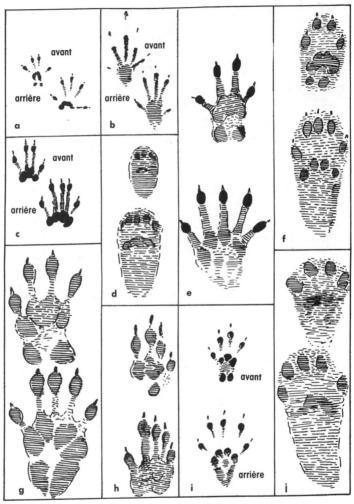

Fig. 63. Empreintes de marmottes, d'écureuils et de gaufres

a) Tamia de l'Ouest.   b) Gaufre gris (*Thomomys*).
c) Écureuil de Douglas. (*Tamiasciurus douglasi*).   d) Polatouche.
e) Écureuil fauve.   f) Écureuil gris.   g) Marmotte.
h) Chien de prairie.   i) Spermophile armé.
j) Écureuil d'Abert.

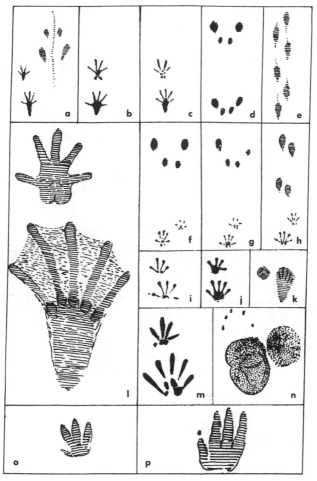

Fig. 64. Pistes de rongeur, à peu près à l'échelle

a) Souris sauteuse, *Zapus*

b) Rat du coton, *Sigmodon*.

c) Rat du riz, *Oryzomys*.

d) Souris à abajoues, *Perognathus*.

e) Lemming, *Dicrostonyx*.

f) Souris à pattes blanches, *Peromyscus*.

g) Souris commune, *Mus*.

h) Campagnol, *Microtus*.

i) Rat surmulot, *Rattus*.

j) Rat des bois, *Neotoma*.

k) Rat kangourou, *Dipodomys*.

l) Castor, *Castor*.

m) Rat musqué, *Ondatra*.

n) Porc-épic, *Erethizon*.

o) Agouti, *Dasyprocta*.

p) Paca, *Cuniculus*.

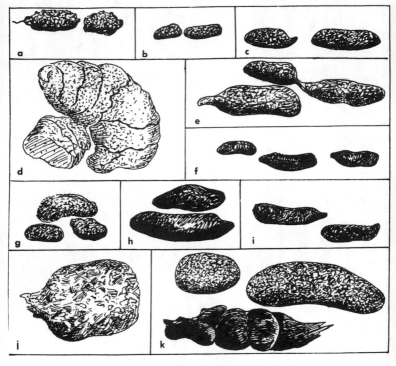

Fig. 65.   Crottes de rongeurs

a) Écureuil gris.
b) Gaufre.
c) Spermophile.
d) Marmotte.

e) Chien de prairie.
f) Rat à queue touffue.
g) Rat musqué.
h) Castor de montagne.

i) Rat surmulot.
j) Castor.
k) Porc-épic.

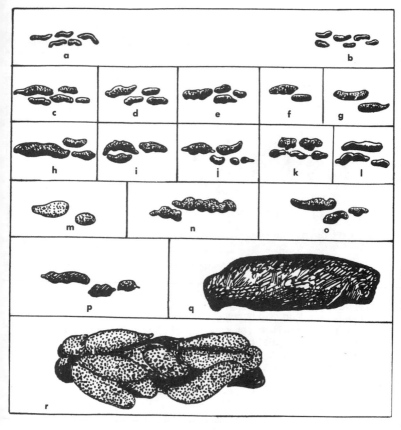

Fig. 66. Crottes de rongeurs

a) Campagnol à dos roux.
b) Souris à abajoues.
c) Campagnol *Microtus.*
d) Rat kangourou.
e) Lemming variable.
f) Lemming brun.
g) Souris à sauterelles.
h) Rat du coton *Sigmodon.*
i) Rat du riz *Oryzomys.*

j) Souris sauteuse.
k) Souris à pattes blanches.
l) Souris commune.
m) Écureuil d'Abert.
n) Écureuil roux.
o) Polatouche.
p) Suisse.
q) Agouti.
r) Paca.

Marmotte des Rocheuses

Souvent, à la marche, l'empreinte du pied arrière se superpose plus
ou moins à celle du pied avant, comme c'est le cas chez beaucoup d'animaux. À la figure 67 g) et 68 c), on voit les variations des pistes à
la course, chez la marmotte à ventre jaune; les pistes de la marmotte
commune seraient semblables.

Comme chez les autres rongeurs, le pied avant compte quatre doigts,
assez gros pour apparaître dans les empreintes, et le pied arrière en
compte cinq. Par ailleurs, il arrive très souvent que le talon du pied
arrière ne touche pas le sol, de sorte que l'empreinte de ce pied peut
paraître plus courte que celle du pied avant. Quand la démarche est
vraiment plantigrade, le talon s'appuie au sol, comme on le voit dans
certaines des figures.

La figure 67 c) montre comment les empreintes des pieds avant et
arrière des marmottes se confondent souvent; on peut néanmoins distinguer les doigts des deux pieds.

La largeur de la piste varie d'un extrême de 17 cm à environ 9 cm.

Dans certaines circonstances, on peut confondre l'empreinte du pied
arrière d'une marmotte avec les empreintes d'un petit raton laveur.
Il faut alors se rappeler que le pied avant du raton laveur a cinq doigts
alors que celui de la marmotte en a quatre. Comme les marmottes hibernent, on ne peut s'attendre à trouver leurs pistes durant l'hiver.

La diversité des crottes des marmottes est illustrée à la figure 68
b). L'échelle de la figure donne leur taille approximative. Le spécimen mou du bas est inhabituel et résulte de l'ingestion d'aliments très
juteux. L'échantillon allongé ne s'est pas fragmenté en segments courts,
qui sont plus fréquents dans la nature.

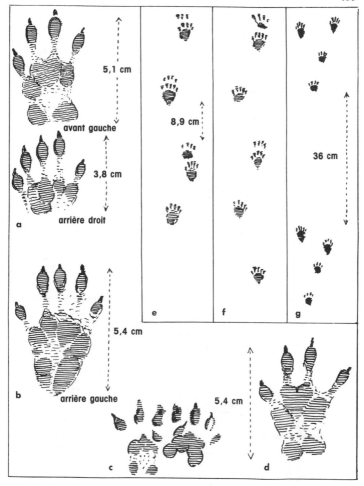

Fig. 67. Empreintes des marmottes à ventre jaune et commune

a) Empreintes de la marmotte à ventre jaune dans le sable; le talon du pied arrière n'apparaît pas (parc nat. de Yellowstone).
b) Empreinte arrière, avec le talon, dans la boue (Wyo.).
c) Empreintes avant et arrière confondues dans une boue ferme (Wyo.).
d) Pied avant gauche d'une marmotte commune (Mich.).
e) Piste de marmotte à ventre jaune à la marche (Nev.).
f) Piste de marmotte commune à la marche (Minn.).
g) Piste de marmotte à ventre jaune à la course (Wyo.).

Fig. 68.　Marmotte à ventre jaune

a) Son habitat préféré, avec gîte dans une grotte (Wyo.).
b) Six échantillons de crottes, montrant les types extrêmes.
c) Variations des pistes à la course (monts Téton, Wyo.).

Marmotte commune dans l'entrée dérobée de son terrier

Où faut-il rechercher les marmottes? Commençons d'abord par la marmotte commune de l'est du continent. On la rencontre surtout à l'orée des bois, et dans les prés voisins. D'après mon expérience personnelle, elle se plaît surtout dans les bois clairs, parmi les arbres tombés.

Les marmottes creusent elle-mêmes leur terrier. L'entrée est parfois signalée par un monticule de terre meuble, mais elle est souvent au ras du sol, sans trace de terre excavée. La marmotte illustrée ci-dessus me dévisageait à partir d'une telle issue dissimulée, sur les rives de la rivière Rouge, au Minnesota. Dans le bois où elle se trouvait, nous avons souvent trouvé des marmottes dans un arbre creux, ouvert au niveau du sol, ou dans des troncs renversés. La marmotte se reposait souvent sur un arbre incliné, à proximité d'un trou où aller se réfugier. Les marmottes grimpent parfois aux arbres.

Les cris de la marmotte sont assez variés. Quand l'animal est dérangé ou menacé, il produit un babillage ou un sifflement, en émettant une sorte de trille, et grince des dents. Ses performances vocales plus élaborées ont été décrites comme son chant, notamment par Francis H. Allen, dans le *Bulletin* de la *Massachusetts Audubon Society* de novembre 1941:

Mes notes datées du 18 juin 1895, au Vermont, indiquent: «Entendu une marmotte sifflant juste au-dessus des bois de pins. N'ayant jamais entendu ce chant auparavant, j'ai d'abord pensé qu'il s'agissait d'un oiseau rare que je ne connaissais pas, quand j'étais encore assez loin. De très près, c'était très surprenant: d'abord, brusquement, un sifflement fort et perçant, suivi immédiatement par un autre semblable mais moins fort, puis par une succession de notes plus douces et plus liquides dans une tonalité plus basse. Chant assez agréable dans l'ensemble. À distance, on n'entend que les deux premières

notes.» Bien que je sois assez sûr d'avoir entendu ce chant plusieurs
fois depuis, la seule autre mention dans mes notes est: «18 sept. 1904,
Dover, Mass. Entendu marmotte siffler un air doux.»

En mars 1953, au Musée Trailside près de Oak Park dans l'Illinois,
il y avait une marmotte apprivoisée. Quand la jeune préposée l'appe-
lait, elle s'approchait de la grille de l'enclos; la jeune fille lui flattait
le visage et lui disait «chante». La marmotte prenait alors un bout de
grillage entre ses dents et émettait un sifflement monotone, ininter-
rompu et perçant, tant que la préposée lui flattait le museau.
La marmotte à ventre jaune habite dans les montagnes de l'Ouest, parmi
les chaos de rochers, les hautes-vallées et les coulées de lave. Elle préfère se réfugier parmi les rochers, mais j'en ai déjà trouvé dans des
terriers ressemblant à ceux de la marmotte commune. Je n'ai jamais
entendu cette espèce chanter comme la marmotte commune. Son cri
habituel, sans doute un cri d'alarme, est un petit sifflement aigu qui
porte très loin.

La marmotte des Rocheuses habite elle aussi les hautes montagnes,
et ses moeurs ressemblent à celles de l'espèce précédente. Cependant,
son cri d'alarme est caractéristique: un sifflement clair et très long,
assez différent du cri bref et abrupt de la marmotte à ventre jaune.
On a également signalé pour cette espèce une série rapide de notes
sifflées; nul doute qu'on reconnaîtra à cette espèce un répertoire plus
varié quand elle aura été mieux étudiée.

Marmotte commune

Chien de prairie

Les chiens de prairie, *Cynomys*, occupaient autrefois les steppes de l'Amérique du Nord de l'extrême sud du Canada à l'extrême nord du Mexique, et vers l'ouest jusqu'aux Rocheuses. Ils ont été éliminés de la majeure partie de leur aire de distribution d'origine à coup de poison, mais on peut encore en voir dans certains parcs et certaines réserves, et parfois à l'extérieur de ceux-ci. Mentionnons la région de Val-Marie, en Saskatchewan et, aux États-Unis, le parc national commémoratif Theodore Roosevelt dans le Dakota-Nord, le parc national de Wind Cave dans le Dakota-Sud, les Black Hills dans le Dakota-Sud et le Wyoming, et la réserve de la faune des monts Wichita en Oklahoma. Il existe d'autres petites colonies disséminées ici et là dans l'Ouest.

Le chien de prairie est un animal grégaire qui préfère habiter des colonies ou «villes» faciles à reconnaître à leur concentration de terriers, dont les issues sont signalées par un anneau de terre qui leur donne l'aspect de petits cratères.

Il y a deux espèces de chiens de prairie, mais leurs traces ne se distinguent pas nettement. Les empreintes et les pistes de la figure 69 s'appliquent aux deux espèces; les crottes présentées en d), e) et f) illustrent des variations, les deux premiers types étant les plus communs. Comme chez les marmottes et d'autres rongeurs, on retrouve parfois des crottes réunies en une chaîne, auquel cas leur diamètre est petit.

Le chien de prairie tient apparemment son nom de l'espèce d'aboiement qu'il émet en guise de cri d'alarme lorsqu'il se dresse en sentinelle à l'entrée de son terrier. Il frappe le sol de sa queue à chaque cri. Autre comportement remarquable, le chien se dresse et lance ses bras en l'air, en émettant une note aiguë et douce qu'il est à peu près impossible de décrire. Il produit en outre divers babillages aigus.

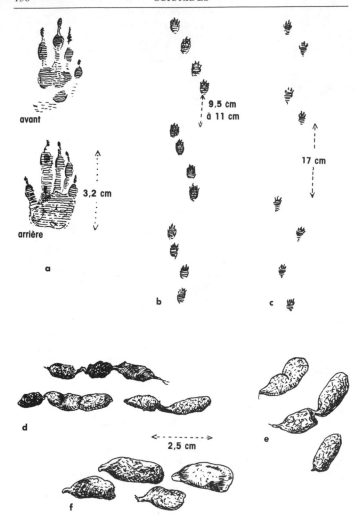

Fig. 69.   Traces du chien de prairie

a) Empreintes du chien de prairie à queue noire (D.-N.).
b), c) Pistes à la course (D.-N.).
d), e) Crottes de chien de prairie à queue noire; le type en chapelet est moins fréquent; d) N.-D., e) Oklahoma.
 f) Crottes de chien de prairie à queue blanche (sud du Wyo.).

Apparemment, les chiens de prairie n'hibernent pas, contrairement à leurs cousins les spermophiles. Même s'ils demeurent inactifs dans leurs terriers pendant de longues périodes en hiver, ils sortent à l'occasion.

Spermophile arctique et spermophile à mante dorée

Spermophiles

Les spermophiles sont des représentants terrestres de la famille des écureuils; ils appartiennent au genre *Spermophilus*. Espèces présentes essentiellement dans l'ouest, on en retrouve depuis l'Ohio jusqu'en Alaska et dans le nord du Mexique.

Les espèces de spermophiles sont très différenciées et certaines sont très remarquables. Leur régime est végétarien, mais ils sont également carnivores et ne dédaignent pas les oiseaux et leurs oeufs qui passent à leur portée. Ils se nourrissent également de viande morte, même de celle des leurs. Leur cri est généralement un sifflement, qui varie suivant les espèces. Nous traiterons brièvement de quelques espèces importantes.

Le spermophile à mante dorée, *Spermophilus lateralis*, porte un bande latérale qui rappelle celle du suisse, mais il est beaucoup plus gros et plus massif que ce dernier. Le spermophile de Columbia, *S. columbianus*, habite les éboulis de rochers et les hauts-plateaux dans les Rocheuses. Les espèces du sous-genre *Ammospermophilus*, qui n'est pas représenté au Canada, vivent dans les déserts du sud-ouest des États-Unis, où elles portent le nom d'écureuils-antilopes; elles sont beaucoup plus pâles et portent une seule ligne claire sur le côté. D'autres espèces de spermophiles ont un pelage uni gris ou brunâtre, ou finement

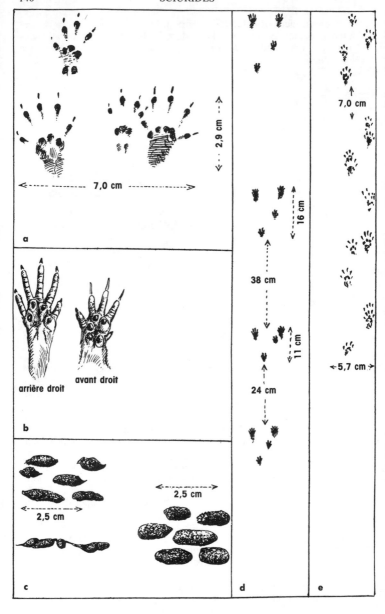

a

b

arrière droit   avant droit

c

d

e

2,9 cm

7,0 cm

16 cm

38 cm

11 cm

24 cm

2,5 cm

2,5 cm

7,0 cm

5,7 cm

maculé, ou encore portant des lignes de points. Même si la livrée et la taille des espèces varient beaucoup, leurs pistes sont semblables. Le spermophile rayé, *S. tridecemlineatus*, de la grande Prairie, est très élancé et arbore de longues lignes de points. Au Minnesota, j'ai remarqué que ses terriers, qui ont environ 5 cm de diamètre et n'ont généralement pas de monticule à l'entrée, sont souvent si peu profonds qu'on peut les excaver à la main pour aller chercher l'animal.

Les spermophiles émettent des sons relativement musicaux, composés de sifflements variés ressemblant à ceux des oiseaux. On n'entend généralement que le cri d'alarme composé d'une seule note aiguë; la série musicale n'est produite que quand l'animal est rentré dans son terrier.

La plupart des espèces de spermophiles entrent dans la catégorie des spermophiles au pelage gris; ils sont souvent tachetés ou mouchetés et leur taille va de celle du petit *Spermophilus spilosoma* à celle des grandes espèces de la côte du Pacifique. Leurs terriers ont au moins 7,5 cm de diamètre.

Ces espèces variées produisent des sifflements et des trilles. Le spermophile arctique, qui habite le Yukon et les Territoires du Nord-Ouest, produit un cri aigu double qui lui vaut son nom inuktitut, «sik-sik».

Une espèce est souvent confondue avec le suisse: c'est le spermophile à mante dorée, *S. lateralis*, qui est richement coloré et arbore une large bande pâle bordée de noir sur les côtés. Il habite les Rocheuses, au Canada et aux États-Unis. On le rencontre dans les éboulis et autres endroits rocheux où il trouve à s'abriter, de même qu'au milieu des arbres tombés dans les bois ouverts. Je ne connais ni cris, ni sifflements caractéristiques à cette espèce.

Les espèces du genre *Ammospermophilus*, les écureuils-antilopes des américains, sont généralement gris uni, ce qui leur permet de se cacher dans les régions arides du sud-ouest des États-Unis et du nord du Mexique. Ils ont l'habitude de courir en tous sens, leur queue remontée et comprimée contre leur dos; comme le dessous de la queue est blanc chez la plupart des espèces, il attire l'attention comme la tache blanche que porte l'antilope sur le postérieur.

Fig. 70 (page opposée). Spermophiles

a) Empreinte de Spermophile armé, *Spermophilus armatus* (Wyo.).
b) Pied du spermophile de Franklin, *S. franklini* (Ont).
c) Crottes de *S. armatus* à gauche (forme plus rare en bas, due à des aliments plus juteux) et de *S. variegatus* à droite.
d) Piste à la course dans la neige, *S. armatus.*
e) Piste à la marche dans la boue, *S. armatus.*

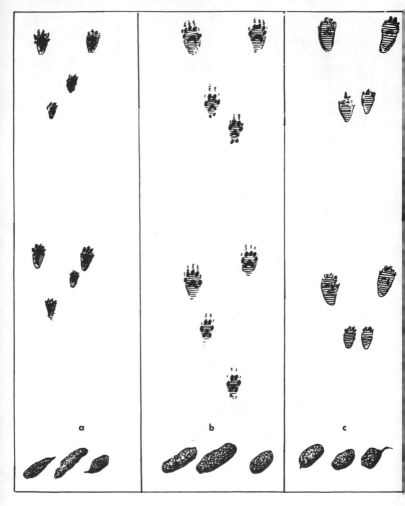

Fig. 71. Traces de spermophiles et de l'écureuil gris.
Les crottes sont aux 2/3 de leur grandeur environ.

a) *Spermophilus armatus*: piste dans la neige et crottes.
b) *Spermophilus variegatus*: piste dans la boue et crottes.
c) Écureuil gris: piste dans la neige et crottes.

Les pistes de spermophiles présentent des caractéristiques qui les distinguent de celles des écureuils. D'abord, dans tout le Canada et le nord des États-Unis, ces rongeurs hibernent. Par conséquent, les pistes que l'on trouve en hiver ne peuvent appartenir à ces espèces. On pourra cependant trouver leurs pistes dans la neige tôt à l'automne, en particulier dans le Nord, ou encore au début du printemps, quand les spermophiles se réveillent de leur sommeil.

Deuxièmement, les écureuils habitent les bois; bien que les spermophiles se rencontrent également près des arbres en maints endroits, ils vivent généralement dans les plaines, les déserts et la steppe où il n'y a pas d'écureuils. En outre, les spermophiles sont absents de l'est de l'Amérique du Nord jusqu'à l'ouest des Grands Lacs.

Troisièmement, les griffes des spermophiles sont plus longues et plus droites que celles des écureuils, indice qui n'est pas toujours apparent dans les empreintes. En outre, les pistes sont généralement différentes. Chez les écureuils, les pistes sont habituellement plus larges, les empreintes des pieds avant étant assez parallèles. Les pistes des spermophiles sont plus allongées et les empreintes des pieds avant sont plus alignées, l'une derrière l'autre. Remarquez ces différences entre les pistes de spermophiles et celles de l'écureuil gris, à la figure 71.

Comme à toutes les règles, il y a des exceptions, très souvent, les pistes de l'écureuil roux sont allongées comme celles des spermophiles.

Selon les échantillons, il semble que les crottes de l'écureuil gris (et encore plus celles de l'écureuil d'Abert) sont plus courtes que celles des spermophiles (fig. 71).

La taille des espèces varie beaucoup, mais les empreintes sont assez semblables. Deux seulement sont illustrées, celle du gros spermophile bigarré du sud de la Californie, *Spermophilus variegatus*, et celle du petit spermophile armé, *S. armatus* du Wyoming: elles sont mises en comparaison dans les figures 70 et 71. Les pistes varient quelque peu, comme c'est le cas chez la plupart des mammifères. La piste des petites espèces de spermophiles a 7 cm de large environ, et celle des grandes espèces, plus de 10 cm (voir la fig. 71 b).

Tamia

Les tamias, genre *Tamias*, communément appelés suisses, sont bien connus de la plupart des gens. Les plus grandes espèces occupent l'est de l'Amérique du Nord, à l'exception du sud-est des États-Unis. Dans l'ouest, on retrouve un grand nombre d'espèces différentes: elles sont petites ou grandes, pâles ou foncées et habitent les montagnes, les forêts et les déserts. Mais, où que l'on soit et quelle que soit l'espèce, le tamia est le même petit animal effronté qui ravit tant ceux qui portent attention aux animaux.

Ces petits écureuils alertes sont avant tout terrestres, bien qu'ils grimpent facilement aux arbres. On trouve leurs pistes dans la boue, la poussière, le sable et la neige. Dans la neige cependant, on ne peut voir leurs pistes qu'à l'automne et au début du printemps, car les tamias accumulent des réserves de nourriture pendant la belle saison et ne sortent pas l'hiver.

La figure 72 a) montre les empreintes d'une espèce de l'ouest dans la boue, où on voit que l'animal courait appuyé sur ses doigts. Les empreintes en b) ont été faites dans la poussière au même endroit, mais les talons ont été appuyés au sol. La largeur des pistes varie de 4,8 à 6,4 cm, selon l'écartement des doigts. La longueur de la piste, mesu-

Fig. 72 (page opposée)

a) Empreintes dans une boue ferme et humide (Wyo.).
b) Empreintes dans la poussière, montrant le talon du pied arrière (Wyo.).
c) Crottes de trois espèces, de haut en bas: *Tamias alpinus* (Wyo.), *Tamias striatus* (N.Y.), *Tamias dorsalis* (Ariz.).
d) Piste dans la neige mouillée (Wyo.).
e) Piste dans la neige fraîche (Wyo.).

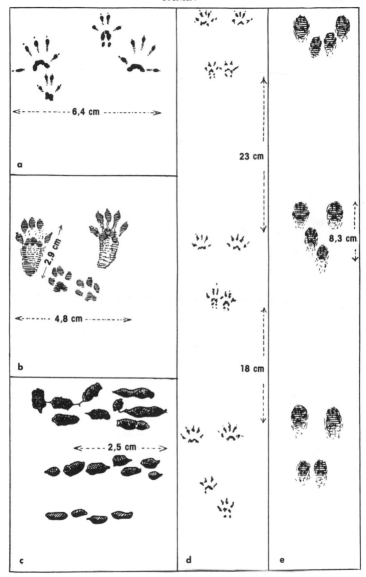

Fig. 72. Traces de tamias

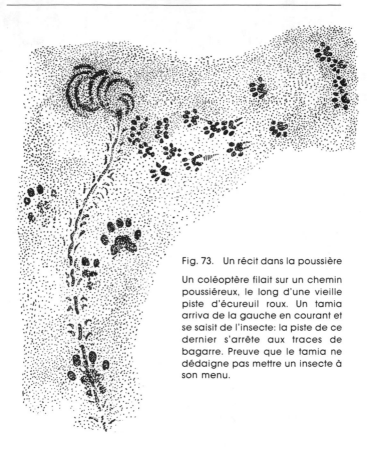

Fig. 73. Un récit dans la poussière

Un coléoptère filait sur un chemin poussiéreux, le long d'une vieille piste d'écureuil roux. Un tamia arriva de la gauche en courant et se saisit de l'insecte: la piste de ce dernier s'arrête aux traces de bagarre. Preuve que le tamia ne dédaigne pas mettre un insecte à son menu.

rée de l'arrière des empreintes postérieures à l'avant des empreintes antérieures, mesure de 4,4 à 8,9 cm. Quant aux bonds, ils font de 18 à 38 cm environ. La figure 72 d) illustre le mieux les mouvements agiles et nets du tamia.

Remarquez que lorsque l'animal avance par bonds, le pied arrière tombe devant l'empreinte du pied avant et que, chez le tamia, les empreintes sont généralement parallèles deux à deux, bien que parfois un des pieds avant soit derrière l'autre, comme chez les spermophiles.

Les empreintes du tamia de l'Est n'apparaissent pas ici; elles sont un peu plus grandes que celles de la figure 72.

Les crottes illustrées à la figure 72 c) diffèrent beaucoup par leur grosseur et leur forme. Une bonne part de cette variation est sans doute due au type et à la quantité de nourriture ingérée, et n'est pas reliée à la taille des trois espèces en cause.

Tous les terriers de tamias que j'ai vus avaient des entrées discrètes et simples, sans monticule évident de matériaux excavés. Leur diamètre est d'environ 5 cm.

Le régime alimentaire du tamia est extrêmement varié, mais se compose surtout de fruits durs, de petits fruits et de graines. Le tamia de l'Est se nourrit de divers fruits durs ou tendres comme des cerises et des framboises, de graines, de champignons, d'insectes et parfois d'un peu de viande morte. Au Minnesota, nous trouvions de grandes quantités d'écales du fruit du tilleul, ouvertes sur un côté. Nous nous émerveillions de la quantité étonnante de glands du chêne blanc que les tamias étaient capables d'entasser dans leurs abajoues. Les tamias déposaient leurs réserves dans des bûches et des arbres creux, et dans les fourrés.

Dans l'Ouest, j'ai vu des tamias se nourrir de graines de plantes, et particulièrement de fleurs de pissenlits, juste après la fermeture des calices à la fin de la floraison. Sur une bûche, une souche ou une pierre, on peut trouver les reliefs de leurs repas: un petit tas d'épis de graminées défaits, plusieurs capitules de pissenlits ouverts ou les restes d'autres plantes prisées: autant de traces probantes du tamia. Le tamia émet des cris, mais son répertoire n'est pas très varié. Son cri est généralement transcrit en *tchoc*, *tchoc*, *tchoc*, répété un nombre variable de fois: il peut y avoir seulement deux ou trois *tchoc*, ou alors une longue répétition.

Écureuil roux et écureuil de Douglas

L'écureuil roux et l'écureuil de Douglas, *Tamiasciurus hudsonicus* et *T. douglasi* habitent la majeure partie des zones forestières de l'Amérique du Nord. L'aire de l'écureuil roux couvre la forêt boréale de l'Alaska au Labrador, et descend dans le sud le long des Appalaches et des Rocheuses. L'écureuil de Douglas occupe la côte du Pacifique de la Colombie-Britannique à la Californie; son ventre est orange plutôt que blanc ou blanchâtre.

Les pistes de ces écureuils, menant d'arbre en arbre, sont assez fréquentes en hiver dans la neige, et donnent souvent lieu à des sentiers sur lesquels l'animal passe très souvent dans un sens et dans l'autre.

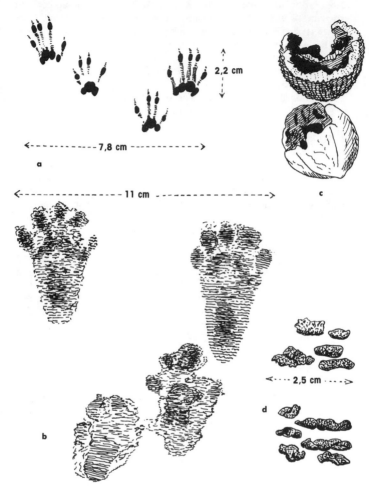

Fig. 74. Traces des écureuils roux et de Douglas

Écureuil roux

Le territoire d'un écureuil est très réduit; on trouve donc ses pistes localisées dans le rayon d'un petit groupe d'arbres. Qu'il s'agisse de l'écureuil roux ou de celui de Douglas, les pistes sont pratiquement les mêmes, et l'animal est doué de la même vivacité.

La figure 74 a) montre des empreintes nettes laissées dans la boue par l'écureuil de Douglas: elles proviennent des monts Olympic dans l'État de Washington; les talons n'ont pas touché le sol. En b), on voit les empreintes d'un écureuil roux dans la neige; les talons des pieds arrière sont visibles. On constate dans cette figure à quel point les empreintes sont plus grandes dans la neige que dans la boue.

La figure 75 montre des pistes d'écureuils à la course dans des neiges de différente épaisseur. Remarquez la position respective des pieds antérieurs et postérieurs: tantôt l'un est en avant, tantôt c'est l'autre, mais en général, le pied arrière devance le pied avant. On pourrait presque dire que ce rongeur arboricole fait des pistes «carrées» où les pieds antérieurs sont parallèles, par opposition aux pistes allongées du spermophile, rongeur terrestre qui met généralement un pied antérieur devant l'autre en courant. Vous remarquerez cependant dans

Fig. 74 (page opposée)

a) Empreintes d'écureuil de Douglas, aux 2/3 de leur grandeur environ, dans la boue (mts Olympic, Wash.).

b) Empreintes d'écureuil roux dans la neige, aux 2/3 de leur grandeur environ (Wyo.).

c) Noix de noyer noir et de caryer ouvertes par un écureuil roux du Wyoming ayant trouvé ces aliments inusités dans un caveau.

d) Crottes d'écureuil roux (Wyo. en haut, Minn. en bas).

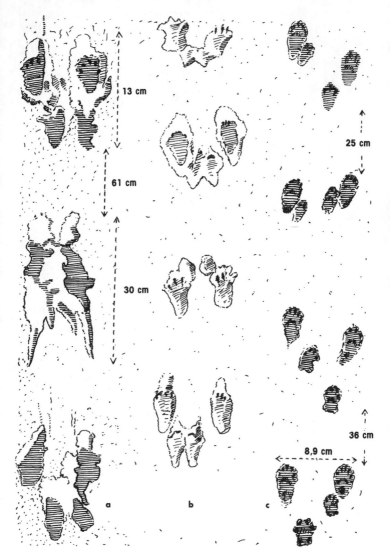

Fig. 75. Pistes de l'écureuil roux dans la neige

les pistes illustrées ici que l'écureuil roux place souvent un pied antérieur devant l'autre. On peut donc seulement dire que l'écureuil roux
a tendance à garder les deux pieds avant parallèles quand il court, et
il faut regarder toute la piste pour observer cette tendance.

Lorsque les doigts paraissent, il faut se rappeler que les écureuils
ont quatre doigts au pied avant et cinq au pied arrière. La longueur
des bonds varie de 20 à 76 cm. La largeur des pistes varie de 7,6 à
11 cm, parfois plus dans la neige folle.

L'écureuil fait deux sortes de nids: le nid extérieur, tel qu'illustré
à la figure 76 a), et le nid aménagé dans un arbre creux, comme celui
de la figure 76 b). Le nid extérieur, qui a environ 30 cm de diamètre,
est plus commun en forêt de conifères, où les arbres creux sont rares.
À peu près sphériques, ils ont une entrée sur le côté, et peuvent être
faits d'herbes et de ramilles, et tapissés d'écorce à l'intérieur. J'en
ai trouvé un construit entièrement de poils de caribou, réunis par un
mélange d'herbes et de ramilles. On trouve parfois deux ou trois de
ces nids dans le même arbre. Un hiver, un écureuil roux a bâti son
nid dans une boîte à l'intérieur de notre caveau. Une belette avait fait
son nid sur une tablette au même endroit, et les deux animaux ont passé
l'hiver sous le même toit.

Les nids dans les arbres creux (souvent d'anciens nids de pics flam-
boyants) sont plus communs en forêt de feuillus. Dans l'est des États-
Unis, j'ai vu des écureuils roux installés dans le trou laissé par la fracture d'une grosse branche.

Les écureuils roux trouvent également refuge dans le sol, en particulier dans les amas de morceaux de cônes où ils conservent les graines de conifères, et qu'ils atteignent l'hiver en creusant des tunnels
sous la neige.

Un jour, dans une épaisse forêt de conifères de l'Orégon, j'entendis
un grand bruit sourd, comme si quelqu'un frappait un tronc avec un
bâton. Le bruit revenait régulièrement et j'ai cru au choc des bois dans
un combat de cervidés parce qu'il se produisait parfois à répétition.
Après avoir retracé le bruit jusqu'à un grand pin, je compris ma méprise
en voyant un gros cône dégringoler du sommet de l'arbre, heurter des
branches au passage et atterrir sur le sol avec un grand bruit. Près de
la cime, un écureuil était occupé à détacher les cônes l'un après l'autre
pour se faire des provisions.

L'automne est la saison des récoltes pour les écureuils des régions
froides. On peut alors en voir transporter des champignons dans les
arbres et les mettre à sécher sur les branches. Les écureuils font provision de glands et d'autres fruits durs. Ils détachent les cônes des épinettes et des pins et les rassemblent sur le sol pour les mettre à l'abri
dans les amas d'écales de vieux cônes, sous les bûches ou dans les
arbres creux. Dans le nord, ils accumulent des petits fruits comme ceux
du viorne; dans le centre et l'ouest, ils font provision de fruits de tilleul et de samares de l'érable à Giguère.

Fig. 76. Nids d'écureuils roux

a) Nid extérieur dans une épinette (Alaska).
b) Nid dans un trou d'arbre (Minn.).

En détachant les cônes des épinettes et du pin lodgepole, les écureuils coupent leurs pédoncules qui s'accumulent sous les arbres. Les porcs-épics font la même chose, mais laissent également leurs crottes sur le sol.

Les écureuils roux détachent parfois les bourgeons des jeunes épinettes, et grugent l'écorce de certains arbres, ainsi que des rameaux. John Pearce, du *Fish and Wildlife Service* des États-Unis, signale que l'écureuil roux, comme le porc-épic, gruge les chancres frais de la rouille du pin blanc. Le résultat ressemble parfois au travail du porc-épic, mais les marques de dents de l'écureuil sont aussi délicates que celles d'une souris, tandis que celles du porc-épic sont plus grossières.

Les amas d'écales de cônes, que les écureuils accumulent souvent sur plusieurs années et qui couvrent parfois plusieurs mètres carrés, marquent le territoire de l'animal. C'est là que les cônes sont conservés et que leurs graines sont mangées. On trouve également de petits tas d'écales de cônes sur des bûches, des souches ou des tertres, où un écureuil s'est régalé de leurs graines.

Galles de la feuille du peuplier, ouvertes par un écureuil roux

Au Wyoming, un écureuil roux avait découvert les provisions de noix de noyer noir et de caryer que des amis nous avaient envoyées de l'Est pour Noël. Même si ces fruits durs lui étaient inconnus, il en avait reconnu l'intérêt et les avait ouverts par le bout, comme on le voit à la figure 74 c). Comparez ce travail avec ceux de l'écureuil gris et du polatouche, illustrés aux figures 77 et 82.

Un jour, dans la vallée de la Snake, au Wyoming, j'ai remarqué un nombre considérable de feuilles vertes au sol sous un grand peuplier. Pendant que je cherchais l'explication de ce phénomène, d'autres feuilles tombèrent de l'arbre. Je pus alors remarquer, haut dans l'arbre, un écureuil roux en train d'en détacher d'autres. À la base de chaque feuille, il y avait une galle renfermant une larve d'insecte. L'écureuil ouvrait les galles pour se nourrir des larves; à partir de la quantité de feuilles déjà tombées, je pus conclure qu'il en avait mangé un fort pourcentage.

La voix des écureuils roux et de Douglas est caractéristique: on ne peut confondre les cris de réprimande et les divers appels de ces petites bêtes dynamiques avec ceux d'une autre espèce. Il peut s'agir d'un long babillage, suivi de notes aiguës et variées, produisant souvent un effet assez explosif. Cela pourrait se transcrire parfois en quelque chose comme *tsik, tsik, tsik, tchrrrrrrrr... siouu, siouu, siouu, siouu.* En fait, la tirade peut consister en une série de toussotements, de hoquets et de notes aiguës réunis en une combinaison impossible à décrire, mais facile à reconnaître.

Écureuils gris, fauve et d'Abert

Les pistes et autres traces de ces trois écureuils du genre *Sciurus* se ressemblent assez pour qu'on puisse les traiter ensemble. L'écureuil gris, *Sciurus carolinensis*, occupe le sud-est du Canada et la moitié est des États-Unis. Une espèce très voisine, *Sciurus griseus*, habite la côte du Pacifique de l'État de Washington à la Californie, tandis que *Sciurus arizonensis* se rencontre en Arizona.

L'écureuil fauve, *Sciurus niger*, qui ressemble beaucoup au gris par la taille et l'aspect général, occupe une bonne partie de la même aire, mais se rend plus à l'ouest; au Canada, on ne le rencontre que dans l'île Pelée. Sa contrepartie de l'ouest est l'écureuil du Nayarit, *Sciurus nayarit*, de l'Arizona et du nord du Mexique.

Le magnifique écureuil d'Abert, *Sciurus aberti*, ne se rencontre que dans le nord de l'Arizona, l'ouest du Nouveau-Mexique, le sud-ouest du Colorado et le nord du Mexique.

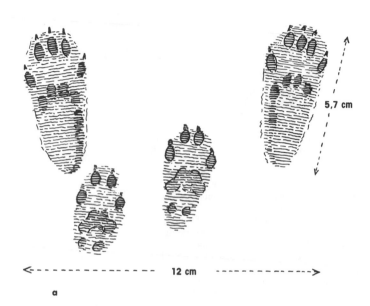

5,7 cm

<----------------- 12 cm ----------------->

a

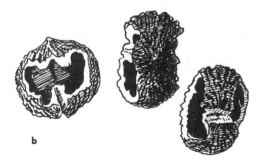

b

Fig. 77.   Traces de l'écureuil gris

a) Empreintes dans 1,2 cm de neige mouillée, aux 2/3 de leur grandeur environ (Washington, D.C.).

b) Noix de noyer noir ouvertes par un écureuil gris (N.Y.).

Écureuil gris et
écureuil d'Abert

Les empreintes et les pistes des écureuils de ce groupe ressemblent à celles de l'écureuil roux, mais en plus gros. On voit des empreintes d'écureuil fauve dans la boue à la figure 79 a) et dans une boue plus profonde, avec les doigts plus fermés, en 79 b). Remarquez que le talon du pied arrière ne laisse pas toujours de trace. Dans la neige cependant, l'empreinte de tout le pied a plus de chance d'apparaître, comme on le voit aux figures 77 a) et 78 a) pour l'écureuil gris et celui d'Abert. Les variations illustrées dans ces figures sont communes à toutes les espèces du genre *Sciurus*: il ne faut absolument pas restreindre à une espèce particulière les empreintes et les pistes illustrées ici.

La largeur de la piste varie de 11 cm environ à près de 13 cm, et les bonds peuvent dépasser 90 cm.

Les crottes des *Sciurus*, en particulier celles de l'écureuil d'Abert que j'ai récoltées, semblent proportionnellement plus courtes que celles de l'écureuil roux.

Tous les écureuils ont un régime varié composé de fruits durs, de graines, de petits fruits, de champignons, de bourgeons et d'écorce. Ils sont friands des samares de l'orme et des grains de maïs, et ouvrent les pommes pour en manger les pépins.

Fig. 78 (page opposée).   Traces des écureuils d'Abert et gris

a) Empreintes de l'écureuil d'Abert dans la neige.
b) Piste de l'écureuil gris à la course (Washington, D.C.).
c) Bonds de l'écureuil d'Abert dans la neige.
d) Crottes de l'écureuil d'Abert, à peu près grandeur nature.
e) Crottes de l'écureuil gris, à peu près grandeur nature (Washington, D.C.).

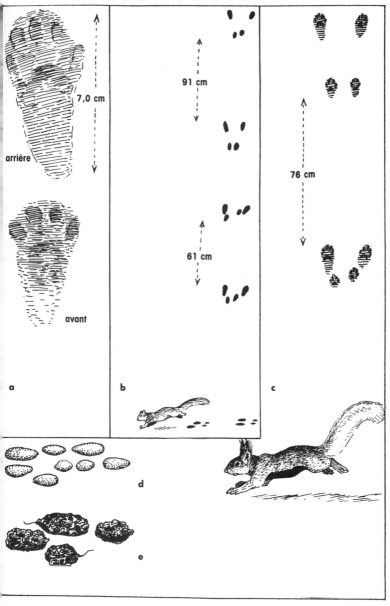

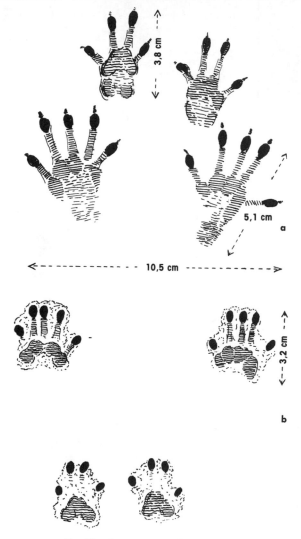

Fig. 79.   Empreintes de l'écureuil fauve

a) Empreintes dans la boue, réduites aux 2/3 environ (Mich.).
b) Empreintes dans une boue plus profonde, réduites aux 2/3 environ (Okla.).

Les grands écureuils ont des habitudes de conservation différentes de l'écureuil roux: les provisions ne sont pas rassemblées en un seul endroit, mais plutôt enfouies isolément ici et là dans le sol. Ils mangent les bourgeons de nombreux arbres dont les érables, les ormes, les tilleuls, les saules et les chênes, ainsi que la pousse terminale des jeunes conifères. Comme l'écureuil roux, ils grugent l'écorce des arbres, souvent tout autour du tronc quand ils sont jeunes, et parfois jusqu'aux racines. Ils recherchent apparemment la sève et le cambium qui se trouvent immédiatement sous l'écorce.

Dans l'Est comme sur la côte du Pacifique, les écureuils gris et fauve mangent l'écorce des jeunes conifères, souvent tout autour du tronc. Ce travail est souvent très visible, mais il est difficile de le distinguer de celui de l'écureuil roux ou même du porc-épic. Quand elles sont apparentes, les traces de dents du porc-épic sont plus grosses et on devrait retrouver ses crottes sur le sol si l'arbre a été grugé récemment.

L'écureuil d'Abert manifeste lui aussi un penchant pour l'écorce des rameaux de conifères, notamment ceux du pin jaune. Il gruge également les os et les bois des cervidés, comme le font plusieurs rongeurs. La voix des grands écureuils diffère sensiblement de celle de l'écureuil roux: elle est plus grave et, selon mon expérience, moins diversifiée. Leurs cris correspondent généralement à *qua-qua-qua-qua*, avec quelques variantes.

Les grands écureuils font leur nid dans des trous d'arbres, ou construisent des nids extérieurs, comme l'écureuil roux, mais ils utilisent de préférence des feuilles et des ramilles plutôt que les herbes et les lambeaux d'écorce choisis par l'écureuil roux. Il peut y avoir plusieurs nids dans le même arbre, dont parfois des faux, sans ouverture. Comparez les figures 80 et 76.

Fig. 80.   Écureuil fauve
et son nid

Polatouche

On peut s'attendre à ce qu'un animal volant laisse des traces plutôt incomplètes, mais c'est le cas également de l'écureuil roux, dont les pistes vont surtout d'un arbre à l'autre. En fait, il faut être très observateur pour distinguer les pistes du polatouche de celles de l'écureuil roux. En général, les pieds du polatouche sont plus petits, mais les empreintes sont si variables dans la neige, qu'une identification certaine est souvent difficile. En outre, dans une neige épaisse, l'écureuil roux peut laisser des traces de pieds traînés, tout comme le polatouche, *Glaucomys*, également appelé écureuil volant.

Quand vous trouverez une marque d'atterrissage là où part une piste, dans un lieu ouvert, vous saurez que le polatouche s'est «posé» là. Voir les figures 81 a) et c) et 82 b). En 82 b), les traces de traînée s'allongent sur 1 m 30 environ, en comptant la queue. Lors de ces atterrissages, le corps laisse un sillon profond dans la neige.

Les crottes illustrées à la figure 81 e), f) et g) proviennent du Wyoming, de Washington et de l'État de New York. Leur taille varie pro-

Fig. 81 (page opposée)

a) Trace d'atterrissage dans la neige, suivie de bonds de 36, 53 et 51 cm (Wyo.).
b) Piste dans la neige: bonds de 74, 53 et 28 cm. Le polatouche a glissé à un endroit (Wyo.).
c) Trace d'atterrissage, longue de 24 cm, suivie d'une piste irrégulière (Wyo.).
d) Bonds lents du polatouche (Wyo.).
e), f), g) Crottes, à peu près grandeur nature (Wyo., Wash., D.C. et État de N.Y.).

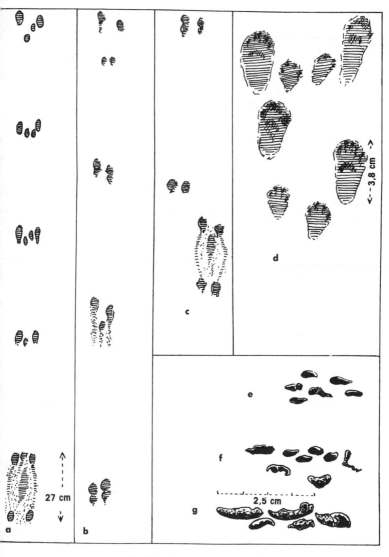

Fig. 81. Traces du polatouche

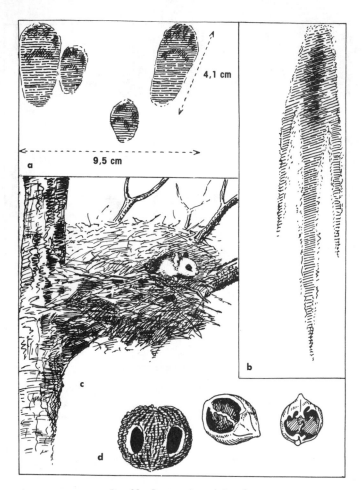

Fig. 82. Traces du polatouche

a) Empreintes dans la neige (Wyo.).
b) Trace d'atterrissage dans la neige, longue de 1 m 30; l'animal a glissé
   sur le sol.
c) Nid d'oiseau «rénové» (Wyo.).
d) Noix de noyer noir, ouverte à quatre endroits par un polatouche; noix
   de caryer, ouvertes généralement d'un seul côté (N.Y.).

bablement beaucoup en fonction de la nourriture, mais elles sont généralement plus petites que celles de l'écureuil roux. La figure 82 d) montre une noix de noyer noir et deux noix de caryer ouvertes sur le côté par un polatouche.

Le polatouche fait son nid dans des trous d'arbres ou au milieu des branches. Sur les bords de la rivière Rouge au Minnesota, j'ai découvert une mère polatouche en compagnie de ses petits dans un trou d'arbre, à moins de 1 m 50 du sol. L'animal occupe également les trous de pics ou d'autres cavités qui se trouvent haut dans les arbres.

Par une journée du début du printemps à Jackson Hole (Wyoming), je grimpais dans un sapin pour examiner un ancien nid d'oiseau, peut-être l'oeuvre d'un geai de Steller. À quelques mètres de mon but, je remarquai que le nid avait été recouvert de nouveaux matériaux qui formaient un dôme, juste avant d'en voir surgir plusieurs polatouches qui s'enfuirent en planant dans toutes les directions. J'en suivis un du regard loin vers le bas de la pente. Comme quoi il vaut la peine d'inspecter les anciens nids d'oiseaux! Les polatouches s'installent également dans les nids d'autres écureuils et dans les greniers des maisons.

Alors que je campais à la belle étoile avec deux amis au Minnesota, le clair de lune nous révéla des silhouettes qui planaient d'arbre en arbre au-dessus de nous. Puis nous entendîmes le discret *tic* émis sur les troncs par nos hôtes nocturnes, qui se révélèrent être des polatouches. Ensuite, nous entendîmes des bruissements et des grignotements produits par la récolte des graines de frênes. Les bruits ténus de polatouches dans les arbres, la nuit, vous révéleront les activités de ces écureuils nocturnes.

Gaufre

Un jour, comme je me promenais à flanc de montagne en compagnie d'une troupe de scouts afin de les aider à interpréter les signes de la nature, nous nous sommes arrêtés devant un monticule de terre récent.

«Que s'est-il passé ici les gars? Quel animal a fait ça?»

«Une taupe» répondit l'un d'eux. «Oui, une taupe!» reprirent les autres à tour de rôle.

Je devais leur avouer, «Il n'y a pas une seule taupe dans cette partie des Rocheuses! Vous n'avez donc jamais entendu parler du gaufre?»

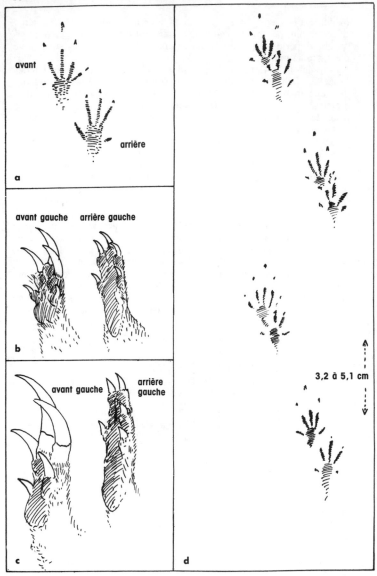

avant

arrière

a

avant gauche   arrière gauche

b

avant gauche   arrière gauche

c

3,2 à 5,1 cm

d

Fig. 83. Gaufre

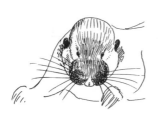

Gaufre gris

Les garçons faisaient montre de la même confusion que les adultes en ce qui concerne ces deux animaux pourtant bien différents. Nous avons examiné le monticule: «Voyez le petit creux ici, avec le bouchon de terre dessus! C'est là que le gaufre a fini de creuser. Quand il a voulu se creuser un nouveau terrier, il a excavé de la terre en la poussant surtout d'un côté et le tas a grossi. Finalement, quand il a achevé de creuser son terrier, il a ramené assez de terre pour en boucher l'entrée. C'est le petit bouchon que vous voyez d'un côté du monticule. Une taupe aurait simplement poussé la terre des profondeurs du sol vers le haut, sans l'envoyer d'un côté, et il n'y aurait pas de bouchon comme celui-ci.» (Voir fig. 84.)

Après avoir marché un peu, nous nous arrêtâmes à nouveau: «Qui peut m'expliquer ça?»

Apparemment, personne. On apercevait comme des cordes de terre mises au jour lors de la fonte des neiges au printemps. Les gaufres continuent leurs travaux d'excavation en hiver et poussent la terre dans des galeries creusées dans la neige. Ces «câbles» de terre étaient les moules de boue des galeries, d'un diamètre d'environ 5 cm, creusées dans la neige par les gaufres gris.

On trouve rarement de pistes de gaufres. La figure 83 a) et d) montre des empreintes laissées dans la boue. Remarquez que les pieds avant et arrière ont cinq doigts (qui ne sont pas toujours tous visibles) et que les griffes des pieds antérieurs sont placées loin en avant. Remarquez

Fig. 83 (page opposée)

a) Empreintes du gaufre gris, *Thomomys talpoides*, dans la boue; grandeur nature.
b) Pieds gauches du gaufre gris, grandeur nature.
c) Pieds gauches du gaufre brun, *Geomys bursarius*, grandeur nature. Remarquez les grandes griffes avant utilisées pour creuser, chez cette espèce plus grosse (Minn.).
d) Pistes du gaufre brun dans la boue, aux 2/3 de leur grandeur environ; largeur: 3,8 à 5,1 cm.

Fig. 84. Traces de gaufres

a) Gros monticule doté d'un bouchon de terre sur un côté, et petit monticule qui constitue à lui seul le bouchon.
b) Carottes formées par la terre qui a été poussée dans des galeries creusées dans la neige en hiver.
c) Crottes de gaufres (Wyo.).
d) Branches de peuplier grugées par des gaufres gris; les traces de dents ont environ 1,6 mm de large.

également que le gaufre du genre *Geomys* a un pied beaucoup plus grand que le gaufre du genre *Thomomys* (fig. 83 c et b). Ses pistes sont beaucoup plus grosses que celles illustrées ici.

Par une journée de printemps, dans le parc de Yellowstone, je suivais la piste d'un grizzli sur des plaques de neige discontinues et j'ai découvert une excavation qu'il avait creusée dans un pré. L'explication était claire: son subtil odorat avait repéré la cache de nourriture d'un gaufre, à quelques centimètres sous la surface du sol, et l'ours s'était régalé des racines qu'elle contenait. Des racines, appartenant à une demi-douzaine d'espèces, étaient éparpillées aux alentours. J'étudiais les ours à l'époque et je rapportai les racines avec moi. Comme je ne pouvais pas identifier les espèces auxquelles elles appartenaient, je les mis en terre près de mon camp; quand les tiges eurent poussé, je pus répertorier les racines dont se nourrissent les gaufres sous la neige durant les longs hivers... et dont se régalent également les grizzlis en maraude!

Sous la neige, les gaufres qui circulent dans des galeries fouillent encore la surface du sol à la recherche de nourriture. Au printemps, à la fonte des neiges, on peut trouver des branches tombées et des troncs de petits arbres et d'arbustes qui ont été grugés par ces rongeurs. Leurs dents y ont laissé une surface très irrégulière et des traces profondes.

On trouvera également des carottes de boue à proximité. Les traces de dents mesurent environ 1,6 mm de large, et sont donc un peu plus larges que celles des souris.

Il existe trois genres de gaufres: *Thomomys*, comptant neuf espèces grandes et petites, dans l'ouest du continent, et représenté au Canada par le gaufre gris; *Geomys*, qui habite l'ouest et le sud-est des États-Unis, et dont une espèce, le gaufre brun, pénètre au Manitoba; *Papogeomys*, représenté par une seule espèce, dans le sud-ouest des États-Unis et au Mexique.

Souris à abajoues

Les souris à abajoues, *Perognathus*, se rencontrent dans la moitié ouest des États-Unis et du Mexique, généralement dans les plaines arides. Deux espèces, dont *P.parvus*, illustrée ici, atteignent le sud du Canada.

Fig. 85.   Traces de souris à abajoues

a) Pistes dans la poussière
b) Crottes de *Perognathus spinatus*, à peu près grandeur nature.

2,5 cm

a

b

Certaines espèces ont des particularités au niveau des poils, et sont de taille très différente.

Leurs pistes ressemblent à celles de la souris à pattes blanches, mais sont plus petites; celles que j'ai mesurées au Nevada avaient environ 2,9 cm de large (fig. 85 a). Les bonds mesuraient entre 1,9 et 11 cm de long. On a signalé que la queue laisse parfois une trace; toutefois, il peut en être de même pour celle de la souris à pattes blanches dans la neige. Les crottes sont noires, petites, et ressemblent à des graines (fig. 85 b).

Bien qu'il soit souvent difficile d'identifier les terriers, celui de la souris à abajoues est assez caractéristique. Il présente généralement un monticule de sol fin près de l'entrée, comme le terrier du gaufre, mais le monticule est généralement plus petit. En outre, comme le gaufre, la souris à abajoues peut boucher les entrées secondaires avec de la terre meuble. Les monticules, contrairement à ceux du gaufre, ne sont pas produits au printemps ou au début de l'été, sauf chez certaines espèces. Le terrier lui-même, d'un diamètre légèrement inférieur à 2,5 cm et un peu plus petit que celui d'un *Peromyscus*, atteint une profondeur de quelques mètres. Le nid est situé loin de l'entrée, tandis que les réserves de graines sont souvent placées plus près de la surface.

Il semble que les souris à abajoues puissent hiberner pendant les périodes froides de l'hiver.

Rat kangourou et souris kangourou

Le rat kangourou, intéressant rongeur du genre *Dipodomys*, habite les plaines et les déserts de l'ouest du continent; une seule espèce se rencontre au Canada, en Alberta et en Saskatchewan.

Chez un animal ayant une telle anatomie, les déplacements se font par bonds, à l'aide des seuls membres postérieurs; à grande vitesse,

Rat kangourou

l'animal ne s'appuie que sur ses orteils (fig. 86 c). Quand le rat kangourou se déplace lentement, en quête de nourriture, il se tient sur ses quatre pattes, et appuie les talons avant au sol (fig. 86 a); la queue traîne alors dans le sable.

Bâtie sur le même modèle, mais plus petite, la souris kangourou, *Microdipodops*, est relativement rare ou mal connue aux États-Unis et au Canada. Contrairement à son grand cousin, elle n'a pas de «brosse» à l'extrémité de la queue. Elle saute de la même manière, laissant des empreintes jumelées comme celles de la figure 86 d).

Quand elle avance lentement, elle pose les membres antérieurs sur le sol, et s'appuie plus fermement sur les pieds arrière, dont les traces sont alors plus complètes. Lors des bonds, le talon arrière est apparemment relevé et la queue ne laisse pas de traces.

Quelques mesures: largeur de la piste, rat kangourou: 3,2 à 5,1 cm; souris kangourou: 2,9 cm environ. Le rat kangourou fait des bonds de 13 ou 15 cm à plus de 38 cm, et on a signalé chez certaines grandes espèces des bonds dépassant 75 cm. L'empreinte complète du pied arrière mesure 3,2 à 4,4 cm au moins; avec la trace du talon, à la course, elle varie de 2,2 à beaucoup plus que 2,5 cm. Les quelques pistes de souris kangourou que j'ai observées indiquent que l'animal peut faire des bonds de 9 à 11 cm, au moins.

Les crottes de *Dipodomys* mesurent de 3 à 6 mm environ, et sont vert foncé ou brunes. Celles de la souris kangourou sont semblables mais plus petites, mesurant entre 3 et 5 mm de long. On en trouve dans les galeries souterraines ou sur le sol, près des terriers.

Rappelez-vous que le genre *Dipodomys* compte de nombreuses espèces et sous-espèces de taille très différente, et que les empreintes varient en conséquence. En outre, certaines espèces ont quatre doigts et d'autres cinq. Mais toutes font les mêmes pistes.

Les monticules de sable ou de fines particules de sol produits par les rats kangourous sont une caractéristique des déserts américains. Les plus grandes espèces en réalisent de plus de 1 m de haut et 4 m de diamètre. On y trouve plusieurs entrées de terrier, qui ont 10 à 13 cm de diamètre. Les plus petites espèces font des monticules et des terriers plus petits, et certaines ne produisent pas de monticules très apparents. On trouve généralement des bouchons de terre meuble ou de sable à l'entrée de certaines galeries.

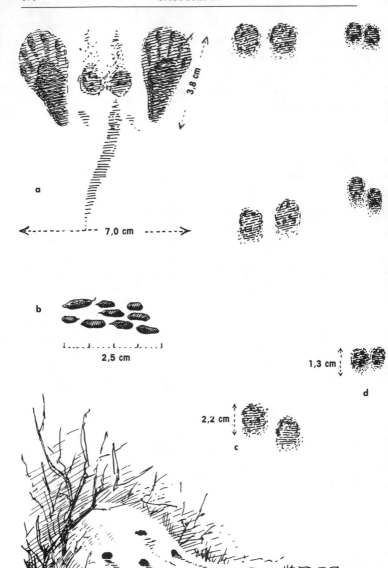

3,8 cm

←------- 7,0 cm -------→

a

b

2,5 cm

1,3 cm

d

2,2 cm

c

e

Les pistes relient les monticules, ou rayonnent en direction des aires d'alimentation. Il faut retenir que la souris kangourou peut réaliser elle aussi de petits monticules. Les rats kangourous aiment prendre des bains de poussière et on peut parfois apercevoir leurs «baignoires» creusées légèrement dans le sol.

Il existe une autre trace de la présence de ce rongeur: si on gratte ou on tape à l'entrée d'un terrier occupé, on peut entendre à l'intérieur un petit tapotement, décrit comme un tambourinage. Tout comme la mouffette et le rat des bois, le rat kangourou produit ce bruit avec ses pieds.

Enfin, autour des terriers et le long des sentiers qui naissent en ces endroits, on trouve souvent de fins fragments d'herbes et d'autres plantes qui ont été sectionnées.

Castor

Castor canadensis, notre emblème national, est bien répandu en Amérique du Nord, partout où il trouve sa nourriture, composée de produits forestiers. C'est le rongeur qui modifie le plus le paysage, et ses travaux sont très faciles à découvrir, même si vous ne voyez jamais ses empreintes.

Les traces les plus évidentes du castor sont le barrage et la hutte. Esquissés à la figure 87 e), ils sont si caractéristiques qu'ils n'exigent pas plus de commentaires. Il faut savoir cependant que le castor creuse également dans les berges des étangs, des lacs et des rivières des terriers dotés d'entrées souterraines. Certains castors n'habitent d'ailleurs que ces terriers, et ne construisent pas de huttes. Ce que le castor recherche avant tout, c'est une eau assez profonde pour l'hiver, ce qu'il trouve dans les rivières importantes. Les étangs sont aménagés dans le même but, par le harnachement d'un petit cours d'eau.

Les souches et les arbres abattus témoignent aussi du travail du castor; celui-ci gruge autour du tronc de l'arbre de plus en plus profondément jusqu'à ce qu'il tombe. Les traces de dents et les copeaux identifient l'artisan. Sur la rive, et dans l'eau, on trouve des branches et des troncs écorcés, lisses et d'un blanc éclatant quand ils sont frais.

Fig. 86 (page opposée).   Traces de rat kangourou et de souris kangourou

a) Empreintes de rat kangourou, avançant à petits bonds (Nev.).
b) Crottes de rat kangourou, à peu près grandeur nature (Nev.).
c) Piste de rat kangourou dans le sable, avec seulement les doigts (désert de Black Rock, Nev.).
d) Piste de souris kangourou, *Microdipodops*, dans le sable (désert de Black Rock).
e) Monticule du rat kangourou.

Castors

Ce sont les encombrants vestiges des repas du castor, qui mange avant tout l'écorce des peupliers, des bouleaux et des saules, mais gruge aussi celle des pins sur pied et abat à l'occasion des conifères.

Le castor laisse des traces de dents relativement larges, mesurant 6 mm, mais plus souvent 3 (fig. 87 et 191).

Le «monticule olfactif» est un tas de boue râclée, ou un amas de boue, d'herbe et de branchettes, sur lequel le castor laisse son odeur, produite par des glandes servant à cette fin (fig. 87 e). Sa fonction est la même que celle des «poteaux olfactifs» de certains carnivores. Le long des berges, on trouve souvent des petites masses de boue avec des tiges de carex: il s'agit apparemment de monticules olfactifs abandonnés en cours de construction. Les plus développés dépassent 1 m de diamètre et 30 cm de hauteur.

Les excréments du castor sont difficiles à trouver, parce que l'animal les produit dans l'eau. Il s'agit de boulettes ovales de «sciure de bois» grossière. Elles sont parfois réunies par un filament, qui se désagrège rapidement dans l'eau.

Les crottes peuvent mesurer de 2,5 à 3,2 cm de long et environ 1,9 cm de diamètre, mais elles varient de forme et de grosseur (fig. 87 d).

Les empreintes parfaites du castor sont rares, parce que la queue les efface souvent sur son passage. Elles n'en sont pas moins caractéristiques, par la palmure des grands pieds arrière, même si une partie

Fig. 87 (page opposée)

a) Empreintes dans la boue; arrière, 15 à 16 cm; avant, 8 cm de long environ (Wyo.).
b) Piste; intervalle entre les empreintes, 8 à 14 cm environ.
c) Marques de dents, grandeur nature. Voir également la fig. 191 e), f) et g).
d) Crottes, grandeur nature.
e) Barrage, étang et hutte de castors; au premier plan, castor quittant un monticule olfactif.

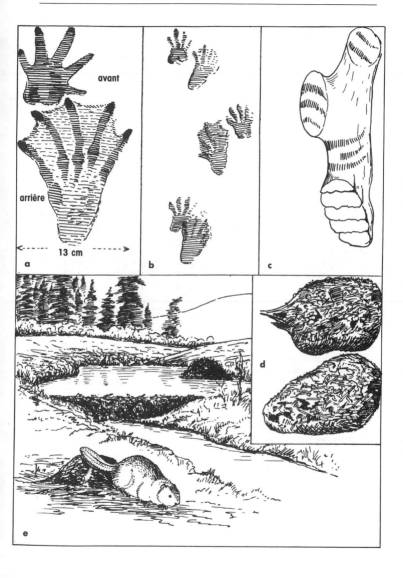

a

avant

arrière

13 cm

b

c

d

e

seulement en est visible. Il est rare de voir les cinq doigts du pied avant: les empreintes en indiquent plutôt trois ou quatre. On ne voit pas toujours tous les doigts des pieds arrière non plus.

Des sentiers bien fréquentés franchissent les barrages pour mener d'un étang à l'autre ou relient deux plans d'eau en passant à travers les terres. On trouve sur le sol des traces laissées par les branches et les billots que les castors ont traînés jusqu'à l'eau, ainsi que les copeaux témoignant de leur activité, là où le bois a été coupé. Reliés à leurs étangs, les castors creusent à l'occasion des canaux, longs parfois de quelques centaines de mètres, pour y laisser flotter leurs billots.

Dans les régions froides, le castor qui s'aventure en quête de nourriture dans les bois enneigés laisse sur son passage une tranchée qu'on pourrait à distance confondre avec celle d'un porc-épic ou d'une loutre. Cependant, le moindre fragment d'empreinte de pied devrait permettre d'identifier correctement l'animal.

On trouve parfois des marques de dents ou des bandes d'écorce mangée si haut dans un arbre qu'elles ne peuvent être l'oeuvre que d'un castor géant. Cette énigme est facile à résoudre: l'animal est venu en hiver, et il était supporté par une couche de neige de plusieurs pieds d'épaisseur.

Il arrive que l'on se retrouve devant un ancien étang ou un marais qui en fut un, entouré de vieux arbres morts; un ancien barrage de castors est parfois encore visible. Voici ce qui s'est passé: les castors ont construit un barrage qui a inondé en permanence les arbres environnants, et ceux-ci ont fini par mourir. Comme l'étang se transforme naturellement en un pré humide, les arbres finissent par reprendre leur place.

Le castor n'a pas de cri remarquable, mais il produit des sons. En état de panique ou d'excitation, il plonge et frappe la surface de l'eau du plat de sa queue, ce qui produit un son grave et retentissant. Intentionnel ou non, ce bruit sert de signal aux autres castors du voisinage.

Pieds arrière
et avant du castor

Rat musqué

Le rat musqué, *Ondatra zibethicus*, est si répandu sur tout le continent que seuls les vrais déserts et la toundra sont exclus de son aire de répartition.

Les pistes du rat musqué se rencontrent surtout près de l'eau, mais il arrive que l'animal s'aventure loin dans les terres. Les pieds ont tous cinq doigts, mais le doigt intérieur du pied avant est si petit qu'il s'imprime rarement. On le voit dans l'empreinte de la figure 88 a). Dans les pistes, l'empreinte du pied avant précède souvent celle du pied arrière. Il arrive aussi que l'empreinte du pied arrière soit devant, ou se superpose à celle du pied avant. Des exemples sont illustrés à la figure 88. Très souvent, mais pas toujours, la queue laisse une trace. La largeur de la piste est de 9 cm environ.

Un jour, en hiver, j'observais un rat musqué courir rapidement sur la surface gelée d'un cours d'eau lent; la glace était recouverte d'une pellicule de neige. Il agitait la queue, parfois haut dans les airs. La piste était très irrégulière: la queue n'apparaissait qu'à l'occasion, et les pieds avant et arrière étaient disposés de façon très variable, comme à la figure 88 e).

Les crottes du rat musqué sont allongées, et leur longueur varie autour d'une moyenne de 1,6 cm. On les trouve parfois en amas sur des billots dans l'eau, sur des huttes de castor, sur des pierres, ou dans ses lieux de repos habituels sur les berges (fig. 88 d).

Le rat musqué laisse d'autres traces. La plus visible est sa hutte, construite de végétaux enchevêtrés, sur la berge ou dans l'eau peu profonde. Elle se compose de plantes de marais et de carex, empilés parfois sur plus de 1 m 20 de hauteur. Ensuite, il y a les garde-manger ou salles à manger, construites au-dessus d'un trou de plongée dans le marais ou sur la glace en hiver. Là où l'hiver est assez froid, le rat musqué pousse par un trou pratiqué dans la glace, diverses matières qui forment une masse dans laquelle se trouve une cavité assez grande pour le passage d'un animal. Cet amas se couvre ensuite de

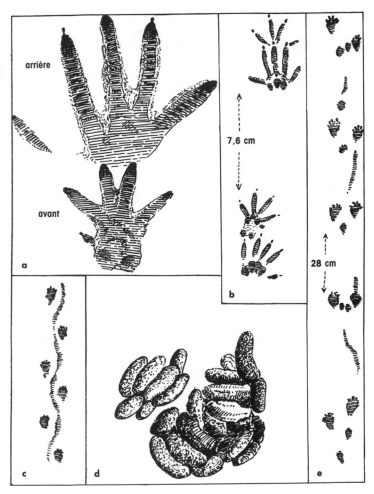

Fig 88. Traces du rat musqué

a) Empreintes des pieds droits dans la boue, grandeur nature.
b) Piste à la marche dans la boue.
c) Piste schématique montrant la trace de la queue, dans la neige.
d) Crottes, grandeur nature environ.
e) Course dans une pellicule de neige sur la glace.

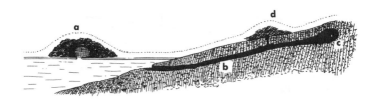

Fig. 89. Vue en section d'un terrier et d'un garde-manger
de rat musqué, le tout recouvert de neige

a) Garde-manger sur la glace avec chambre et trou de plongée.
b) Terrier simple, avec entrée submergée.
c) Nid situé à l'extrémité du terrier, au-dessus du niveau de l'eau.
d) Amas de végétation recouvrant un trou accidentel (?) ou de ventila-
tion menant au terrier.

neige dont l'action isolante empêche le trou de plongée de se refer-
mer. La figure 89 montre une hutte et un terrier, en section.

Dans les eaux fréquentées par les rats musqués, on trouve des feuilles de carex à la dérive et d'autres restes de leur nourriture. Il peut
s'agir d'amas de tiges de quenouilles, apparemment sectionnées en lon-
gueurs commodes pour le transport, un peu comme les sections de tiges
d'herbe qu'on trouve le long des sentiers des campagnols. Ou encore
d'un radeau de diverses tiges coupées, sur lequel le rat musqué se repose
pour manger. Parmi la végétation dense des marais, on remarque des
trous où les rats musqués ont déterré des racines. Ceux-ci vont souvent sur la rive à des endroits où ils aiment se nourrir et où on trouve
des fragments de tiges et de feuilles.

Le rat musqué n'est pas totalement végétarien: on peut trouver des
monticules d'écailles de mollusques sur la rive ou dans l'eau peu profonde, là où il aime se nourrir, et où l'animal les a ouverts pour les
manger.

Le rat musqué creuse souvent des terriers, dotés d'une entrée submergée. Celui où il habite peut comprendre un dédale de galeries et
une chambre de nidification. Un autre type de terrier sert de refuge:
plus simple, il peut s'agir d'une cavité peu profonde sous la berge,
où l'animal va se reposer et se nourrir. J'ai également trouvé des ouvertures couvertes de végétation, et menant de la galerie à l'air libre sur
la berge: était-ce des trous accidentels qu'il fallait recouvrir, ou des
ouvertures ménagées là à dessein? Le schéma de la figure 89 en indique un comme celui que j'avais trouvé sur la Koyukuk en Alaska.

Il faut mentionner une autre trace du rat musqué. Sur la berge, on
peut trouver une petite plate-forme ou un tapis de feuilles de carex
coupées ou d'autres fragments végétaux, parfois mêlés d'un peu de

boue. Il s'agit d'un poste olfactif, pour un animal qui dispose de glandes anales et désire laisser son odeur à l'intention des autres rats musqués de passage. Je n'en ai jamais déniché de gros et complexes comme ceux du castor. Il peut s'agir d'une poignée de tiges et d'un peu de boue. J'ai déjà trouvé des petits tapis de tiges sans boue, mais je ne peux affirmer qu'il s'agissait là de postes olfactifs.

Le rat musqué semble émettre surtout un petit cri aigu, que j'ai rarement eu l'occasion d'entendre.

Mentionnons en terminant que si les rats musqués préfèrent les marais et certains lacs et cours d'eau, ils s'installent volontiers dans les étangs de castors; ils cohabitent souvent avec cette espèce.

Rat musqué à queue ronde, sur son nid

Rat musqué à queue ronde

Neofiber alleni, le rat musqué à queue ronde, n'habite que le marais d'Okefenokee aux limites de la Georgie et de la Floride. Il ressemble à un jeune rat musqué ou à un énorme campagnol mais, contrairement à son cousin, il a une queue de section ronde.

L'indice le plus clair de sa présence est probablement sa hutte, d'un diamètre de 30 à 60 cm, parfois plus, qui est construite de végétaux,

Fig. 90 (page opposée)

a) Empreintes dans la boue: à droite, grandeur nature environ; à gauche, pied av. g. agrandi; vue latérale du pied arrière.
b) Marche dans la boue, avec trace de la queue, souvent visible; les empreintes se superposent souvent ainsi.
c) Crottes de diverses formes et grosseurs; grandeur nature environ.

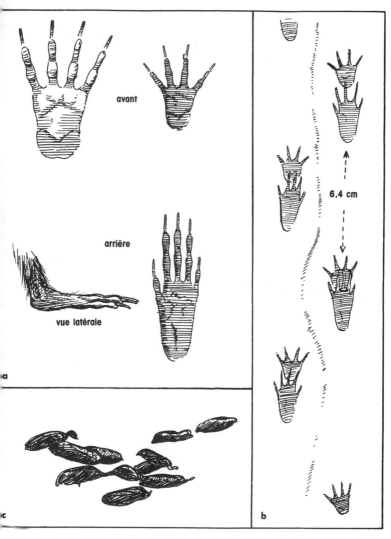

Fig. 90. Tracés du rat musqué à queue ronde (marais de Withlacoochee, Fl.; dessins de Carroll B. Colby)

mais sans la boue qu'utilise l'autre rat musqué. Il paraît que ces huttes ont deux entrées, sur des côtés opposés. Elles se trouvent parfois en eau peu profonde, mais souvent en terrain boueux ou tourbeux. L'illustration de la page 178 montre une hutte simple en eau très peu profonde, telle que je l'ai vue au bord d'une route, en Floride.

Comme son cousin, le rat musqué à queue ronde se nourrit sur des radeaux composés d'une masse de végétation enrichie de restes de nourriture. On trouve également des tiges coupées flottant à la surface des eaux qu'il fréquente.

Les sentiers qu'il aménage ressemblent à ceux des campagnols, mais mesurent environ 8 cm de large. Il creuse également des galeries souterraines.

Apparemment, cet animal n'est pas aussi aquatique que l'autre rat musqué. Il est néanmoins aussi à l'aise dans l'eau que sur terre et ressemble donc, à cet égard, au campagnol de Richardson, *Microtus richardsoni*, qui habite l'Ouest américain.

Avant d'essayer de distinguer les traces de cet animal de celles du rat musqué ordinaire, il faut se rappeler qu'il n'habite que la Floride et le sud de la Georgie, d'où normalement le rat musqué est absent. Les empreintes et les crottes apparaissent à la figure 90.

Porc-épic

Le porc-épic est présent dans les forêts du Canada et de l'Alaska, ainsi que dans l'ouest et le nord-est des États-Unis.

Connu sous le nom scientifique d'*Erethizon dorsatum*, le porc-épic joue dans l'ordre des rongeurs le même rôle que la mouffette chez les mustélidés. Les deux espèces ont développé un système de défense tellement dissuasif qu'il n'ont besoin ni de vitesse, ni d'agilité. La mouffette peut asperger son assaillant d'un liquide nauséabond. Le porc-épic, quant à lui, se met en boule et se hérisse comme une pelotte d'aiguilles. Lorsqu'on le touche ou qu'on s'en approche de trop près, il donne un brusque coup de sa queue épineuse, et les piquants acérés se détachent de sa peau. Le porc-épic ne peut projeter ses piquants, contrairement à ce que certains croient.

Fig. 91 (page opposée). Pistes du porc-épic

a) Empreintes dans la boue, grandeur nature.
b) Piste dans la neige, montrant les pieds traînés.
c) Piste dans la poussière, montrant le frottement de la queue.

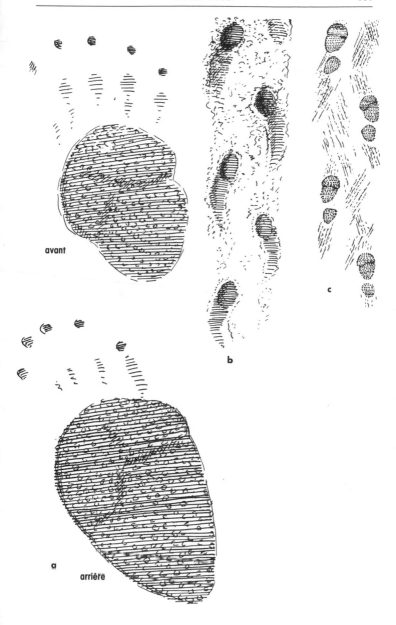

avant

b

c

a arrière

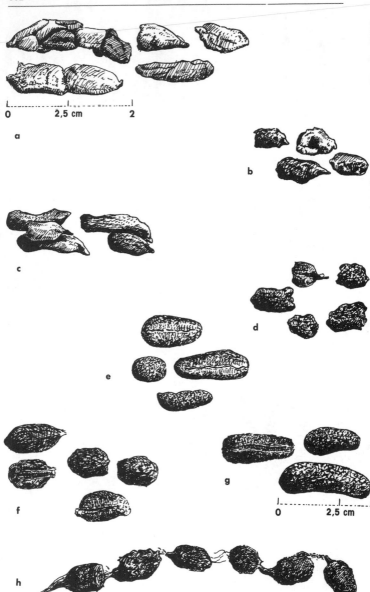

0   2,5 cm   2

a

b

c

d

e

f

g

0   2,5 cm

h

Porc-épic

Le dandinement de cet animal est très révélateur. Un jour, j'accompagnais un groupe de personnes sur un sentier bien fréquenté des monts Tétons dans le Wyoming. À intervalles fréquents, dans la poussière, nous avons remarqué des petites traces d'époussetage, comme si quelqu'un était venu avec un petit balai. J'étais sûr qu'un porc-épic était passé par là: sa forte queue se promène de gauche à droite au gré de ses pas maladroits, et les poils rudes du dessous de la queue frottent le sol et produisent ce genre de traces (fig. 91). Elles ne sont pas toujours très évidentes et parfois, sur le sol où les empreintes elles-mêmes n'apparaissent pas, elles sont très floues.

Les pistes dans la neige mouillée, la boue ou la poussière épaisse révèlent beaucoup de choses. On voit les petits pas des pieds griffus, espacés de 13 à 15 cm, qui rappellent ceux du blaireau. Les longues griffes laissent des traces loin devant les empreintes. Enfin, on remarque la surface graveleuse des empreintes, due aux callosités de la plante des pieds (fig. 91 a et c). Dans la neige, on voit la trace des pieds traînés, qui relie parfois deux empreintes; si la neige est profonde, la piste prend l'aspect d'une tranchée. J'ai généralement observé l'empreinte du pied postérieur devant celle du pied antérieur mais

Fig. 92 (page opposée).   Crottes du porc-épic
aux 2/3 de leur grosseur

a) et c) sont des excréments mous produits en été. Les autres spécimens constituent divers types de crottes produites en automne et en hiver; a), b), c) et e) proviennent du Wyo., d) du Dak.-N.; f) et g) de l'Alaska; h) montre comment les crottes peuvent être reliées quand les aliments sont tendres (Wyo.).

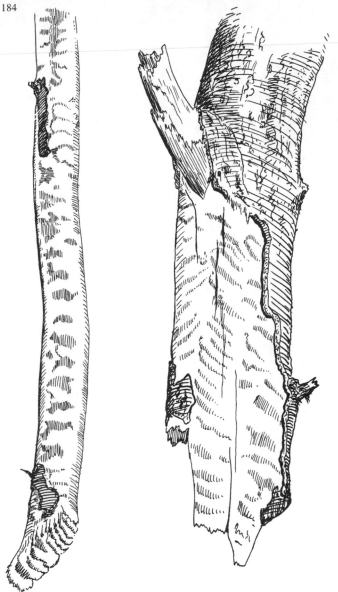

Traces de dents du porc-épic sur des branches de sapin, grandeur nature.

quelquefois (fig. 91 a) l'empreinte du pied antérieur est devant. Dans la neige, le pied postérieur s'imprime généralement au même endroit que le pied antérieur. La largeur de la piste est de 20 à 23 cm.

Les crottes du porc-épic sont variables et pourraient passer pour celles du chevreuil. Remarquez-en toutefois les caractéristiques à la figure 92. Les crottes d'hiver, en forme de boulettes, ont généralement une surface et une forme irrégulières; il arrive qu'elles soient parfaitement lisses, comme en e) et en g). Plusieurs crottes sont parfois reliées par des filaments végétaux (h), comme chez la marmotte et certains autres rongeurs. Les spécimens longs sont souvent légèrement courbés, et la courbe intérieure peut présenter un petit sillon comme en e) et g), qui apparaît également sur certains spécimens plus ronds (f). En été, le porc-épic mange des aliments juteux, et produit des crottes longues et molles souvent réunies en masses (a et c). Un échantillon intermédiaire est illustré en b): court, plutôt mou, et irrégulier.

En hiver, les porcs-épics passent souvent beaucoup de temps dans le même arbre, au pied duquel on peut trouver un grand nombre d'excréments. On en trouve également dans les abris sous roche où ces animaux vont trouver refuge.

Un soir, alors que je montais mon camp, j'ai trouvé au pied d'un pin des branchettes en quantité suffisante pour me faire un matelas confortable sur lequel dérouler mon sac de couchage. Autour de l'arbre, il y avait beaucoup de crottes de porc-épic, et le tronc de l'arbre avait été écorcé par endroits. Le porc-épic coupe souvent des branchettes, qui se répandent juste en dessous sur le sol. Il faut faire attention de ne pas confondre cette trace avec celle des écureuils, qui sectionnent les ramilles portant les cônes pour ensuite récupérer ces derniers sur le sol. Les crottes du porc-épic pourront confirmer votre identification.

On présume que les porcs-épics détachent les branchettes pour s'en nourrir plus tard, mais il leur arrive souvent de les oublier. Les chevreuils et les cerfs peuvent alors en profiter, comme des branches tombées naturellement.

En hiver, les porcs-épics mangent l'écorce des rameaux et raclent l'écorce des troncs par grandes plaques. Les parties écorcées des troncs ont des bordures bien nettes, de forme irrégulière. On voit parfois un arbre avec des zones écorcées sur toute la longueur du tronc et sur bon nombre de branches. Les bordures nettes et irrégulières des zones écorcées, portant de nombreuses traces de petites dents, permettent de distinguer le travail du porc-épic de celui du wapiti ou de l'orignal, quand bien sûr elles ne sont pas à une hauteur telle que la confusion n'est plus possible!

On imagine mal un porc-épic hors des bois, et pourtant il y en a dans la toundra arbustive de l'Alaska, qui se nourrissent en hiver de saules et d'aulnes; en été on les rencontre sur les hauts plateaux, où ils se réfugient dans des abris sous roche. J'ai trouvé des porc-épics occupant des grottes. Là où on les aperçoit plus particulièrement dans l'Ouest, on peut trouver, mélangés, des excréments accumulés de rats des bois, de marmottes et de porcs-épics. J'en ai vu s'abriter dans les parties sèches de terriers de castors effondrés, près des cours d'eau. Ils peuvent également s'installer dans les arbres creux.

Ces rongeurs mangent les bourgeons et les chatons des saules, mais les gélinottes, les tétras et les lagopèdes font de même et je ne saurais les distinguer par cette trace.

Généralement silencieux, le porc-épic est assez bruyant à l'occasion. Un jour que je croyais entendre le bêlement d'un jeune orignal, j'ai tenté de retracer le cri jusqu'à sa source et je suis finalement tombé sur deux porcs-épics, l'un d'eux juché dans une aubépine. J'ai déjà décrit son cri en Alaska: un grognement et un aboiement mêlés, son inattendu et saisissant que j'ai entendu à deux occasions quand j'ai approché l'animal par surprise; également un gémissement, entendu une fois, et que mon compagnon croyait émis par un ourson. D'autres auteurs ont parlé de braillements et de cris de bébés. Quoi qu'il en soit, il est facile de retracer ces cris jusqu'au porc-épic.

Arbre à l'écorce grugée par le porc-épic

Aplodonte coupant
des rameaux

Aplodonte

De la Colombie-Britannique à la Californie, dans la cordillère, vit un intéressant petit rongeur qui habite surtout les forêts pluviales: c'est l'aplodonte, *Aplodontia rufa*, appelé également castor de montagne. Nullement apparenté au castor, c'est un animal massif, presque dépourvu de queue, un peu plus petit que le rat musqué.

Si vous parcourez un sentier de la forêt côtière, en particulier là où il y a eu de la coupe, il se peut que vous découvriez des petits amoncellements de plantes - fougères et autres - apparemment mises à sécher, soit sur le sol, soit sur des bûches. Il s'agit là des récoltes de l'aplodonte, qui s'en sert de toute évidence pour tapisser son nid ou comme réserve alimentaire. Ce comportement rappelle celui du pica, mais ce dernier fait ses tas de foin dans les éboulis ou autres habitats pierreux, et non dans les bois dépourvus de roches.

En outre, près de ces amoncellements de végétaux, vous trouverez les entrées du terrier de l'aplodonte; les galeries ont un diamètre de 10 à 20 cm environ et forment un réseau irrégulier, doté de plusieurs entrées. On trouve parfois un tas de terre excavée, hors d'une entrée. Dans les monts Olympic, j'ai trouvé de ces terriers le long des sentiers, parfois effondrés, apparemment humides et détrempés dans les forêts gorgées d'eau. Les animaux aménagent avec soin leur nid à l'intérieur, de sorte que l'eau ne les dérange pas.

À proximité, on peut trouver de petites branches que les aplodontes ont sectionnées sur les arbustes et les jeunes arbres. On a établi qu'ils

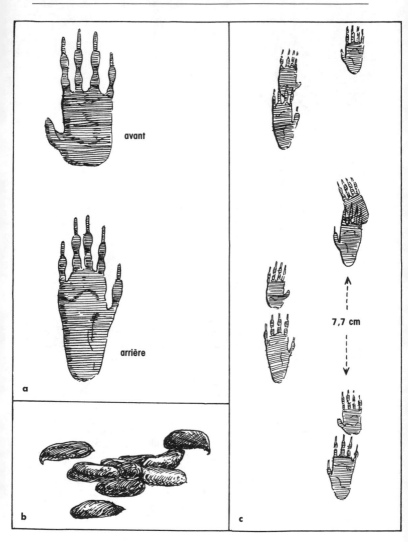

Fig. 93. Traces de l'aplodonte, dessinées par Carroll B. Colby à partir de spécimens du Musée d'histoire naturelle de New York.

pouvaient même abattre un arbrisseau. Ils grimpent également dans les arbres pour sectionner les rameaux plus élevés, comme dans l'illustration de la page 187.

En hiver, l'aplodonte se déplace sous la surface de la neige, comme certains autres rongeurs. La fonte printanière met au jour des carottes formées des matériaux excavés que l'aplodonte pousse dans des galeries sous la neige à la manière du gaufre. Les carottes sont toutefois beaucoup plus grosses que celles du gaufre; elles ont le même diamètre que les galeries, soit une quinzaine de centimètres.

Je n'ai jamais entendu d'aplodonte émettre de cri, et il m'est toujours apparu comme un hôte muet des terriers humides de l'épaisse forêt côtière. Quelques observateurs font état d'une série de sifflements, ce que semble corroborer le témoignage des Indiens. L'aplodonte étant actif au crépuscule et durant la nuit, c'est à ces heures qu'on peut le voir et l'entendre.

Agouti

L'agouti, du genre *Dasyprocta*, est l'un des gros rongeurs d'Amérique latine, dont l'aire atteint le Mexique, au nord. Plutôt bossu, sans queue, on dirait un gros lapin, sans les oreilles.

Fig. 93 (page opposée)

a) Empreinte du pied avant droit (notez le pouce dépourvu de griffe) et du pied arrière gauche; grandeur nature.

b) Crottes, à peu près grandeur nature. Leur structure dépend de la taille de l'animal et de son alimentation; fraîches, elles sont vert foncé ou noires; vieilles, elles sont gris-vert à marron.

c) Piste à la marche d'un adulte de taille normale. La foulée dépend de la taille et de l'âge de l'animal. Empreintes rarement en séquences; la piste est composée d'après des empreintes distinctes et l'allure de l'animal.

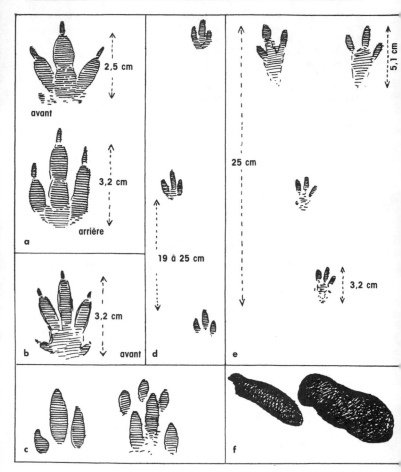

Fig. 94.   Traces de l'agouti

a, b, c) Empreintes dans la boue (Zone du canal de Panama); c) illustre
les traces fragmentaires de doigts qu'on rencontre souvent.
d) Piste à la marche.   e) Petits bonds.
 f) Crottes, aux 2/3 de leur grandeur environ.

Un jour, sur un sentier forestier de l'île de Barro Colorado dans la Zone du canal de Panama, j'ai vu une de ces bêtes courir se réfugier dans un fourré: ma première observation d'un agouti dans son habitat. Sur les rives boueuses d'un ruisseau, j'ai trouvé la piste d'un animal qui l'avait traversé. Plus tard, j'ai vu les petites empreintes à trois doigts dans le sentier boueux après une pluie. Ce n'est qu'à de tels endroits que vous courez la chance de trouver des empreintes, parce qu'ailleurs le sol de la forêt tropicale est trop encombré pour que ces animaux puissent y laisser des traces.

À proprement parler, le pied avant a cinq doigts, mais les deux doigts externes sont si petits qu'ils laissent rarement une trace (fig. 94).

Paca

Le paca, *Cuniculus paca*, est l'un de ces rongeurs tropicaux trapus et massifs, si bigarré, avec ses rayures et points, qu'il ne cadre pas avec notre définition de rongeur lorsqu'on le voit dans les jardins zoologiques. Il habite la forêt tropicale de l'Amérique latine et atteint au nord certaines régions du Mexique.

L'empreinte du pied avant révèle quatre doigts, celle du pied arrière trois, mais en général, les deux sont superposées et donnent lieu à une trace unique à trois ou quatre longs doigts (fig. 95).

Les crottes se présentent comme des agrégats de boulettes, (fig. 95 e), parfois comme des boulettes.

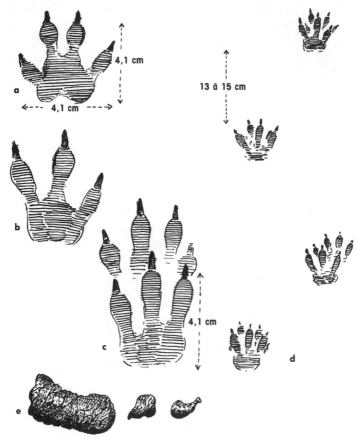

Fig. 95.   Traces du paca, aux 2/3 de leur grandeur;
les empreintes sont dans la boue molle (Zone du canal de Panama)

a) Empreinte avant.   b) Empreinte arrière.
c) Empreinte arrière couvrant partiellement l'empreinte avant.
d) Piste.   e) Crottes.

Rat surmulot

Le rat surmulot, *Rattus norvegicus*, est l'un des rongeurs exotiques qui s'est fait une place en Amérique du Nord, surtout près des habitations.

Il semble que cette bête commune, qui parasite partout nos réserves de nourriture, n'ait pas constitué un sujet d'étude suffisamment attirant pour les naturalistes. Toutefois, R.G. Pisano et Tracy I. Storer l'ont étudié; ils ont décrit les terriers et d'autres traces du surmulot. L'entrée des terriers a un diamètre de 5,1 à 6,4 cm; le surmulot l'obstrue parfois avec de la terre, comme le fait le gaufre.

Comme d'autres rongeurs, le surmulot s'aménage des sentiers dans la végétation. Dans les îles Atka et aux Rats, dans les Aléoutiennes, les rats se sont adaptés à un habitat naturel. Ils y font des terriers et des sentiers bordés de petits tas de bouts d'herbes, à la manière de nos campagnols indigènes. Dans l'île aux Rats, où la végétation est rare, ils ont trouvé refuge sur les plages de blocs rocheux. Il s'en est trouvé d'assez audacieux pour creuser des terriers à la base des nids que les pygargues à tête blanche aménagent sur les falaises! Ils sont peut-être assez rusés pour chaparder un peu de nourriture dans le nid lui-même. Les empreintes et les crottes sont illustrées à la figure 96.

Souris commune

Mus musculus, émigré de l'Ancien Monde, est une petite bête raffinée, qui a appris à vivre dans les demeures des humains, les garde-manger, les granges et les dépotoirs, au milieu des cages des zoos, bref, partout où l'homme garde sa nourriture ou dépose ses déchets. Même si elle s'aventure parfois dans les bois, la souris commune est essentiellement un commensal de l'homme.

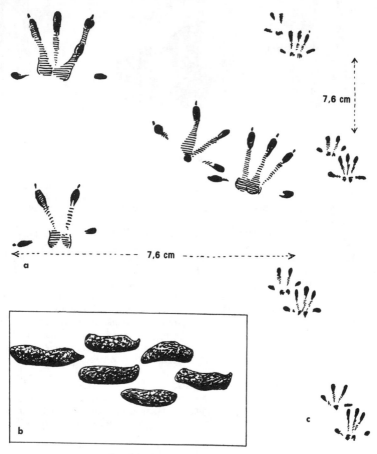

Fig. 96. Traces du rat surmulot

a) Empreintes d'un rat avançant par petits bonds de 19 cm dans la boue,
   à peu près grandeur nature; le talon du pied arrière à cinq doigts n'a
   pas laissé de trace.
b) Crottes, grandeur nature.
c) Piste à la marche. Le pied avant a quatre doigts, le pied arrière, cinq.

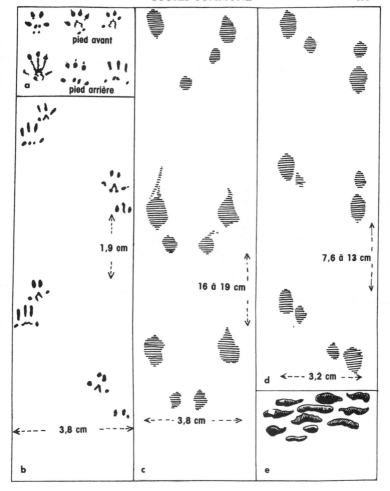

Fig. 97. Traces de la souris commune

a) Échantillons d'empreintes dans la boue, grandeur nature; le talon y
   est à peine esquissé.
b) Course lente dans la boue; empreintes grandeur nature; ressemble un
   peu à d).
c) et d) Course dans la neige, c) étant plus typique des bonds rapides.
e) Crottes, grandeur nature environ.

Souris commune

Par conséquent, on ne trouve pas souvent sa piste dans les bois. Si vous la trouvez, vous verrez qu'elle ressemble assez à celle de la souris à pattes blanches. Remarquez la ressemblance des pistes à l'allure de course lente, dans la neige, à la figure 97 b) pour la souris domestique et à la figure 101 e) pour la souris à pattes blanches. On constate une différence dans la position relative des empreintes arrière et avant entre les deux espèces, mais il pourrait bien s'agir de variations individuelles. Dans les deux cas, le pied arrière est reconnaissable aux trois doigts pointés vers l'avant et aux deux dirigés vers les côtés; le pied avant a quatre doigts: deux latéraux, deux vers l'avant. Remarquez la ressemblance entre les bonds des deux espèces dans la neige: fig. 97 c) et d), fig. 101 c) et d).

Fait intéressant à noter, cet animal si honni émet parfois un trille comme un oiseau. Des observateurs ont décrit ce chant un peu partout dans le monde. Cependant, on l'entend très rarement, et seulement à quelques pieds de distance.

Souris sauteuse

Les souris sauteuses sont peu connues du public, et pourtant on les rencontre dans la majeure partie du Canada et des États-Unis, depuis le cercle arctique jusqu'en Californie. On compte deux genres: *Zapus*,

Fig. 98 (page opposée)

a) Empreintes dans la boue, grandeur nature.
b) Pieds avant droit et arrière gauche, dessous, un peu grossis.
c) Empreintes dans la boue, le talon arrière n'ayant pas touché le sol; grandeur nature.
d) Crottes, grandeur nature, provenant toutes du même animal.
e) Petits bonds dans la boue, avec trace continue de la queue; aux 2/3 de leur grandeur.

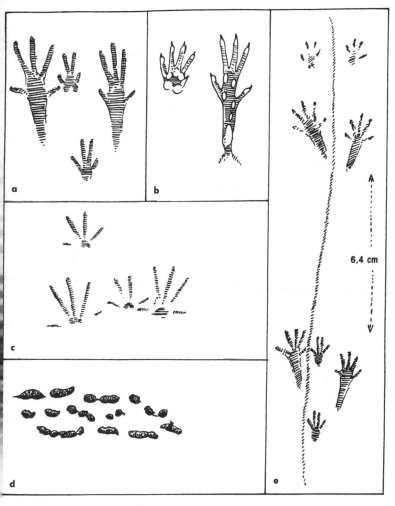

Fig. 98. Traces de la souris sauteuse

Souris
sauteuse

qui comprend trois espèces au Canada, et *Napaeozapus*, représenté
par la souris sauteuse des bois, qui habite le nord-est du continent.

Les souris du genre *Zapus* vivent dans les prés, y compris en montagne; *Napaeozapus* vit dans les bois. On repère généralement une souris sauteuse par la demi-douzaine de bonds de grenouille qu'elle exécute
pour se sauver, avant de s'évanouir complètement dans le paysage.
Dans bien des cas, je me suis approché subrepticement de l'endroit
où elle avait atterri, pour la découvrir, accroupie dans les hautes herbes ou au bord d'un fourré. Je la capturais avec mes deux mains afin
de la regarder de plus près avant de la laisser aller.

Dans le Nouveau-Québec, j'ai vu le gros *Napaeozapus* sauter dans
l'eau et plonger pour se sauver; il semble fréquenter couramment les
berges des cours d'eau.

Les sauts de ces souris peuvent atteindre de 2 m à plus de 4 m selon
certaines sources. Je n'ai jamais constaté de bonds de plus de 1 m 20
à 1 m 50; ces souris font parfois des bonds inférieurs à 60 cm.

On ne trouve pas de piste de ces souris dans la neige, puisqu'elles
hibernent. Je n'en ai pas trouvé non plus en été, parce qu'elles se tiennent dans l'herbe et les buissons, où elles ne laissent pas de trace. J'ai
pu toutefois prendre les empreintes d'une souris sauteuse domestiquée,
dans la boue (fig. 98). Les longs membres postérieurs des souris sauteuses rappellent ceux du rat kangourou du désert, mais celui-ci n'utilise que ses pattes arrière quand il saute, alors que les souris sauteuses
semblent retomber sur leurs quatre pattes.

Les souris sauteuses ne tracent pas de sentiers dans l'herbe, mais
on trouve les petits tas de tiges d'herbes qui signalent leurs repas; elles
coupent généralement les tiges plus longues que les campagnols, qui
ont le même comportement. Enfin, elles construisent un nid globulaire sur le sol, ou au bout d'un court terrier.

Rat des bois

Les rongeurs du genre *Neotoma*, appelés rats des bois en anglais, occupent l'ouest du continent, depuis le Yukon jusqu'au Mexique, ainsi que certains États de l'Est. Une seule espèce vit au Canada, le rat à queue touffue (*N. cinerea*). Ces rats habitent une grande variété d'habitats, certaines espèces élisant domicile parmi les cactus du désert, d'autres préférant les falaises ou les talus d'éboulis, d'autres encore, le parterre des forêts.

Les pieds du *Neotoma* ont des doigts assez trapus, munis de courtes griffes. Ces caractéristiques apparaissent dans les empreintes (fig. 99).

C'est par leurs nids massifs que ces animaux se découvrent le plus facilement. Il peut s'agir d'un tas de grosseur moyenne, fait de branchettes et de matières diverses, dans un buisson, ou au fond d'une anfractuosité rocheuse ou d'une grotte, ou encore d'un énorme amoncellement de branchettes atteignant jusqu'à 1 m 50 de haut dans un fourré ou contre un arbre. Le nid est parfois construit dans un arbre, jusqu'à 7 m du sol. Dans le désert, il est souvent aménagé dans un massif de cactus ou de *Prosopis*. Où qu'ils se trouvent, ces nids recèlent généralement une collection d'objets disparates: une vieille cuiller, plusieurs os, du crottin de cheval, une boîte de conserve... tout ce qui peut avoir attiré l'attention de cet architecte fantaisiste. En fait, certains de ces nids ressemblent plus à un tas de rebuts rassemblés par un collectionneur de mauvais goût, qu'à un domicile. Si ce rat trouve des rebuts accumulés dans le coin d'une vieille cabane, il pourra installer son nid au sommet et le laisser ouvert. Le *Neotoma* peut aussi creuser des terriers.

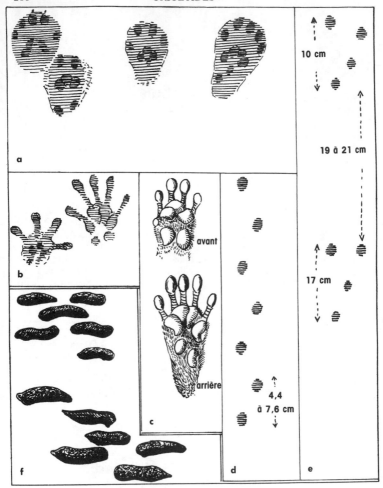

Fig. 99. Traces du rat des bois

a) Empreintes de *Neotoma albigula*, dans la boue; grandeur nature.
b) Empreintes avant et arrière dans la boue, doigts plus écartés; grandeur nature.
c) Pied de *Neotoma cinerea*, grandeur nature (C.-B.).
d) Piste à la marche. e) Piste au galop (Nev.).
f) Crottes, grandeur nature (Monts Chisos, Tex., en haut; Jackson Hole, Wyo, en bas).

Fig. 100

Matière visqueuse déposée sur une surface rocheuse par un *Neotoma*; c'est apparemment une accumulation d'excréments mous. La tache blanche serait due à une accumulation d'urine.

Les crottes (fig. 99 f) sont assez grosses, leur taille variant quelque peu selon les espèces. On a signalé également une faible différence de grosseur selon le sexe. Elles sont généralement abondantes à proximité du nid, et sont souvent déposées en monticules. En de nombreux endroits, en particulier sur les falaises à proximité des nids dans les rochers, on retrouve une accumulation de matières fécales de consistance homogène, goudronneuse, noire; cette masse peut atteindre 15 cm de diamètre. Dans certains cas, elle déborde de la falaise et coule sur la surface rocheuse sur 30 cm ou plus (voir la fig. 100). Aux mêmes endroits, les taches ou raies blanches semblent être des résidus d'urine. Sur les petits affleurements rocheux maculés de ces taches blanches, on voit de petites gouttes ou traînées, le long de la crête. Dans certains États de l'Ouest américain, ces taches sont si apparentes qu'elles sont visibles sur les rochers quand on passe en voiture. On les distingue des souillures causées par les corbeaux et certains rapaces de la façon suivante: les taches faites par les oiseaux se présentent généralement comme des traînées verticales, concentrées sous le nid ou un perchoir fréquenté; celles produites par les *Neotoma* sont d'ordinaire moins étendues et de formes irrégulières, pouvant être verticales, diagonales ou horizontales.

Quand on surprend un *Neotoma* dans sa demeure, il réagit souvent en tambourinant ou en tapant des deux pieds arrière à l'unisson; on pourra entendre ce bruit dans une maison ou un camp envahi par cet animal. Il peut également tambouriner à l'aide de sa queue, produisant une espèce de cliquetis. Il s'agirait là de réactions nerveuses au dérangement, avec une signification plus précise pour les autres *Neotoma*.

Grand rapailleur, à l'aise dans le désert comme dans la forêt boréale, sur les falaises les plus escarpées et dans les grottes, le rat des bois a une personnalité qui gagne à être mieux connue; les traces laissées par l'animal nous facilitent la tâche.

Souris à pattes blanches

On traite ici du genre *Peromyscus*, qui comprend notamment la souris à pattes blanches proprement dite et la souris sylvestre, ainsi que l'unique espèce du genre *Ochrotomys*. Certaines espèces habitent les régions arides du sud-ouest des États-Unis, d'autres se sont adaptées à tous les habitats, des plaines aux montagnes, et vivent de l'Amérique centrale au Canada.

La piste habituelle de ce rongeur est la trace à quatre empreintes dans la neige, illustrée à la figure 101 c) et d). La piste produite à cette allure bondissante peut être confondue avec celle de la souris commune et rappelle celle de la musaraigne. Cependant, la piste de *Peromyscus* est plus large que celle de la musaraigne et mesure de 3,8 à 4,4 cm. L'animal traîne parfois la queue (fig. 101 b), et les pieds avant et arrière font alors une longue trace dans la neige de chaque côté, le tout rappelant certaines pistes de belettes. L'empreinte avant indique quatre doigts, l'empreinte arrière, cinq. Comme on l'a dit, les espèces sont nombreuses, et leur taille varie, mais les pistes sont toujours semblables.

Ces souris sont d'abord granivores: on peut trouver au-delà d'un litre de graines entreposées pour l'hiver dans toutes sortes de cachettes. Elles ouvrent les noyaux des fruits, comme les noyaux de cerises de la figure 102 d), pour en extraire l'amande. La noisette illustrée en c), aliment inusité pour une souris du nord du Wyoming, a été trouvée dans un garde-manger; dans les forêts de l'est, où les souris ouvrent les graines de tilleul, on en trouve beaucoup de trouées.

Ces souris n'aménagent pas de sentier dans l'herbe, contrairement aux campagnols; elles vivent au milieu des souches et des bûches; elles grimpent sur les troncs et dans les arbustes; elle vivent dans des trous au milieu des champs labourés, parmi les rochers et sur les plages au bord de la mer. En fait, le genre *Peromyscus* est extrêmement adaptable et trouve son habitat presque partout, même si certaines espèces sont plus sélectives et spécialisées.

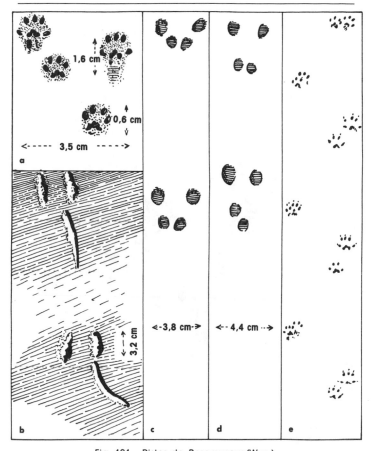

Fig. 101. Pistes de *Peromyscus* (Wyo.)

a) Empreintes à la course, dans la poussière, grandeur nature; pied avant à quatre doigts, 6,3 x 6,3 mm.

b) Dans la neige folle, avec trace de la queue. Les pieds avant et arrière font une longue traînée de 3,2 cm env.; sauts de 7,6 à 23 cm.

c) Couche de neige très légère; sauts de 13 à 20 cm.

d) Neige ferme; sauts de 5,1 à 7,6 cm.

e) Course lente dans la boue humide; empreintes de 8 mm de large env.

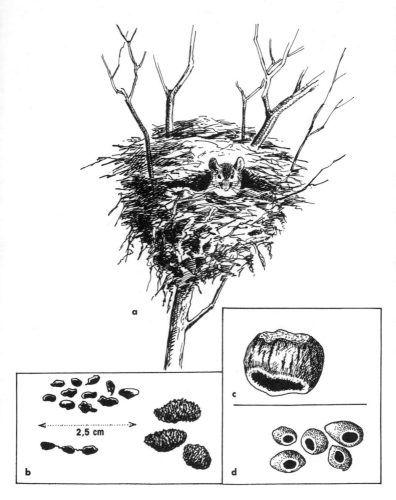

Fig. 102. Traces de *Peromyscus*

a) Vieux nid d'oiseau recouvert d'un toit par *Peromyscus*.
b) Crottes grandeur nature, sauf à droite, très grossies (Wyo.).
c) Noisette ouverte par *Peromyscus* dans un garde-manger au Wyo.
d) Noyaux de cerises ouverts par *Peromyscus* (N.-Y.).

Le diamètre du nid varie de 10 à 30 cm, et l'animal peut l'installer à toutes sortes d'endroits: sous terre, sur une bûche, dans des arbres creux, voire dans des arbustes. Souvent, la souris construit un toit au-dessus d'un nid d'oiseau abandonné pour y faire son gîte (fig. 102 a). Il est parfois difficile de distinguer le nid de *Peromyscus* de celui de la souris des moissons.

M. R. DeWitt Ivey a publié un compte rendu des moeurs de trois espèces de la côte est de la Floride. *Ochrotomys nuttalli*, appelée «souris dorée», vit en communautés lâches de trois ou quatre nids. Ceux-ci sont placés de 1 m 20 à 1 m 50 du sol (parfois jusqu'à 5 m) dans la mousse espagnole, les plantes grimpantes ou d'autres végétaux. Les nids sont globulaires, mesurent entre 7,6 et 15 cm de diamètre, et présentent une ouverture de 2,5 cm de diamètre environ.

Peromyscus gossypinus, la «souris du coton» fait elle aussi des nids globulaires dans les bûches et les souches creuses, ainsi que sur le sol.

L'intéressante petite «souris d'Oldfield», *P. polionotus*, construit son nid à l'intérieur d'un terrier. L'auteur nous avertit cependant que le terrier ne constitue un indice sûr de sa présence que si on l'éventre, puisqu'on peut le confondre avec celui du crabe des sables.

Partout, vous serez en présence de souris du genre *Peromyscus*, adaptées à leur habitat par leur coloration et leur comportement. Certaines abondent dans les forêts et les champs du sud du Québec et de l'Ontario; d'autres se sont adaptées aux montagnes et aux plaines de l'Ouest; il s'en trouve des pâles dans le désert, de grosses foncées dans les forêts de la côte du Pacifique et des petites blanches sur les plages de Floride. Partout cependant, la même petite piste à quatre empreintes carrées constitue leur marque de commerce.

Règle générale, toutes les souris poussent le petit cri qui nous est familier. Il y en a qui chantent et, selon certains, la souris domestique et *Peromyscus* ont toutes deux un chant trop aigu pour l'oreille humaine, mais qui descend suffisamment en de rares occasions pour être audible; il s'agirait alors d'un trille d'oiseau, qu'on ne peut entendre qu'à quelques mètres de distance.

Je me rappelle ces nombreuses fois où, étendu dans mon sac de couchage au fond des bois, j'ai entendu des souris passer sur moi en trottinant. Lorsque l'une d'elles frôlait mon oreille, je pouvais percevoir certains sons, une espèce de petit babillage rapide et très ténu.

Souris à sauterelles

Ces souris, qui constituent le genre *Onychomys*, sont surtout insectivores et carnivores; elle occupent l'ouest du continent, de la Prairie canadienne au Mexique. Leurs pistes ont rarement été observées ou consignées, voire identifiées avec certitude sur le terrain. Celles qui apparaissent à la figure 103 ont été esquissées à partir

Fig. 103. Traces de la souris
à sauterelles

a) Empreintes d'une souris captive, d'après un cliché de V. Bailey, gracieuseté du Service de la faune des É.-U.
b) Crottes, grandeur nature; celles du haut sont sèches, les autres sont fraîches.

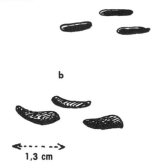

3,2 cm   1,3 cm

d'une photo d'empreintes d'un animal en captivité. Les crottes illustrées sont également celles d'un animal captif; remarquez la différence
de grosseur entre celles qui sont fraîches et celles qui ont séché.

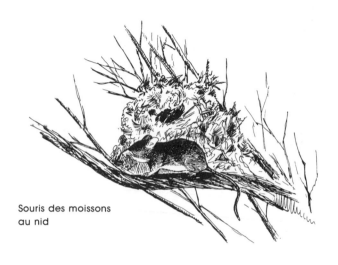

Souris des moissons
au nid

Souris des moissons

Les souris des moissons, *Reithrodontomys*, sont des bêtes discrètes
que l'on voit rarement. On les rencontre dans la steppe et le désert,
depuis l'extrême sud de la Prairie canadienne jusqu'au Mexique.

Le signe le plus visible de la présence de ces rongeurs est le nid
globulaire de 8 cm de diamètre environ qu'ils construisent sur le sol
ou dans des buissons.

Une seule fois, dans un canyon du nord du Nevada, j'ai trouvé un
nid d'oiseau dans une grosse armoise, qui avait été recouvert d'un dôme
confectionné avec les plumes d'un pic flamboyant (voir l'illustration).
Confortablement installée à l'intérieur de ce bâtiment rénové se trouvait une souris des moissons.

Il y avait de petites plates-formes de branchettes d'armoise feuil-
lées, dans les fourches principales de hautes armoises où grimpaient
des souris des moissons et des souris à pattes blanches: lesquelles avaient
construit les plates-formes?

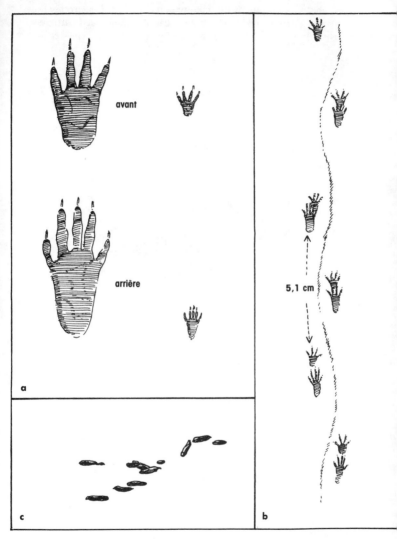

Fig. 104.   Traces de la souris des moissons (dessinées par Carroll B. Colby à partir de spécimens du Musée d'histoire naturelle de New York).

La souris des moissons est un autre animal pour lequel on ne peut adéquatement présenter de «traces» ici. Je n'ai jamais vu ses empreintes ni identifié ses crottes. Je dois à M. Carroll B. Colby les dessins reconstitués à partir de spécimens du Musée d'histoire naturelle de New York (fig. 104).

Ce délicat petit rongeur fait également entendre un chant, que Ruth Svihla a décrit comme une sonnerie de clairon faible, aiguë et claire, qui fait penser à un bruit de ventriloque. Il serait bon de connaître un peu mieux les faits et gestes de cet animal furtif qu'on voit si rarement.

Rat du coton

Rat du riz et rat du coton

Les rats du riz, *Oryzomys*, se rencontrent dans l'est des États-Unis, depuis le New Jersey, et jusqu'en Amérique centrale. Les rats du coton, *Sigmodon*, se retrouvent en très grande abondance du Mexique au Pérou, mais habitent également en grand nombre le sud des États-Unis.

Les pistes de ces deux genres de rats sont assez semblables, comme en témoigne la figure 105. Les deux aménagent dans la végétation des

Fig. 104 (page opposée)

a) Empreinte agrandie des pieds avant et arrière; à droite, à peu près grandeur nature, comme elles pourraient apparaître dans la poussière ou la boue meuble. Les empreintes parfaites sont rares à cause de l'habitat de la souris des moissons: herbes, feuilles, etc.

b) Piste reconstituée d'une souris des moissons à la marche, avec trace de la queue.

c) Crottes typiques des souris: petites, foncées et peu nombreuses à chaque endroit; varient selon la taille de l'animal.

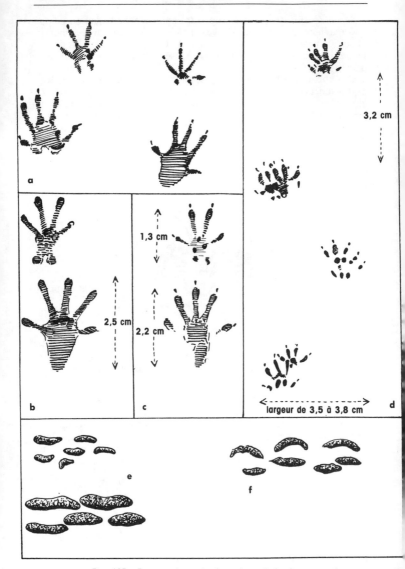

Fig. 105. Traces des rats du coton et du riz

sentiers qui sont à peu près impossibles à distinguer. Les deux genres construisent également des nids d'herbe et de feuilles, au-dessus et au-dessous du sol.

En présence de ces traces, il faut donc procéder par élimination: au Canada, dans le Maine et le Montana, on ne trouve ni rats du coton, ni rats du riz; dans les états situés plus au sud, où les campagnols sont présents également, il faut se fier à la grosseur des empreintes, celles des campagnols étant beaucoup plus petites. Encore là attention, puisqu'il pourrait s'agir aussi de celles d'un *jeune* rat du coton!

Il est intéressant de comparer la différence de grosseur entre les crottes d'un rat du coton en captivité, et celles d'animaux sauvages du Texas, illustrées à la figure 105 e).

Campagnol ou mulot

Comment caractériser le genre *Microtus*, composé en Amérique du Nord de 19 espèces, dont certaines ont un mode de vie très spécialisé, et dont la taille varie de 13 à plus de 25 cm? On peut affirmer sans contredit que *Microtus* est le plus répandu de tous les genres de rongeurs sur le continent, de l'Arctique au Mexique. Les nombreuses espèces et sous-espèces de mulots ou campagnols ont toutes le même aspect général: corps trapu, oreilles plus ou moins enfouies dans le pelage, poil assez long. Celles qu'on illustre ici sont représentatives du genre.

Les campagnols et les souris à pattes blanches (genre *Peromyscus*) sont les auteurs de la plupart des pistes que l'on trouve dans la neige. Mais quand celle-ci est épaisse, les campagnols ont tendance à rester sous la surface, voyageant dans des galeries et y aménageant des gîtes confortables.

La piste type diffère de celle de la souris à pattes blanches. Celle-ci laisse généralement quatre empreintes indiquant des bonds (fig 101 c)

Fig. 105 (page opposée)

a) Empreintes du rat du coton, au repos; grandeur nature (mts. Chisos, Tex.).

b) Empreintes du rat du coton dans la boue, révélant le talon arrière; grandeur nature (j. zool. nat., Washington).

c) Empreintes du rat du riz dans la boue (j. zool. nat.).

d) Piste du rat du coton à la marche, dans la boue.

e) Crottes du rat du coton, grandeur nature (animaux captifs en haut, animaux sauvages des mts. Chisos, Tex., en bas).

f) Crottes du rat du riz, grandeur nature; animaux captifs.

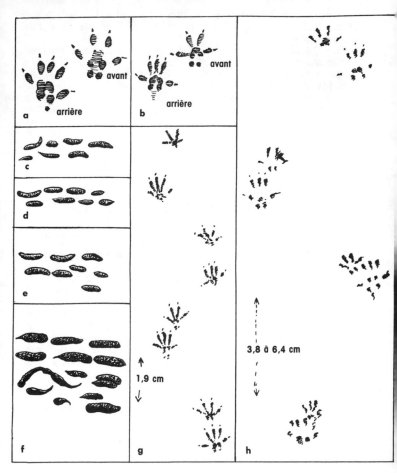

Fig. 106. Traces de campagnols

a) Empreinte dans la boue du gros *Microtus richardsoni*, grandeur nature
   (Wyo.).
b) Empreintes dans la boue de *M. montanus*, grandeur nature (Wyo.).
c) à f) Crottes grandeur nature de *M. operarius* (Alaska), *M. montanus*
   (Wyo.), *M. miurus* (Alaska) et *M. richardsoni* (Wyo.).
g) Piste de *M. montanus* marchant dans la boue; largeur, 3,2 cm.
h) *M. richardsoni* marchant dans la boue; largeur, 5,1 cm.

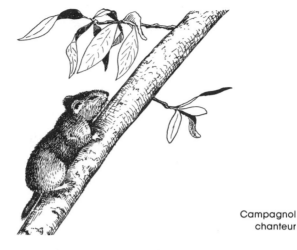

Campagnol
chanteur

tandis que le campagnol produit en bondissant des empreintes jumelées (fig. 107 g) comme les belettes. Le campagnol produit des pistes très variées, selon son allure et sa vitesse, l'épaisseur de la neige, ou l'état de la boue, du sable ou de la poussière. Référez-vous aux figures 106, 107 et 108.

L'empreinte illustrée en 106 a) et b) a été laissée dans la boue, tandis que celle de la figure 107 a) a été faite dans une neige légère par un animal avançant par bonds; il y a quatre doigts à l'avant et cinq à l'arrière. À la figure 107 c) et d), illustrant deux pistes, l'empreinte postérieure se superpose à l'empreinte antérieure, mais les deux sont parfois côte à côte (c). On voit la même chose en f), où un animal cheminant dans la neige a laissé une empreinte arrière gauche un peu derrière celle du pied avant; la neige révèle des traces de traînée des doigts, et les empreintes avant et arrière ont tendance à être reliées. La marche d'un campagnol n'a rien à voir avec les pas lents d'un raton laveur ou d'un chevreuil; même à vitesse lente, ce rongeur semble trottiner. Quand il saute ou bondit, il laisse une piste comme en e) ou g), où les bonds mesurent normalement de 5 à 15 cm de long, et jusqu'à 48 cm chez un gros campagnol à très grande vitesse. Ces pistes sont celles d'une espèce de taille moyenne, le campagnol montagnard, *Microtus montanus*. Les empreintes du gros campagnol de Richardson, *M. richardsoni*, dont l'adulte a la taille d'un petit rat musqué, sont illustrées à la figure 106 a) et h).

Bien souvent, les crottes ne sont pas distinctives, car elles varient avec la nourriture. Celles de plusieurs espèces sont présentées à la figure 106. Celles du gros *M. richardsoni* sont assez grandes pour être assez reconnaissables sur le terrain.

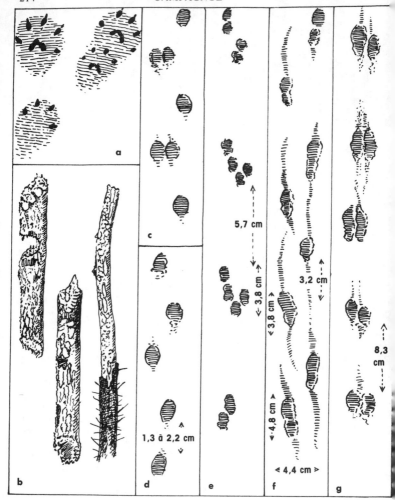

Fig. 107. Pistes de campagnols

a) Empreinte de *Microtus montanus* dans une neige légère, grandeur
   nature (Wyo.).
b) Rameaux de rosiers sauvages grugés par *M. montanus*, grandeur
   nature (Wyo.).
c) et d) Pistes de *M. montanus*, marchant dans une neige légère.
e) Course dans la neige.   f) Marche rapide, dans la neige.
g) Piste fréquente de course dans la neige.

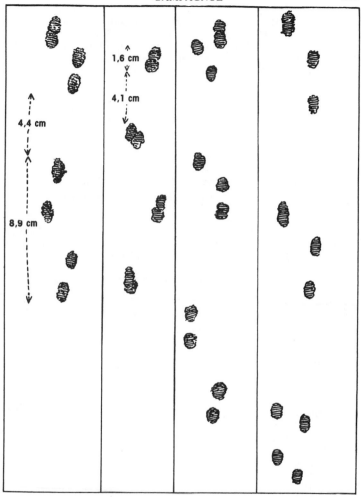

Fig. 108.   Échantillons de la piste d'un campagnol ayant couru sur une
neige croûtée. Ils proviennent d'une section de 7 m de piste. Sur une
distance aussi courte, on a trouvé toutes les variations possibles, des
empreintes jumelées à la piste à quatre empreintes illustrée à la fin.
La largeur de la piste variait de 2,7 à 3,5 cm et les sauts avaient de
4,4 à 11 cm.

Un élément important de la vie du campagnol est le sentier qu'il aménage dans l'herbe. Séparez les hautes herbes où vivent les mulots et vous trouverez ces petits sentiers qui rayonnent du terrier, mènent d'un arbuste à l'autre ou permettent au petit herbivore d'aller où il veut. Dans ces sentiers, on trouve de petits tas de tiges d'herbes coupées, vestiges des repas des campagnols: c'est un autre bon indice de leur présence. En hiver, les campagnols grugent l'écorce des arbustes; on en voit le résultat sur un rosier à la figure 107 b). Leurs dents laissent des traces beaucoup plus petites que celles des lièvres, des castors, ou des autres animaux friands d'écorce mais, comme on le constate en 107 b), les traces de dents nettes sont souvent absentes de l'écorce ou du bois. On doit identifier l'auteur par la délicatesse de son travail.

En hiver, le campagnol vit sous la surface de la neige, et sort rarement à l'air libre; il se construit alors un nid à la surface du sol. À la fonte des neiges, on découvre son nid globulaire construit d'herbes sèches, avec une issue latérale.

On trouve parfois également des carottes torsadées de terre mêlée d'herbe coupée, qui constituent la matière poussée dans les galeries en hiver (fig. 109); elles ont la même origine que les carottes de terre laissées par les gaufres.

Au printemps, les campagnols déménagent leur gîte sous terre, dans un réseau de galeries souterraines. Certaines espèces construisent leur nid sphérique dans les tiges enchevêtrées des roseaux ou des quenouilles, au-dessus de l'eau, et nagent avec agilité pour gagner leur abri. Si jamais vous traversez un pré fleuri dans les Rocheuses américaines, regardez attentivement près des petits ruisseaux sinueux: vous pourriez voir un mulot de bonne taille foncer le long de la rive pour disparaître dans un terrier ou plonger dans l'eau. Vous seriez alors dans le territoire de *M. richardsoni*, mentionné précédemment. Certaines entrées de son terrier sont sous l'eau, car ce campagnol a des moeurs assez aquatiques.

Si, toujours dans les Rocheuses, vous parcourez un plateau parsemé d'armoises ou une prairie alpine à l'herbe rase, vous pourriez trouver le réseau de galeries, aux entrées nombreuses, de *M. nanus*, qui recherche souvent cet habitat; on en trouve également dans des galeries de gaufres abandonnées.

Dans les champs d'armoises arides du sud-ouest américain, on rencontre parfois une oasis là où jaillit une source: regardez dans l'herbe et vous pourriez trouver là des sentiers de campagnols.

Plusieurs espèces emmagasinent de la nourriture pour l'hiver, notamment des racines. Dans le Dakota du Nord, le comportement était si remarquable que le campagnol des champs, *M. pennsylvanicus*, était surnommé le «mulot aux haricots», parce qu'il entreposait sous terre des gousses de *Falcata comosa* et des tubercules d'un tournesol sauvage. Mon frère a trouvé une réserve de 706 tubercules de renouée rassemblés par *M. nanus* et une cache de racines de pissenlits et d'autres plantes entreposées par *M. montanus*.

Il n'y a pas si longtemps, je parcourais en compagnie de mon frère la toundra alpine du parc national du mont McKinley en Alaska, lorsque ce dernier me montra les travaux d'un campagnol remarquable, le campagnol chanteur, *M. miurus*, dont il étudiait l'histoire naturelle. Nous avons examiné des caches complexes de racines, dissimulées sous la mousse. Il y avait également des monticules de plantes, certains totalisant un boisseau, en volume. Les réserves de ce campagnol sont considérables; les végétaux séchés comprenaient des graminées ainsi que

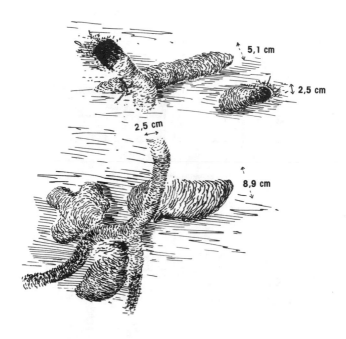

Fig. 109. Carottes d'herbes sèches et d'autres matières que les campagnols ont poussé dans leurs galeries en hiver, après avoir râclé la surface du sol et creusé de petits trous. Certaines de ces carottes se composent d'herbes, de ramilles et de terre; leur diamètre va de 2,5 à 9 cm. La fonte printanière révèle souvent des carottes et des sentiers qui rayonnent à partir d'un nid d'hiver abandonné. Il arrive que les carottes produites par les campagnols soient mêlées à celles, plus grosses, des gaufres.

des tiges et des feuilles de nombreuses autres plantes. En nous frayant un chemin parmi les bosquets de saules, nous avons remarqué que de nombreuses ramilles de saules avaient été sectionnées, et nous les avons retrouvées dans des bottes de foin miniatures à proximité. Les campagnols avaient grimpé dans les saules pour récolter les pousses. Leurs bottes de foin étaient semblables à celles d'un autre moissonneur, le pica, qui vit cependant au milieu des rochers. Le campagnol nordique fait ses monticules autour du pied d'un saule (fig. 110) ou à la base d'une épinette. Si vous éventrez son terrier, vous verrez que les galeries sont entrecoupées de constrictions.

Ceci n'était qu'une courte introduction à l'univers de ces petits rongeurs que nous appelons campagnols, ou mulots.

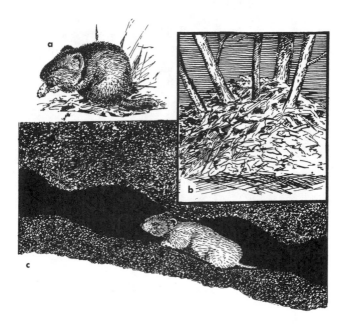

Fig. 110. Campagnol chanteur, *Microtus miurus*

a) Campagnol chanteur en train de grignoter une racine.
b) Botte de foin à la base d'un saule, oeuvre de *M. miurus*.
c) Section de galerie montrant des constrictions.

Campagnol des armoises
campagnol-lemming et campagnol à dos roux

Les rongeurs considérés ici appartiennent à trois genres voisins de *Microtus*, dont on ne peut vraisemblablement pas les distinguer par les empreintes.

Le campagnol des armoises, *Lagurus curtatus*, est un mulot des habitats secs de l'Ouest dont je n'ai jamais vu les pistes.

Il aménage des sentiers, creuse des terriers et laisse des tiges d'herbe coupée tout comme les campagnols ordinaires.

Les deux espèces de campagnols-lemmings, *Synaptomys*, sont des mulots à queue courte qui habitent l'une le nord et l'autre l'est du continent. Elles sont toutes deux présentes dans l'est du Canada. Je n'ai jamais pu identifier leurs pistes, mais celles-ci ne peuvent différer vraiment de celles de *Microtus*. Il paraît que ces espèces partagent parfois les sentiers de *Microtus*. Leurs crottes, petites, ne sont pas caractéristiques.

Les campagnols à dos roux, *Clethrionomys*, sont d'autres mulots qui ressemblent beaucoup à *Microtus*. Trois espèces habitent en grand nombre la forêt boréale, les Rocheuses et les Appalaches; l'une d'elles, *Clethrionomys gapperi*, est courante dans tout l'est du Canada. On rencontre *Clethrionomys* parmi les souches, les bûches et la litière des forêts, ou encore dans les tourbières à spaigne. Je n'ai jamais remarqué que ce mulot aménageait des sentiers dans la végétation, comme les véritables campagnols. Il court plutôt au hasard, comme la souris à pattes blanches. Je suis peut-être tombé sur ses pistes sans le savoir, parce qu'elles ressemblent sûrement à celles de *Microtus*; ses crottes (fig. 111) sont plus petites que celles de *Microtus*, mais ne s'en distinguent pas autrement. Les traces du campagnol à dos roux boréal, illustrées à la figure 112, sont dues à Carroll B. Colby.

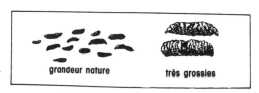

Fig. 111
Crottes de campagnol à dos roux.

grandeur nature   très grossies

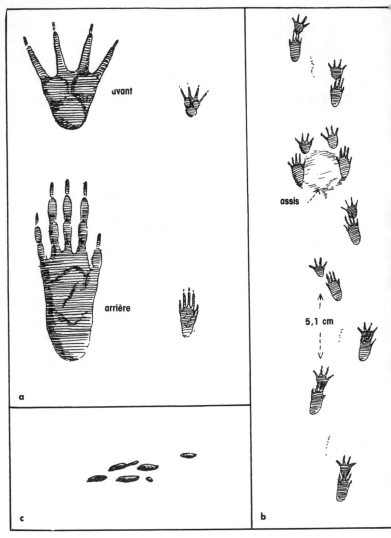

Fig. 112.   Traces du campagnol à dos roux boréal (dessinées par Carroll
B. Colby à partir de spécimens du Musée d'histoire naturelle de New
York).

Arborimus
et son nid

Arborimus et phénacomys

Un jour, il y a bien longtemps, dans l'épaisse forêt qui entoure Forest Grove en Orégon, j'ai escaladé un sapin pour examiner un nid qui se trouvait à quelque six mètres du sol. C'était un vieux nid, construit peut-être par un rapace. J'étais intrigué par le fait qu'il était complètement rempli d'aiguilles de sapin broyées. Ce n'est qu'un an plus tard que j'ai su que j'avais été en présence d'un nid d'un arborimus, *Arborimus longicaudus*. Alors que le campagnol des champs, notre mulot

Fig. 112 (page opposée)

a) Empreintes de *Clethrionomys gapperi*, telles qu'elles apparaîtraient dans la boue, agrandies à gauche, grandeur nature à droite.

b) Piste, telle qu'elle apparaîtrait dans la poussière près du terrier ou dans la boue. Rarement visible; la foulée varierait avec la vitesse et la taille de l'animal.

c) Les crottes sont petites et ressemblent à celles de la souris commune; elles varient avec la nourriture et la grosseur de l'animal; grandeur nature.

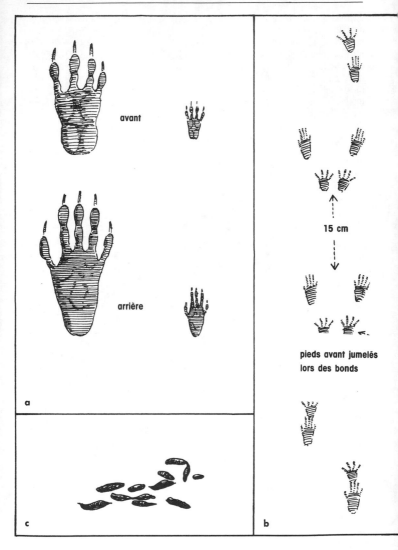

Fig. 113.   Traces d'arborimus (dessinées par Carroll B. Colby à partir de
spécimens du Musée d'histoire naturelle de New York).

commun, vit sur le sol et sous terre, un rongeur d'un genre apparenté a suivi l'exemple de la souris des moissons, mais qui peut monter plus haut qu'elle dans les arbres pour construire son nid. En outre, son régime alimentaire est fort caractéristique: il mange surtout des aiguilles de sapin, d'épinette et de pruche et encore, seulement la bande centrale de l'aiguille, laissant les deux côtés pour la confection de son nid. Comme le porc-épic, et sans doute d'autres animaux, il préfère les jeunes aiguilles terminales, qu'il mange alors en entier. Le nid sera tantôt une structure originale que l'arborimus construit lui-même près du tronc d'un petit arbre ou sur une grosse branche, ou bien un nid rénové d'oiseau, d'écureuil ou de *Neotoma*. Le nid est à peu près sphérique, avec une entrée sur le côté. Son diamètre varie de 10 à plus de 60 cm; quand il atteint cette dimension, le nid peut avoir plusieurs issues. Le nid construit entièrement par l'arborimus est aménagé sur un plancher de ramilles et peut-être de lichens, rempli d'aiguilles de conifères fendues. Il est perché à une hauteur variant de 3 à 30 m du sol.

L'arborimus est confiné aux forêts humides de l'Orégon et du nord-ouest de la Californie. La figure 113 b) montre sa piste, et la position parallèle des pieds avant qui est caractéristique des espèces arboricoles, comme l'écureuil gris (fig. 78 b). Des animaux comme le phénacomys (fig. 114) et certains spermophiles (fig. 70), qui font leur nid au sol et passent le plus clair de leur temps à terre, placent généralement les pieds avant en diagonale. La même règle vaut pour les oiseaux: les gallinacés qui marchent sur le sol avancent un pied après l'autre, tandis que les oiseaux qui se perchent le plus souvent dans les arbres sautillent à pieds joints.

Les griffes des animaux terrestres sont souvent moins courbées et moins aiguës que celles des animaux arboricoles.

L'autre espèce du genre, *Arborimus albipes*, vit sur le sol comme le campagnol des champs; il s'agit d'une espèce rare dont on sait peu de choses, sinon qu'elle vit le long des ruisseaux de montagne dans les forêts côtières du nord de la Californie et de l'Orégon.

Le phénacomys habite tout le nord du Canada d'un océan à l'autre, ainsi que les Rocheuses américaines. Dans les Rocheuses, une fois que

Fig. 113 (page opposée)

a) Empreintes agrandies à droite, grandeur nature à gauche.
b) Reconstitution d'une piste: marche et bonds. L'espacement des bonds dépend de la taille et de la vitesse de l'animal.
c) Les crottes sont petites et foncées, varient selon la nourriture et la taille de l'animal, mais rappellent généralement celles de la souris commune. Grandeur nature.

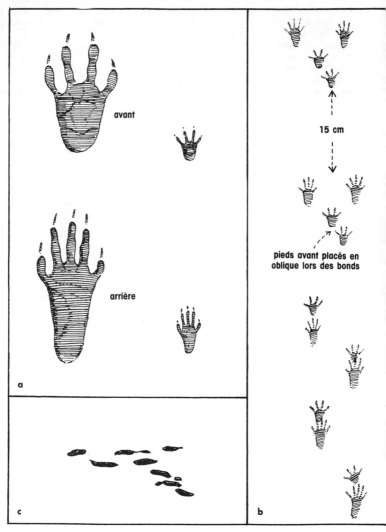

Fig. 114.　Traces du phénacomys (dessinées par Carroll B. Colby à partir de spécimens du Musée d'histoire naturelle de New York).

la neige a disparu à l'altitude de la limite des arbres, j'ai découvert des nids d'hiver de phénacomys, assez semblables à ceux de *Microtus*, avec beaucoup d'excréments à proximité.

Le phénacomys affectionne particulièrement les prés alpins situés près de la limite des arbres, bien qu'on le retrouve plus bas en forêt. C'est une bête fascinante, mais je n'ai jamais été capable de distinguer ses empreintes de celles de *Microtus* (fig. 106, 107 et 108). Je ne pourrais pas affirmer non plus que leurs crottes diffèrent, à la même saison.

Lemming

Un soir d'hiver près du chaînon de Brooks en Alaska, mon frère et moi écoutions un groupe d'Inuits. Ils nous parlaient de Kilyungmituk, «le petit animal qui tombe du ciel». Il y avait apparemment un ours au pays du ciel, mais il s'est mis à tomber vers la terre, et plus il s'en rapprochait plus il rapetissait, jusqu'à ce qu'il touche enfin la neige sous la forme d'un lemming. «Nous savons cela, dit Pooto, parce que ses empreintes sont comme de petites empreintes d'ours.» Selawik Sam prit la parole et nous déclara gravement qu'il avait lui-même vu les trous dans la neige aux endroits où les lemmings avaient atterri.

Voilà donc au moins une légende qui parle de pistes d'animaux. La figure 115 d) montre les pieds avant des lemmings du genre *Dicrostonyx*, avec le détail des griffes qui laissent certainement leur trace dans une empreinte détaillée. Je ne peux cependant qu'illustrer la piste adaptée des photos que Charles O. Handley Jr. m'a prêtées gracieusement, ainsi que de photos et dessins de Robert Rausch, d'Alaska. L'empreinte détaillée, dans la boue, n'est pas disponible. On remarquera que les pistes de lemming (fig. 115 et 116) ne correspondent pas aux pistes habituelles de *Microtus* (fig. 107 et 108).

Il est assez facile de trouver des lemmings quand ils sont en période d'abondance, parce qu'ils creusent leur terrier dans la mousse de la

Fig. 114 (page opposée)

a) Empreintes agrandies de *Phenacomys intermedius*; à droite, empreintes grandeur nature.

b) Piste habituelle telle qu'elle apparaîtrait dans la poussière ou la boue.

c) Les crottes sont comme celles de la plupart des petits rongeurs; grandeur nature.

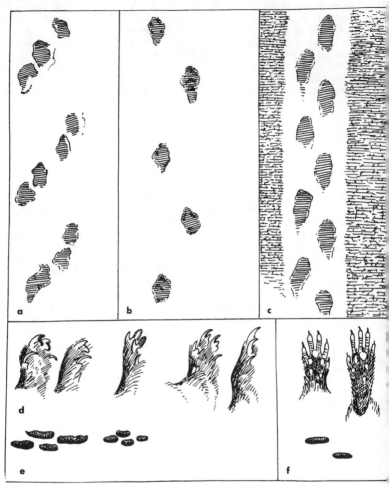

Fig 115. Traces de lemmings

Lemming
variable

toundra, mais j'ai vécu une expérience particulièrement frustrante dans l'île d'Unalaska, dans les Aléoutiennes. Je devais y capturer à des fins scientifiques des spécimens du lemming assez mal connu qui habite cette île. J'ai cherché avec diligence et posé des pièges dans des endroits appropriés pendant des jours sans en capturer un seul. À cette même période, je recueillais des crottes du renard roux pour les analyser afin de connaître son régime alimentaire. J'étais exaspéré de trouver des restes de lemmings dans autant de crottes de renard. Il est évident que l'odorat d'un chasseur entraîné dans la nature depuis son enfance est supérieur aux efforts d'un naturaliste.

Les lemmings qui habitent l'Arctique deviennent blancs en hiver. Cependant, ceux qui habitent les Aléoutiennes ne changent pas de pelage en hiver.

Ce rongeur est l'un des animaux les plus intéressants du Grand-Nord. Périodiquement, des hordes de lemmings envahissent les régions côtières et vont se jeter dans la mer, où ils se noient. Ces migrations semblent se produire quand les lemmings deviennent trop nombreux pour leur habitat.

Le lemming brun, *Lemmus sibiricus*, habite la toundra et la forêt boréale à l'ouest de la baie d'Hudson. En hiver, il ne revêt pas de livrée blanche et ne développe pas les curieuses griffes doubles des lemmings

Fig. 115 (page opposée)

a), b), c) Pistes de *Dicrostonyx* dans la neige; en c), la piste est dans une tranchée formée par le corps de l'animal (Arctique canadien).

d) Pieds avant de *Dicrostonyx*: à gauche, on voit la griffe médiane double qui se développe en hiver; à droite, griffes d'été, dont la partie inférieure est tombée.

e) Crottes de *Dicrostonyx groenlandicus*, avec variantes; grandeur nature.

f) Pieds du lemming brun, *Lemmus sibiricus*, qui ne développe pas de grosses griffes en hiver; crottes typiques, grandeur nature.

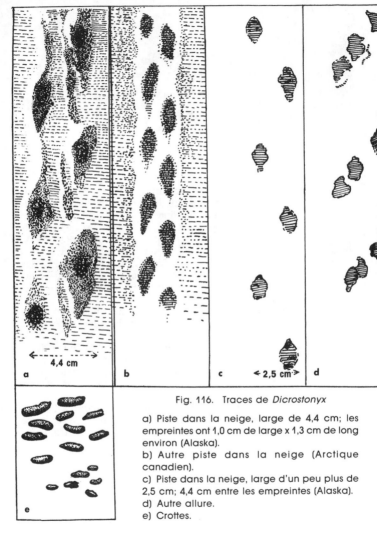

Fig. 116. Traces de *Dicrostonyx*

a) Piste dans la neige, large de 4,4 cm; les empreintes ont 1,0 cm de large x 1,3 cm de long environ (Alaska).
b) Autre piste dans la neige (Arctique canadien).
c) Piste dans la neige, large d'un peu plus de 2,5 cm; 4,4 cm entre les empreintes (Alaska).
d) Autre allure.
e) Crottes.

Fig. 117 (page opposée)

a), c) Pistes irrégulières dans une neige folle peu épaisse, aux 2/3 de leur grandeur.
b) Crottes, grandeur nature.

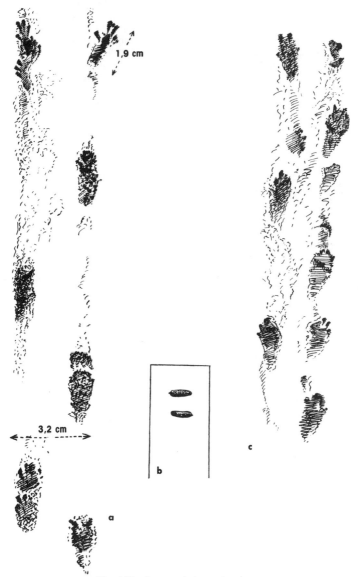

Fig. 117. Traces du lemming brun

du genre *Dicrostonyx*. On le trouve dans le même habitat que certains campagnols du genre *Microtus*, qui habitent les régions nordiques.

Dans le nord de l'Alaska, j'ai entendu parler d'une certaine migration de masse d'un «mulot roux» qui ressemblait fort à celle des lemmings du genre *Dicrostonyx*. Il se peut que ces informations aient trait au lemming brun. Quant à moi, j'ai déjà vu des lemmings bruns parmi les blocs de glace le long de la côte au printemps, mais jamais dans la mer.

La figure 117 montre des pistes du lemming brun qui sont assez irrégulières et rappellent certaines pistes de campagnols (*Microtus*).

Fig. 118. Lapins, lièvres et pica

a) Lièvre arctique.   b) Lièvre de Townsend.   c) Lièvre de Californie.
d) Lièvres d'Amérique; la race du Washington, à gauche, ne change pas de pelage en hiver.
e) Lapin pygmé.   f) Lapin à queue blanche.   g) Pica.

Famille des lapins et des lièvres, et famille du pica: Léporidés et Ochotonidés

TOUT LE MONDE connaît les lapins, ne serait-ce que celui de Pâques et Jeannot. Toutefois, la vie des lapins et des lièvres dans la nature est autrement plus captivante que celle des animaux des contes et des fables. L'album de famille reproduit à la figure 118 présente des personnages très différents, liés chacun à un habitat auquel, depuis des millénaires, il s'est adapté au point de s'y fondre, pour ainsi dire.

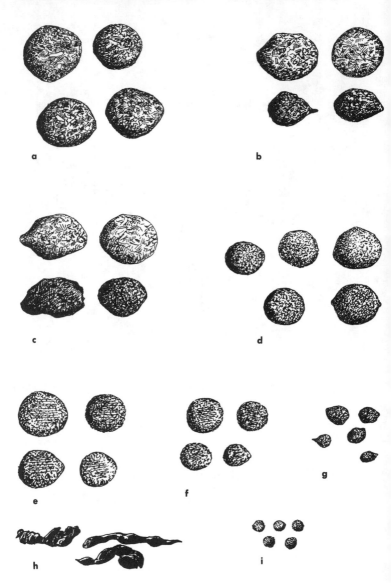

Fig. 119. Crottes de lapins, de lièvres et du pica, grandeur nature

J'espère que les descriptions qui suivent vous aideront à comprendre ces cas d'adaptation. Nous avons inclus dans le groupe le petit pica des montagnes de l'Ouest, dont la famille fait partie, comme celle des lapins et des lièvres, de l'ordre des lagomorphes.

La piste des lapins et des lièvres est caractéristique; elle varie seulement en grosseur, selon les espèces. Les matières fécales sont également très particulières et sont moins variables que chez les autres familles. Les crottes sont généralement rondes et un peu aplaties; elles ont l'air de disques épais. Même les crottes du pica ont une forme approchante, sauf lorsque son régime est composé d'aliments tendres. La figure 119 en présente un tableau assez complet, avec les grosseurs caractéristiques de certaines espèces; remarquez toutefois les variations mineures propres à chaque espèce.

Comme les pistes de lapins et de lièvres sont très semblables d'une espèce à l'autre, nous ne les illustrons pas en tête de chapitre.

Dans chacun des articles qui suivent, on a tenté de montrer non seulement les particularités des espèces, mais également les variations plus ou moins communes à tous les lagomorphes.

Lièvre arctique

Le lièvre arctique s'est adapté à la vie dans les régions nordiques et se rencontre du Groenland à l'Alaska, en passant par Terre-Neuve et le Nouveau-Québec. Il habite surtout la toundra, mais sur la côte sud de l'Alaska, on le rencontre dans les aulnaies. Comme le lièvre de Townsend, avec lequel il partage de nombreux points, le lièvre arctique a un pelage blanc en hiver. Dans le nord de notre archipel arctique, et dans le nord du Groenland, il ne prend même pas la peine de revêtir sa livrée grise pour le court été, et reste blanc toute l'année.

Fig. 119 (page opposée)

a) Lièvre arctique (Bristol Bay, Alaska).
b) Lièvre de Townsend (Jackson Hole, Wyo.).
c) Lièvre d'Europe (Nouvelle-Zélande).
d) Lièvre de Californie (Nev.).
e) Lièvre d'Amérique (en haut, Minn.; en bas, Wyo.).
f) Lapin à queue blanche (en haut, Nev.;en bas N.-Dak.).
g) Lapin pygmé (Nev.).
h) Pica; type mou résultant d'aliments juteux (Alaska).
 i) Pica; type dur résultant d'aliments secs en automne et en hiver (Alaska).

Lièvre arctique

Le lièvre arctique qui pèse à peu près 4 kg, parfois plus, a à peu près la grosseur du lièvre de Townsend, qui habite la Prairie. Ses empreintes sont semblables par leur forme à celles du lièvre de Townsend illustrées à la figure 120. Je n'ai aucune empreinte de cette espèce illustrée ici, seulement ses crottes, à la figure 119 a).

Le lièvre arctique présente un comportement remarquable qui donne lieu à des pistes bien différentes de celles du type habituel: à l'occasion, il se dresse sur ses pattes de derrière et se met à bondir comme un kangourou sur un certaine distance avant de retomber sur ses quatre pattes. Les voyageurs qui ont été témoins de ce comportement affirment que c'est un spectacle saisissant que de voir toute une bande de ces lièvres détaler en même temps sur leurs pattes de derrière. Le Colonel John K. Howard, qui a filmé ce phénomène au Groenland il y a de nombreuses années, m'a gracieusement prêté sa pellicule, qui a inspiré le dessin qui suit.

Lièvres arctiques bondissant sur leurs pattes de derrière

Lièvre de Townsend

Le gros lièvre de la Prairie, *Lepus townsendi*, occupe la steppe de l'ouest des États-Unis et du Canada, les champs d'armoise et même les pentes des Rocheuses. Presque aussi gros que le lièvre arctique, il pèse 3,5 kg et même plus. Il ressemble beaucoup à cette espèce, mais il a préféré la Prairie et les pentes des montagnes aux espaces désolés de l'Arctique.

Le lièvre de Townsend permet bien d'illustrer certaines des difficultés du dépistage. La figure 122 a), b), d) et e) illustre ses empreintes caractéristiques et certaines pistes dans la neige. D'après mon expérience, les bonds lents mesurent de 30 à 60 cm de long et les bonds à grande vitesse atteignent 3 m. Certaines sources signalent même des bonds de 3 m 50 et de 6 m, exécutés à des vitesses extrêmes.

On ne trouve pas toujours des pistes parfaites. Quand j'étais jeune, au Minnesota, je chassais le lièvre à la piste, avec mon frère. Parfois, par mauvais temps, nous perdions une piste lorsque l'animal traversait une surface de neige croûtée balayée par le vent. Il n'y avait alors aucune trace du long pied arrière, mais la forme caractéristique de quelques griffes, imprimée dans la croûte de neige, nous suffisait: nous pouvions reconnaître l'allure rapide illustrée à la figure 122 e), ou l'allure lente présentée en a).

Sans conteste, l'empreinte de la figure 122 c) pourrait indiquer le passage d'un coyote. Rappelez-vous cependant que l'état de la neige peut nous induire en erreur. Examinez l'empreinte attentivement, et sa grosseur corrigera votre impression. Il est important de ne pas rechercher de pistes parfaites, ni toute une série de caractéristiques connues. On a vu que même dans la boue, l'empreinte du pied avant du castor

révèle rarement les cinq doigts que l'animal possède. On apprend donc
ainsi à compléter par ses connaissances et son jugement ce qui se trouve
enregistré dans la boue ou la neige. Ainsi, toute piste de lièvre au Groenland ou dans la toundra arctique, au-delà de la limite des arbres, est
une piste de lièvre arctique. Si vous trouvez des crottes d'un certain
type dans une forêt où vous savez qu'il n'y a pas de lynx roux, vous
pourrez conclure qu'un coyote est passé par là, mais si la présence
du lynx y est possible, vous ne pourrez rien conclure facilement. Un
tas d'herbes et de feuilles séchées à la base d'un saule, dans la toundra
arbustive du chaînon de l'Alaska désigne à notre attention le campagnol nordique, qui fait d'énormes provisions pour l'hiver. Le même

Fig. 120

Les zigzags de la piste témoignent d'une attaque, dont le responsable
pourrait bien être le harfang perché à proximité (Moorhead, Minn.).

Fig. 121. Lièvre de Townsend s'enfuyant à toutes jambes
de l'endroit où il était tapi

tas de foin au milieu des rochers indiquerait plus probablement un pica, et sans aucun doute cet animal, dans les Rocheuses.

Nos déductions, notre expérience antérieure et les traces incomplètes que laissent les animaux dans la neige ou la boue se combinent pour nous permettre d'interpréter ces dernières, et faire du dépistage un exercice fascinant.

Un hiver, au Minnesota, je suivais la piste d'un lièvre dans les champs enneigés. Brusquement, sans raison apparente, elle se mettait à décrire de curieux zigzags; pourtant, il n'y avait aucune autre piste à proximité. Le lièvre avait-il eu soudain envie de folâtrer, ou était-il en proie à un cauchemar? Et puis ensuite, la piste continuait toute droite. La réponse à mon interrogation m'apparût plus loin, perchée sur une botte de foin: un harfang des neiges descendu du Grand-Nord pour l'hiver. Il avait plongé plusieurs fois en direction du lièvre affolé, qui avait esquivé toutes ses manoeuvres. Le harfang s'était découragé et était venu se percher (fig. 120). J'aurais dû me rappeler qu'un oiseau en vol ne laisse pas de traces dans la neige!

Le lièvre de Townsend ne creuse pas de terrier, mais se repose dans une «trou» qui prend sa forme, dans la neige ou dans l'herbe, à la base d'un buisson ou d'un arbre, ou à l'entrée d'un terrier de blaireau (fig. 121). Dans les régions agricoles, ce lièvre se tapit souvent à côté d'une motte de terre, dans un champ labouré. Si la neige est assez épaisse, il peut creuser un trou peu profond où il s'introduit en rampant pour s'abriter du froid.

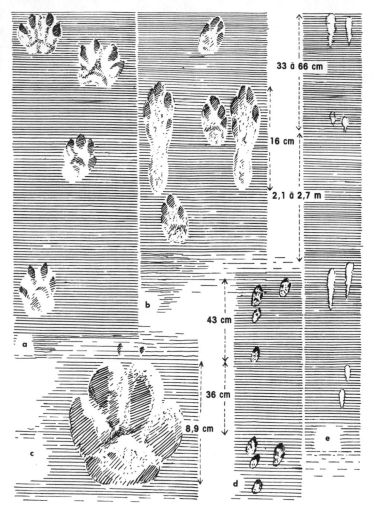

33 à 66 cm

16 cm

2,1 à 2,7 m

43 cm

36 cm

8,9 cm

a

b

c

d

e

Fig. 122.   Empreintes du lièvre de Townsend dans la neige (Wyo.).

Lièvre de Californie,
à la marche (Ariz.)

Lièvre de Californie et lièvre antilope

Le lièvre de Californie, *Lepus californicus*, est d'abord le lièvre du pays des armoises et des cactus, bien qu'il ait déjà occupé la Prairie également; on le rencontre du Nebraska au Pacifique, et depuis l'État de Washington jusqu'au Mexique.

Le lièvre antilope, *Lepus alleni*, lui est apparenté; il habite le Mexique, le Nouveau-Mexique et l'Arizona. Aucune des deux espèces ne devient blanche en hiver.

On peut confondre les pistes du lièvre de Californie et du lièvre de Townsend dans certaines régions de l'Ouest américain où ils partagent les mêmes habitats. Cependant, les empreintes du lièvre de Californie sont généralement plus petites que celles du lièvre de Townsend.

Vous remarquerez que les pistes des lapins et des lièvres sont disposées de la même manière chez toutes les espèces, l'empreinte du pied arrière devançant celle du pied avant aux allures normales. La raison en est que les léporidés se déplacent généralement par *sauts*, même lorsqu'ils avancent lentement. Un jour, en voyage en Arizona en compagnie de mon fils et de mon frère, je suis tombé sur un lièvre

Fig. 122 (page opposée)

a) Empreintes typiques à la course; seuls les doigts des pieds arrière (devant) touchent le sol; empreinte arrière, 9 cm; empreinte avant, 7,6 cm; longueur de la piste, 50 cm.

b) Piste montrant les pieds arrière appuyés au sol, les empreintes laissées au bond précédent par les pieds avant apparaissant entre celles des pieds arrière; largeur maximale de la piste, 20 cm.

c) Empreinte arrière sans la trace du talon, ressemblant à celle du coyote.

d) Piste à vitesse moyenne.

e) Piste à grande vitesse.

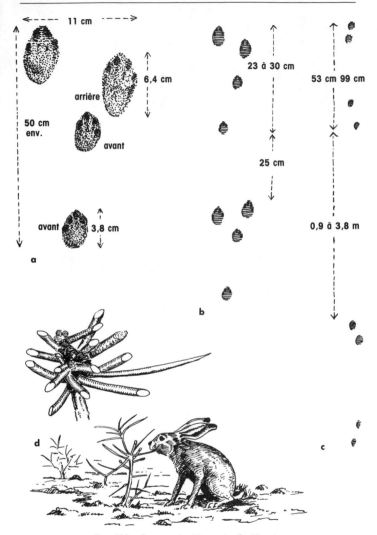

Fig. 123. Traces du lièvre de Californie

a), b) Empreintes typiques, dans le sable, à vitesse lente; largeur de
   la piste, 11 cm (Nev).
c) À la course, dans la neige.
d) Traces de broutage de *Koeberlinia spinosa* dans le désert (Tex.).

de Californie qui se trouvait tout près de nous. Mon frère l'a filmé. À notre surprise, le lièvre s'est mis à s'éloigner de nous en *marchant*, allure anormale pour un léporidé. Avait-il mal de s'être tapi trop longtemps dans son trou? Par la suite, il se mit à bondir avec entrain, mais il avait bel et bien marché, comme en témoigne le film de mon frère, et à partir duquel j'ai dessiné l'illustration de la page 239. Il est intéressant de comparer ce dessin à celui la figure 127, et à celui des lièvres arctiques au bas de la page 234.

Je n'ai jamais vu la trace de la queue dans la neige, que décrit Ernest Thompson Seton, mais j'ai parfois trouvé des traces de traînée des doigts, semblables à celles laissées par le lièvre d'Amérique (fig. 125 b).

Remarquez la grosseur faiblement décroissante des crottes du lièvre arctique, du lièvre de Townsend et du lièvre de Californie (fig. 119).

Comme certains autres léporidés, ce lièvre se tapit dans des «trous» plutôt que dans des terriers. On en trouve dans les fourrés, dans l'herbe, à côté d'une roche, en tout endroit qui lui assure une certaine sécurité.

Le lièvre de Californie se nourrit de divers arbustes du désert et de cactus. Il peut gruger les figues de barbarie aussi bien que certains autres animaux. Notez la coupe en biseau caractéristique dans la figure 123 d). Un cervidé aurait sectionné les tiges en les pinçant.

Lièvre d'Europe

Cet immigrant venu d'Europe, *Lepus capensis*, a été introduit en Ontario et dans le nord-est des États-Unis, du New Jersey aux Grands Lacs. Ma propre expérience de cet animal ne me vient pas d'Amérique mais bien des Alpes de Nouvelle-Zélande.

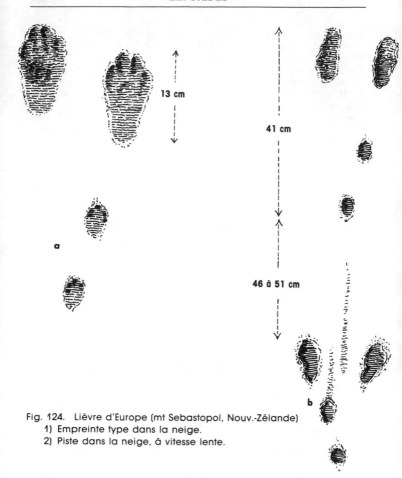

Fig. 124.   Lièvre d'Europe (mt Sebastopol, Nouv.-Zélande)
   1) Empreinte type dans la neige.
   2) Piste dans la neige, à vitesse lente.

C'est là, sur les flancs du mont Sebastopol, dans la neige fraîche, que j'ai trouvé la piste de ce lièvre venu d'Europe. Il habite les flancs de montagne en altitude, où il broute le bas des arbustes indigènes, alors que le chamois et le jharal, également introduits, se nourrissent des hautes branches. Ce lièvre fait des coupes en biseau, comme celles de la figure 123 d).

À la figure 124, on voit ses empreintes, qui sont à peine plus petites que celles du lièvre de Townsend; les crottes (fig. 119 c) semblent à peine plus petites que celles de cette espèce.

Lièvre d'Amérique

Lepus americanus occupe un territoire immense: tout le Canada au sud de la toundra, l'Alaska et le nord des États-Unis. Il préfère la forêt tempérée à la taïga, mais se rencontre jusqu'à la limite des arbres. Son nom anglais, *snowshoe hare*, fait référence à ses doigts arrière étalés pour former une sorte de raquette sur la neige (voir l'illustration).

Notez à la figure 125 la largeur des empreintes qui en résulte. Autour du camp où j'écris ces lignes, dans le Wyoming, les empreintes illustrées en a) et b) sont partout sur la neige, qui a 1 m 20 d'épaisseur. Ces lièvres sont en quête de ramilles, et des épluchures de légumes que nous leur jetons. Un individu, effrayé par un coyote, s'est enfui à grands bonds, comme en c). La sous-espèce du Washington, qui habite également le sud-ouest de la Colombie-Britannique, ne se distingue que par son absence de livrée blanche en été.

Dans la forêt boréale, quand ils deviennent abondants, ces lièvres forment dans la neige des sentiers bien fréquentés. Lors d'une année de grande abondance à la baie d'Hudson, en 1915, les Indiens en ont capturé un grand nombre sur ces sentiers. Comme beaucoup d'autours et de chouettes rayées ont également été piégés à ces endroits, il appert qu'eux aussi avaient su reconnaître un bon terrain de chasse, et avaient même utilisé les sentiers des lièvres.

Pied postérieur droit du lièvre d'Amérique, avec les doigts écartés (baie d'Hudson)

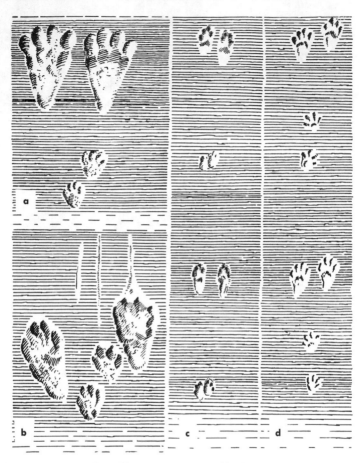

Fig. 125. Pistes du lièvre d'Amérique

a) Empreintes dans la neige, bonds lents; piste longue de 28 cm; bonds de 36 cm (mts Olympic, Wash.).
b) Empreintes dans la neige, bonds lents; piste longue de 25 cm; bonds de 25 cm (Wyo.).
c) Lièvre à la course; piste longue de 61 cm; bonds de 1 m à 1 m 70.
d) Lièvre à la course; piste longue de 50 à 55 cm; bonds de 1 m 68.

On trouve parfois des branchettes coupées par le lièvre. Le vent ayant renversé un pin lodgepole à côté de mon camp au Wyoming, des lièvres sont venus durant l'hiver manger toutes les ramilles accessibles.

Un jour, sur une plage de gravier de la Snake au Wyoming, j'ai trouvé des lupins qui avaient été sectionnés par un animal. Les sections en biais indiquaient le travail d'un rongeur, mais lequel? Je pensai mettre une trappe pour le découvrir. Je retournai inspecter les lieux une seconde fois, et je découvris alors les crottes rondes caractéristiques du lièvre d'Amérique. Il y en avait plusieurs à côté de chaque plante grignotée.

En général, le lièvre d'Amérique se repose au pied d'un arbre ou d'un arbuste, mais il s'abrite également sou-

Lupin sectionné par
le lièvre d'Amérique

vent sous une bûche ou dans un fourré. En hiver, quand la neige épaisse s'amoncelle sur les branchages, il s'y forme des tunnels dans lesquels les lièvres vont s'abriter, bien dissimulés à leurs prédateurs. Comme le lapin à queue blanche, il peut également trouver refuge sous le plancher d'un camp.

Lapin à queue blanche

Le lapin à queue blanche, *Sylvilagus floridanus*, est beaucoup mieux connu aux États-Unis qu'au Canada. On le rencontre depuis l'extrême sud du Québec, de l'Ontario et du Manitoba jusqu'en Amérique centrale.

On trouve ses pistes et celles des espèces apparentées, le lapin de Nouvelle-Angleterre, celui de Nuttall et celui du désert, autant dans les champs d'armoises que dans la forêt de feuillus, aux abords des villes et dans les grands parcs urbains: les pistes reproduites à la figure 126 proviennent de la ville de Washington. Vous remarquerez qu'elles respectent l'arrangement habituel des pistes de lièvres, mais s'en distinguent par les dimensions.

Le lapin gruge des rameaux en hiver et mange parfois l'écorce des arbres fruitiers. Il n'est pas toujours facile de distinguer ses marques de dents de celles des autres rongeurs; celles-ci sont cependant plus longues que celles des mulots. Le rameau illustré à la figure 126 d)

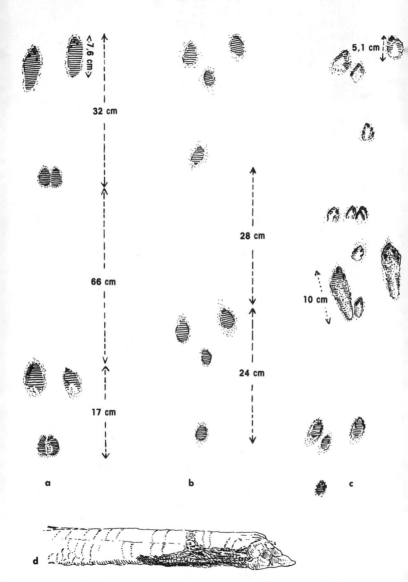

Fig. 126. Pistes du lapin à queue blanche (Washington, D.C.)

Lapin à queue blanche

provient du Wisconsin. Son extrémité porte la trace de morsures répétées, différente de la coupe nette effectuée sur les ramilles par le lièvre de Californie (fig. 123 d) ou sur les plantes par le lièvre d'Amérique (p. 245).

Le lapin à queue blanche se repose souvent dans son «trou» sous un arbuste ou dans un enchevêtrement de plantes grimpantes tandis que les espèces apparentées qui vivent dans l'ouest américain s'installeront sous une armoise, par exemple. Ils peuvent également se réfugier dans les bûches et les souches creuses, dans des terriers et dans les abris entre les roches.

Généralement, ces lapins ne fréquentent pas les mêmes endroits que le lièvre d'Amérique, de sorte qu'on risque peu de confondre leurs pistes et leurs crottes. On voit à la figure 119 que les crottes des lapins de l'ouest sont plus petites que celles du lièvre de Townsend, avec lequel ils partagent souvent leur habitat.

Lapin des marais et lapin aquatique

Le lapin des marais, *Sylvilagus palustris*, habite les marais du sud-est des États-Unis; le lapin aquatique, *Sylvilagus aquaticus*, est un peu plus gros et vit plus à l'ouest, du Kentucky au Texas. Des espèces voisines habitent l'Amérique latine.

Ces lapins sont adaptés aux milieux aquatiques et humides, au point de se sauver dans l'eau pour échapper à un assaillant; cependant, ils ont gardé de nombreux traits de leur cousin, le lapin à queue blanche.

Fig. 126 (page opposée)

a) Petits bonds dans une neige peu profonde.
b) Sauts plus courts.
c) Lapin stoppant, puis repartant en faisant des bonds de 11 à 15 cm.
d) Rameau grugé par un lapin, grandeur nature.

Ainsi, ils aiment se tapir dans les fourrés et les ronces, et envahissent volontiers les abris de la tortue gaufre: arbres, bûches et souches creuses. À l'approche du danger, le lapin des marais grimpe à l'intérieur des arbres, comme j'ai vu faire le lapin à queue blanche au Minnesota. Bref, tous les lapins du genre *Sylvilagus* recherchent le couvert de la végétation pour s'abriter, quel que soit leur habitat. Le lapin des marais trouve refuge dans les hautes herbes et les quenouilles. Il s'aventure également sur la végétation flottante, comme on pourrait le prévoir d'un animal qui aime l'eau. Les lapins des marais entretiennent de véritables sentiers qui passent dans les herbes et aussi, m'a t-on dit, sur de vieilles bûches moussues.

Fig. 127.   Traces du lapin des marais

a) Gros plan des empreintes du lapin des marais à la marche.
b) Piste du lapin des marais à la marche.
c) Crottes, grandeur nature (p. nat. des Everglades, Fl.).

Lapin des marais

Les crottes sont comme celles du lapin à queue blanche; je doute qu'on puisse les reconnaître à tout coup. Cependant, si vous les trouvez sur des bûches, le long de sentiers battus, ou sur des objets flottants dans l'eau des marais, vous pourrez conclure à la présence du lapin des marais. Le jugement final tient à l'habitat, puisque le lapin à queue blanche préfère les terrains plus secs.

Le naturaliste Ivan R. Tomkins a découvert que la *marche*, avec des pas alternés, est une des allures du lapin des marais, ce qui constitue une exception dans cette famille de sauteurs. La figure 127 est tirée des photos qu'il m'a fournies gracieusement. On peut la comparer à l'illustration de la page 239, qui montre un lièvre de Californie en train de marcher lui aussi, ce qu'il fait sans doute rarement.

Lapin pygmé

Le nain de la famille, *Sylvilagus idahoensis*, est un lapin dont l'aire de distribution est limitée aux champs d'armoises arides de l'Ouest américain. Et encore, à l'intérieur de cet habitat, il recherche les armoises hautes. Dans le nord-ouest du Nevada, où une bonne partie des armoises appartiennent aux formes basses, je m'étais approché d'un bosquet d'une armoise élevée, *Artemisia tridentata*, surplombant la plaine comme une forêt miniature. Là, j'ai trouvé le lapin pygmé, qui mesure de 22 à 28 cm de long. J'ai réussi à m'approcher d'assez près,

Lapin pygmé

jusqu'à ce que la petite bête grise se sauve en bondissant entre les gros buissons et disparaisse. Ce lapin se réfugie souvent dans des abris souterrains. Ses pistes sont illustrées à la figure 128.

Les crottes de ce lapin sont si petites que leur forme est presque sphérique, plutôt que discoïde (fig.119).

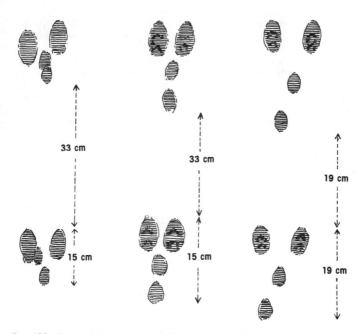

Fig. 128.   Pistes du lapin pygmé, à vitesse lente (Nev.).

Pica

Les deux espèces du genre *Ochotona* sont des animaux de 15 à 20 cm de long qui habitent les Rocheuses au Canada, aux États-Unis et en Alaska. Leur aire de distribution est indicatrice de l'habitat d'élection de ces lagomorphes miniatures, qui vivent au milieu des chaos rocheux.

Le pica a des pieds velus comme les lapins, mais ses oreilles sont courtes et arrondies et il n'a pas de queue apparente. On trouve rarement ses pistes, sauf dans les derniers bancs de neige du printemps, dans les premières neiges de l'automne, et dans la boue au bord de l'eau près de son refuge rocheux. La figure 129 montre des empreintes quelque peu fragmentaires. Remarquez que le pied avant a cinq doigts, qui ne sont pas toujours tous visibles dans l'empreinte. Le pied arrière a quatre doigts, comme celui du lapin.

Un des signes évidents du pica est son cri. Si vous parcourez un sentier au milieu des rochers et que vous entendez près de vous un petit cri, aigu et chevrotant, qui ressemble à *enk!*, regardez attentivement et vous verrez peut-être une petite boule de fourrure immobile, ou encore une petite forme grise trottant d'une allure régulière sur la roche pour disparaître dans une crevasse.

Un hiver, il y a très longtemps, je remontais en traîneau à chiens la rivière Toklat dans le chaînon de l'Alaska. Je passais devant un escarpement le long de la rive, lorsque j'entendis un cri familier. En prêtant attention, je l'entendis à nouveau, et je reconnus l'appel du pica: il provenait de l'intérieur d'une masse de neige. De son abri, l'animal nous avait entendu passer au milieu des solitudes de l'hiver et, fidèle à sa nature, avait ainsi manifesté sa curiosité et son excitation.

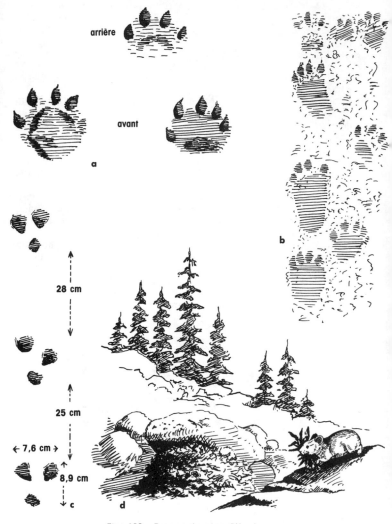

Fig. 129. Traces du pica (Wyo.)

a) Empreintes dans la boue, près d'un ruisseau.
b) Piste fragmentaire, démarche traînante, dans une neige grossière.
c) Course.
d) Pica rassemblant des réserves de foin pour l'hiver.

Cette anecdote témoigne d'un autre comportement important du pica. Ce dernier peut passer l'hiver entier sous la neige, grâce aux réserves qu'il accumule. À la fin de l'été, on peut trouver un monticule de plantes et de ramilles séchées sous une roche en surplomb ou à côté d'un gros rocher, avec souvent des aliments frais sur le dessus. Il peut y avoir à proximité des petits tas qui n'ont pas encore été ajoutés aux réserves. En regardant bien, on trouve les restes tassés des anciens monticules de foin.

Les crottes se trouvent parmi les pierres et rappellent les pastilles rondes du tapioca noir. Le pica qui a mangé des aliments juteux produit des crottes allongées: comparez 119 h) et i).

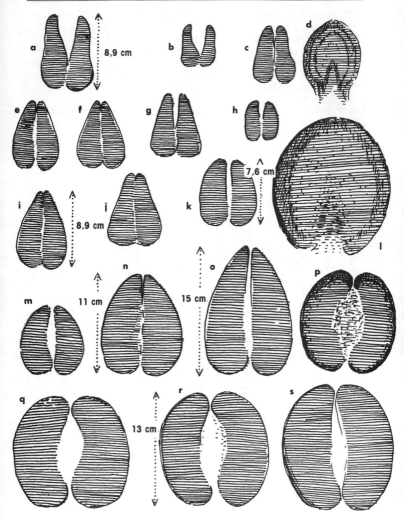

Fig. 130. Sabots des ongulés,
au quart environ de leur grandeur

Ongulés à sabots pairs: Artiodactyles

LES TRACES des ongulés sont très caractéristiques, mais à l'intérieur de ce groupe, certaines ressemblances portent à confusion (fig. 130). Ainsi, il vaut mieux ne pas essayer de distinguer les cerfs par leurs seules empreintes. La distribution géographique peut venir à notre secours. Le cerf de Virginie habite l'est du Canada et des États-Unis, le cerf mulet, les Rocheuses et le cerf à queue noire, la côte du Pacifique. Dans le parc national de Big Bend au Texas, l'habitat intervient: le cerf de Virginie se tient dans les hauteurs boisées et le cerf mulet, en terrain aride et buissonnant. Cependant, en de nombreux endroits, les espèces partagent le même habitat. En outre, il est parfois impossible de distinguer l'empreinte de l'antilope de celle des cerfs, même si elle est généralement plus massive et plus carrée à l'arrière.

Les figures 131 et 132 révèlent la grande parenté du crottin et des bouses des divers artiodactyles. On y trouve des variantes pour chaque espèce. Il en existe d'autres, toutefois, de sorte qu'il serait bien difficile d'identifier le cerf mulet par ses crottes dans des habitats fréquentés par la chèvre de montagne, l'antilope ou le mouflon. Je regrette de ne pouvoir offrir de clé plus claire, mais je n'y peux rien: le fait que la nourriture soit plus ou moins juteuse influe beaucoup sur l'aspect des crottes.

La figure 131 montre le crottin qui provient des aliments secs ou du régime d'hiver, et la figure 132 illustre les bouses qui résultent des

Fig. 130 (page opposée)

a) Chèvre de de montagne	b) Chèvre domestique
c) Mouton	d) Âne
e) Cerf mulet	f) Cerf à queue noire
g) Mouflon	
i) Cerf de Virginie	h) Pécari
k) Cochon	j) Antilope d'Amérique
m) Veau	l) Cheval
o) Orignal	n) Wapiti
q) Vache	p) Caribou
s) Bison	r) Boeuf musqué
	t) Tapir (à droite)

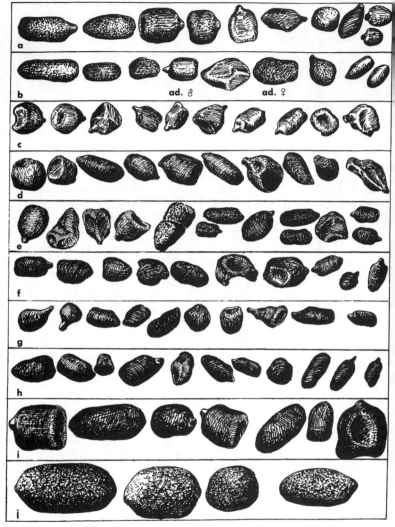

Fig. 131. Crottes de divers ongulés;
à l'échelle, aux 2/3 de leur grandeur.

aliments verts et juteux du régime estival. Ici encore, les variations d'aspect et de grosseur sont nombreuses, et on ne peut toutes les illustrer.

Pour plus de détails, se référer aux différents articles sur les espèces.

Cerf de Virginie

Lorsqu'on parle de chevreuil, la plupart des Nord-Américains ont en tête le cerf de Virginie *Odocoileus virginianus*, l'espèce commune dans l'est et le centre du continent. Son aire de distribution embrasse le sud du Canada de la Nouvelle-Écosse aux Rocheuses, et s'étend jusqu'en Amérique centrale.

Fig. 131 (page opposée)

a) Cerf de Virginie.   b) Cerf mulet.
c) Caribou.   d) Antilope.
e) Mouflon (3 premiers échantillons, mouflon d'Amérique; 5 suivants, mouflon d'Amérique vivant dans le désert, 5 derniers, mouflon de Dall).
f) Mouton.   g) Chèvre de montagne.   h) Chèvre domestique.
i) Wapiti.   j) Orignal.

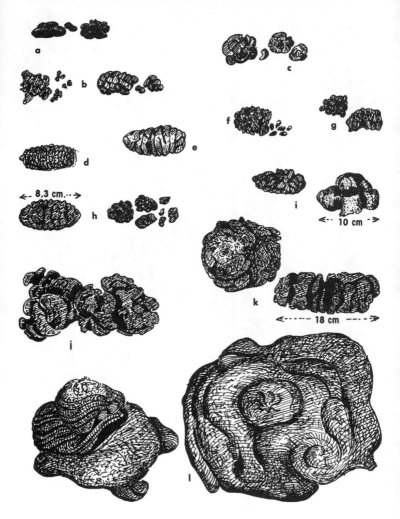

Fig. 132. Bouses d'été d'ongulés, à l'échelle. La forme varie beaucoup chez chacune des espèces : il s'agit ici d'échantillons
moyens. Les bouses de vache et de bison sont semblables.

Pieds avant gauche
et arrière gauche
d'un cerf de Virginie mâle

En général, cette espèce habite les forêts et les broussailles, contrairement au cerf mulet de l'Ouest, *Odocoileus hemionus*. Étant donné l'étendue de l'aire de distribution et les divers habitats de l'espèce, il y a beaucoup de différences de taille, depuis les gros spécimens du Minnesota et du Wisconsin, qui pèsent quelques centaines de kilos, jusqu'aux petites sous-espèces élancées du Texas et du Mexique, et enfin aux minuscules cerfs des Keys de Floride. Il ne reste que quelques survivants de cette sous-espèce, sur certaines de ces îles. Cette diversité de taille se répercute dans la grosseur des empreintes. La figure 133 montre des empreintes provenant du Minnesota, de l'Oklahoma et du Texas. Celles du cerf des Keys sont encore plus petites que celles qui proviennent du Texas.

Avant d'étudier les pistes de la figure 134, il faut savoir distinguer entre les allures de ce cerf et celles du cerf mulet: au galop, le cerf de Virginie projette ses pattes arrière loin devant les empreintes des pattes de devant. Cela donne une piste où les empreintes postérieures

Fig. 132 (page opposée)

a) Pécari.
b) Cerf mulet (2 éch.).
c) Cerf de Virginie.
d) Mouflon.
e) Mouton domestique.
f) Chèvre de montagne.

g) Chèvre domestique.
h) Caribou (2 éch.).
i) Antilope (2 éch.).
j) Orignal
k) Wapiti (2 éch.).
l) Bison (2 éch.).

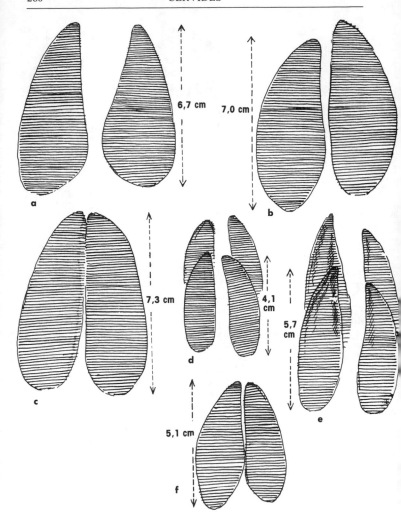

Fig. 133. Empreintes du cerf de Virginie dans la boue,
au tiers de leur grandeur

a), b), c) Diverses empreintes (mts Wichita, Okla.).
d) Empreintes de faon (Mich.).
e) Empreintes (nord du Minn.).
f) Empreintes d'un petit cerf (mts Chisos, Tex.).

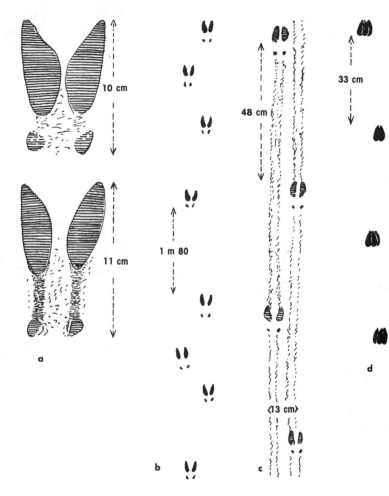

Fig. 134. Pistes du cerf de Virginie

a) Bonds dans la boue; les ergots des pieds avant (en haut) sont plus près
   des sabots que ceux des pieds arrière (Okla.).
b) Galops dans la neige; les empreintes arrière sont devant (Mich.).
c) Marche dans la neige, avec trace de traînée des doigts (Mich.).
d) Marche d'un jeune sur une route de terre, avec empreintes cordiformes (Minn.).

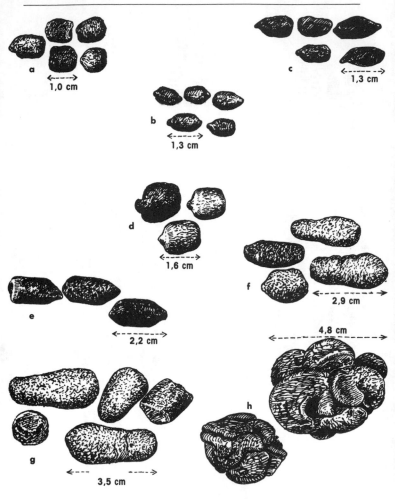

Fig. 135. Crottes du cerf de Virginie,
aux 2/3 de leur grandeur

a) Petit crottin (Minn.).   b) Boulettes (mts Chisos, Tex.).
c) Crottin plus mou (Minn.).   d) Crottin d'hiver (Wisc.).
e), f) Gros crottin (Minn.).
g) Crottin d'hiver anormalement gros (ravage près de Grand Marais,
   Minn.).
h) Bouse d'été (Minn.).

devancent les empreintes antérieures, comme c'est le cas aux allures rapides chez des animaux comme la souris, le lièvre, l'orignal et le cheval. Le cerf mulet, pour sa part, bondit généralement comme une balle lorsqu'il court, posant au sol les quatre pattes ensemble, et les pattes antérieures devant.

On ne trouve pas toujours, chez ce cervidé et chez les autres, les belles empreintes cordiformes des illustrations. Très souvent, les doigts sont écartés. Par ailleurs, je m'avoue incapable de distinguer les empreintes de cette espèce et celles du cerf mulet. Heureusement, le cerf de Virginie est le seul représentant en son genre dans la majeure partie de son aire de distribution, notamment le Canada à l'est du Manitoba, et presque tous les États américains à l'est des Rocheuses.

Le cerf mâle se roule parfois dans la boue durant la période du rut comme le mâle du wapiti, mais moins souvent, d'après mon expérience. Aux endroits où il adopte ce comportement, des poils indiquent généralement son passage et permettent de l'identifier.

Si vous voyez une queue blanche se dresser comme un signal devant vous avant de disparaître, au crépuscule ou dans un fourré, ce pourrait bien être le signe d'un cerf. Cette queue dressée permet d'identifier l'animal à une bonne distance.

Les cerfs émettent également des sons. Celui qu'on entend le plus souvent est un ébrouement ou un sifflement aigu et prolongé: *whiou-iou-iou* qui peut porter très loin, et que l'animal émet lorsqu'il est inquiet ou quand sa curiosité est éveillée. Il produit également avec ses cordes vocales un bêlement difficile à décrire. Les appels graves échangés entre la mère et le faon ne portent pas loin.

Cerf mulet

Le cerf mulet, *Odocoileus hemionus*, est un cervidé de l'ouest qui est plus gros que le cerf de Virginie et porte des bois différents. Il a la queue arrondie d'un mulet, à l'extrémité noire, bien différente de la grosse queue blanche de l'espèce de l'est. L'espèce occupe l'ouest du continent, du Manitoba et du Grand lac des Esclaves au Mexique et en Basse-Californie.

Ce cervidé habite souvent des milieux plus ouverts que le cerf de Virginie. Il est vrai que le cerf mulet habite les forêts de l'Ouest, mais c'est plus un animal de montagne que l'autre espèce, et on le retrouve également dans les milieux arides, parmi les cactus et les armoises.

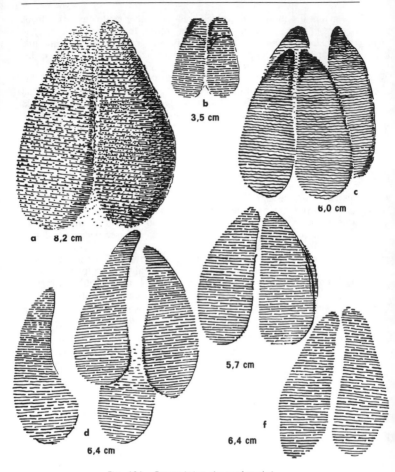

Fig. 136. Empreintes du cerf mulet,
réduites aux 2/3, avec mesure de leur longueur

a) Mâle adulte, dans la poussière (p. nat. de Grand Téton, Wyo.).
b) Faon (p. nat. de Yellowstone, Wyo.).
c) Femelle adulte, dans la boue (p. nat. de Grand Téton).
d), e), f) Empreintes dans la poussière (nord du Nev.).

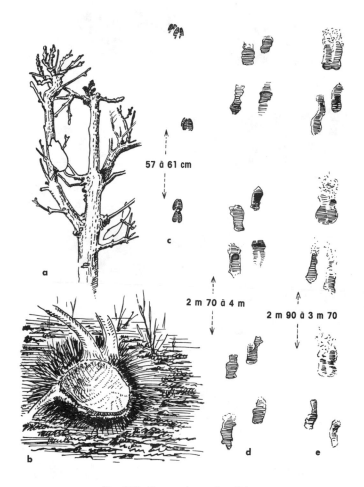

57 à 61 cm

c

2 m 70 à 4 m

2 m 90 à 3 m 70

d   e

Fig. 137.   Traces du cerf mulet

a) Arbuste réduit à un chicot par le broutage.
b) Base d'une agave épineuse mangée par le cerf mulet (mts Chisos, Tex.)
c) Piste à la marche (Wyo.).
d), e) Bonds hauts d'une femelle adulte dans la neige épaisse;
   en d), elle était poursuivie par un coyote; dans ces pistes, les pieds
   antérieurs sont devant.

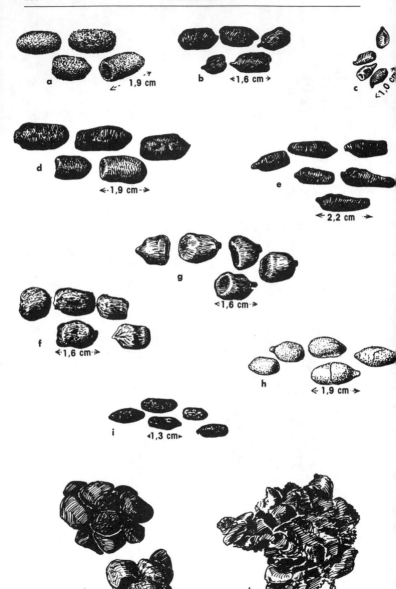

Cerf mulet

Comme on l'a dit à l'article précédent, le cerf mulet a une façon caractéristique de bondir, en mettant pratiquement les quatre pattes au sol en même temps, les pieds antérieurs tombant devant. Les pistes produites à cette allure sont illustrées à la figure 137 d) et e). La figure 136 présente diverses empreintes.

La forme de l'empreinte du cerf mulet dépend un peu du substrat sur lequel se déplace l'animal: sur un sol meuble, comme dans certaines forêts, les sabots peuvent être un peu plus pointus que sur un sol dur et ferme, où ils sont usés et leur extrémité est émoussée.

Fig. 138 (page opposée). Crottes du cerf mulet,
aux 2/3 de leur grandeur.

a) Crottin d'hiver du mâle adulte (Monument nat. de Dinosaur, Utah).
b) Crottin d'automne du mâle adulte (Wyo.).
c) Crottin de faon (Wyo.).
d) Crottin de femelle adulte (Wyo.).
e) Wyoming.
f) Colombie-Britannique.
g) Nord du Nevada.
h) Crottin d'argile pure, dû à un sel que l'animal a ingéré à une source minérale (forêt nat. de Salmon, Idaho).
i) Crottin d'un animal probablement jeune (Wyo.).
j), k) Bouses d'été.

Comme chez tous les cervidés, la taille et la forme des crottes varient (fig. 138). Le volume d'un excrément varie de 60 ml à 25 cl, et le nombre de crottes d'une série étudiée variait de 68 à 128. En passant, j'ai été incapable de distinguer certaines crottes de cerf de celles de la chèvre de montagne.

Le cerf mulet émet un ébrouement qui se prolonge parfois un peu en sifflotement. Ce cri peut indiquer la crainte ou la curiosité. Comme d'autres cervidés et comme l'antilope, le cerf mulet peut taper le sol d'un pied antérieur. S'agit-il d'une marque de défi, de crainte ou d'excitation? Tout ce que l'on peut dire, c'est que ce comportement traduit une émotion intense.

La mère et le faon émettent également les bêlements graves courants chez les ongulés. Un de mes voisins, qui habite un ranch au pied d'une longue colline qui monte jusqu'à la forêt, m'a parlé des cerfs qu'il entendait se «parler» alors qu'ils se nourrissaient, pendant les nuits d'hiver. Ils produisaient divers grognements et autres sons, difficiles à décrire. Les sons produits par les cervidés et leur signification feraient un excellent sujet d'étude.

Cerf à queue noire

Ce cervidé de la côte du Pacifique est une sous-espèce du cerf mulet dont il possède plusieurs des caractéristiques, comme la configuration des bois et l'allure bondissante au galop, mais il a une queue plate ressemblant beaucoup à celle du cerf de Virginie, tout en étant plus petite et noire sur le dessus. Il habite de la cordillère à la côte, et de la Californie au sud-est de l'Alaska.

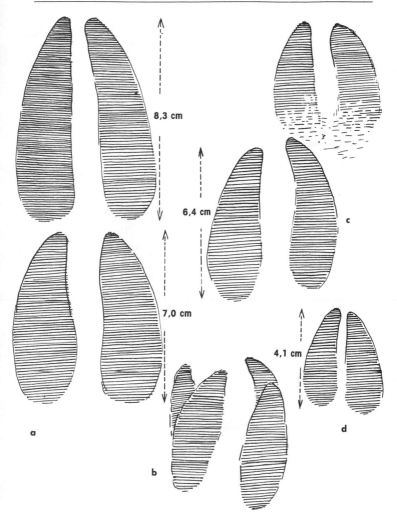

Fig. 139. Empreintes du cerf à queue noire,
au tiers de leur grandeur

a) Femelle adulte, dans la boue (mts Olympic, Wash.).
b) Jeune d'un an accompagnant l'animal précédent.
c) Adulte (Kodiak, Alaska).
d) Jeune (Kodiak, Alaska).

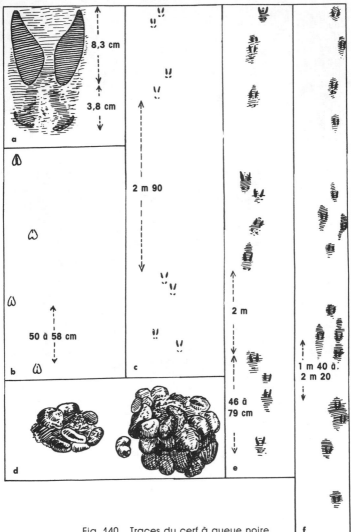

Fig. 140. Traces du cerf à queue noire

Les traces de cerfs trouvées dans la forêt humide de la côte du Pacifique sont l'oeuvre de cette sous-espèce, dont l'aire chevauche celle du cerf mulet proprement dit dans une partie des Sierras et des monts Cascade. Je ne connais personnellement aucun moyen de distinguer les empreintes et les crottes des espèces ou sous-espèces de cerfs. Les traces du cerf à queue noire apparaissent aux figures 139 et 140. Les pistes révèlent des bonds identiques à ceux du cerf mulet.

Mon expérience personnelle ne me permet pas de reconnaître les sons émis par cette sous-espèce par rapport à ceux des autres cerfs. J'ai généralement observé le cerf à queue noire avançant silencieusement parmi les érables circinés ou sur les pentes fortes, au milieu des pruches. Il semble beaucoup plus silencieux que le cerf de Virginie.

Il existe une trace caractéristique des wapitis que les cerfs produisent également: lorsqu'ils frottent le duvet de leurs bois, les mâles laissent des cicatrices sur les petits arbres, brisent des branches et abîment l'écorce. Tous les animaux portant des bois nous indiquent ainsi l'arrivée de la saison du rut.

Wapiti ou Cerf d'Amérique

Le wapiti, que les systématiciens assimilent aujourd'hui au cerf d'Europe, *Cervus elaphus*, est disparu d'une bonne partie de son aire de distribution originelle, notamment dans l'est du Canada. On l'a réintroduit en quelques endroits, et il est encore possible de l'observer dans l'Ouest.

Les empreintes du wapiti sont nettement plus grandes et plus arrondies que celles des autres cerfs; il n'est pas difficile de les distinguer. Elles sont plus rondes et un peu plus petites que celles de l'orignal, avec lesquelles on pourrait parfois les confondre. Dans les territoires de l'Ouest que le wapiti partage avec les troupeaux de bovins Hereford, l'identification des empreintes peut s'avérer plus difficile. Les empreintes des bovins adultes sont grandes et plus carrées. Mais cel-

Fig. 140 (page opposée)

a) Empreinte typique, course dans la neige (mts Olympic, Wash.).
b) Marche; empreintes cordiformes classiques, doigts accolés (mts Olympic).
c) Bonds d'un jeune d'un an, doigts écartés (mts Olympic)
d) Crottes aux 2/3 de leur grandeur (île d'Hinchinbrook, Alaska).
e) Bonds de la femelle dans une neige peu épaisse (mts Olympic.).
f) Idem, dans une neige épaisse.

les des *jeunes* sont souvent très semblables à celles du wapiti adulte. Dans de tels cas, il faut rechercher des empreintes plus caractéristiques ou la présence de bouses de vache. Des empreintes de wapiti, et l'empreinte d'une vache apparaissent à la figure 141.

En Nouvelle-Zélande, on a noté que les wapitis qui vivent en plaine dans des terrains humides ont des sabots particulièrement longs et pointus, tandis que ceux qui sont sur les hauteurs rocheuses avaient les sabots usés et plus arrondis. Cette information est bonne à connaître sur le terrain.

Les crottes du wapiti sont assez caractéristiques, mais la figure 143 montre qu'il y a beaucoup de variation. Là où l'espèce cohabite avec l'orignal, on trouve des spécimens assez déroutants; lorsqu'il broute exclusivement des branches, le wapiti produit comme l'orignal des excréments allongés de «sciure de bois». Toutefois, le volume de la crotte est bien moindre.

En été, le crottin en forme de boulettes est remplacé par des bouses plates, allongées ou circulaires comme celles des bovins. Les bouses du wapiti mesurent généralement 13 ou 15 cm de diamètre, parfois plus. Celles du bétail sont au moins deux fois plus grosses. Il peut bien sûr en avoir de très petites chez les deux espèces.

Les traces de la race européenne de l'espèce, qui a été introduite en Amérique du Nord, sont très semblables, mais les empreintes sont plus petites en moyenne.

Les wapitis laissent d'autres traces. Dans la neige, on trouve les trous qu'ils creusent avec leurs pattes pour atteindre le fourrage, ou encore leurs «lits»; en été, on peut également déceler dans l'herbe les endroits où ils se sont reposés.

Je me souviens d'une journée particulièrement agréable dans un territoire d'été du wapiti, dans les Rocheuses. Au delà d'une crête, j'abordai un pré formant une cuvette, au milieu de laquelle se trouvait un étang. Un troupeau de wapitis s'y dirigeait pour se rafraîchir. En se rapprochant, certains animaux se précipitèrent au-devant des autres, sautèrent dans l'eau, et se mirent à s'éclabousser, à s'ébrouer et à jouer

Fig. 141 (page opposée)

a) Empreinte de femelle adulte dans un sol sableux (Wyo.).
b) Empreinte d'adulte (mts Olympic, Wash).
c) Empreinte d'adulte (Wyo.).
d) Empreinte de veau Hereford (Wyo.).
e) Empreinte de wapiti à la course, montrant les ergots (Wyo.).
f) Empreinte d'un wapiti vivant sur un sol meuble (N.-Zélande).
g) Empreinte de nouveau-né (Wyo.).
h) Tronc de peuplier portant des traces de dents de wapiti, et animal en train de gruger, dans un ''ravage''.

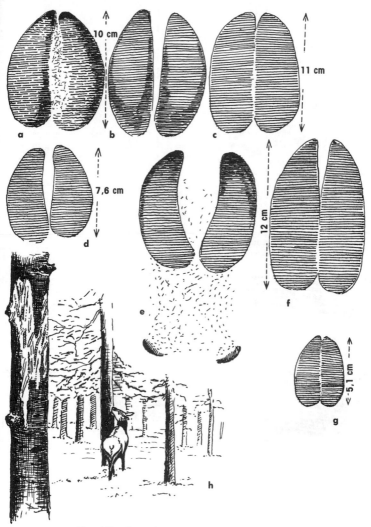

Fig. 141. Empreintes et traces de dents du wapiti

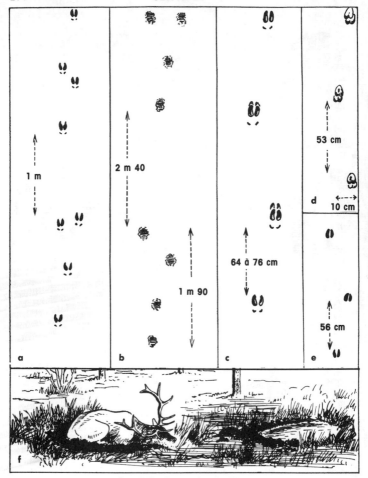

Fig. 142. Pistes du wapiti,
et animal se roulant dans la poussière

a) Galop d'une femelle dans la boue (Wyo.).
b) Galop dans la neige (Wyo.).
c) Femelle marchant dans le sable (mts Olympic, Wash.).
d) Jeune d'un an, à la marche; le pied postérieur devance légèrement le pied antérieur.
e) Nouveau-né à la marche (Wyo.).
 f) Mâle en rut, en train de se rouler par terre; vieille dépression de rut envahie par l'eau.

comme une bande d'enfants à la plage. Voilà le genre de joies que réserve l'observation des animaux dans leur milieu naturel.

Donc, si vous abordez un étang dans les Rocheuses, inspectez-en les rives à la recherche des empreintes de ce cervidé. Si l'eau est trouble et laiteuse, il se pourrait que les wapitis soient venus se baigner, boire et s'amuser peu de temps auparavant.

À l'automne, pendant le rut, si vous ne voyez pas de mâle gratter le sol humide avec ses bois, soulever la poussière avec ses sabots ou se rouler dans la boue, vous devriez au moins repérer les bourbiers où il a refroidi ses ardeurs. On trouve parfois une mare permanente, bordée de végétation, à l'endroit où les wapitis se sont vautrés pendant des années, et où l'eau a fait surface (fig. 142 f).

Le wapiti laisse aussi des traces dans les arbustes et les petits arbres quand il y frotte ses bois pour en enlever le duvet et les polir. Les jeunes arbres ont souvent plusieurs branches brisées et l'écorce arrachée ou abîmée; beaucoup d'arbrisseaux sont tués de cette façon, au pays des wapitis. Sur ces arbres, on voit bien que l'écorce a été arrachée et déchirée par le frottement des bois, et non grugée.

On trouve une autre trace du wapiti sur les arbres: ce cervidé aime certaines écorces, en particulier celle du peuplier faux-tremble, et il la gruge en l'entaillant avec ses incisives du bas, puisque ce brouteur n'a pas d'incisives à la mâchoire supérieure. L'orignal a le même comportement et produit les mêmes traces, et il faut savoir laquelle des deux espèces passe l'hiver à l'endroit où on se trouve. Les troncs de

Wapiti

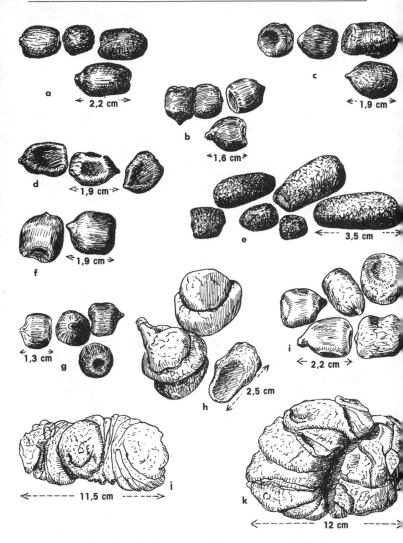

Fig. 143. Crottes du cerf d'Europe et du wapiti;
aux 2/3 de leur grandeur, sauf j) et k)

peupliers qui ont été grugés année après année finissent par être rudes
et noirâtres jusqu'à la hauteur qu'ont pu atteindre les animaux. Un bosquet de peupliers à l'écorce noire dénote la présence d'un «ravage»
de wapitis.

En Nouvelle-Zélande, où on a l'a introduit, le wapiti a remplacé
le peuplier faux-tremble par un arbre local, le pokaka, *Elaeocarpus
hookerianus*. Dans le parc national de Fiorland, on trouve de ces arbres
écorcés, dont le bois exposé rougit: signe indéniable de la présence
du wapiti ou du cerf d'Europe.

Les sources minérales méritent également notre attention: le sol y
est littéralement râclé par les cerfs, les wapitis, les orignaux et les mouflons, qui se régalent de la boue minérale. Les pistes vous permettront
d'identifier les visiteurs. Dans les forêts de la côte du Pacifique, on
trouve de vieux billots de pruche grugés par les wapitis, surtout le bas
des côtés. J'ai déjà vu des trous creusés sous un billot, où l'animal
avait dû se mettre à genoux pour atteindre l'écorce convoitée. On trouve
aussi, parfois, de vieilles branches pourries ou des troncs de petits arbres
réduits à une consistance pâteuse par l'action des wapitis.

Voici enfin un merveilleux indice de la présence du wapiti: son appel
de clairon à l'automne. Si vous avez la chance de vous trouver au pays
du wapiti en cette saison, l'appel du mâle au clair de lune vous laissera un souvenir impérissable; il monte en glissant jusqu'à une note
aiguë et cristalline avant de redescendre graduellement, pour finir avec
quelques notes gutturales.

Le wapiti émet d'autres sons: la mère et le nouveau-né se répondent
l'un l'autre avec des plaintes aiguës, plus agréables à entendre que ma
description pourrait le laisser croire. Quand un troupeau mis en fuite
ralentit, puis se rassemble, on peut entendre toute une cacophonie de
mères et de petits qui s'interpellent.

On reconnaît également au wapiti un aboiement sec, aigu et fort.
Ce cri explosif signifie l'inquiétude ou la curiosité, peut-être une com-

Fig. 143 (page opposée)

a), b) Crottes du cerf d'Europe mâle (N.-Zélande du Sud).
c) Cerf d'Europe femelle (N.-Zélande du Sud).
d) Crotte d'un wapiti mâle de 3 ans (Wyo.).
e) Crotte d'un wapiti broutant des branches (mts Olympic, Wash.).
f), g) Crottes de wapitis provenant de deux mâles pesant plus de 250 kg
(N.-Zélande).
h) Bouse (Sun River, Mont.).
i) Crottin courant (Sun River).
j), k) Type coalescent mou, causé par un fourrage juteux.

binaison des deux. J'ai entendu un wapiti aboyer longtemps, une nuit, intrigué sans doute par ma tente éclairée.

Tout ce répertoire enrichit nos contacts avec les troupeaux de wapitis dans leur habitat naturel.

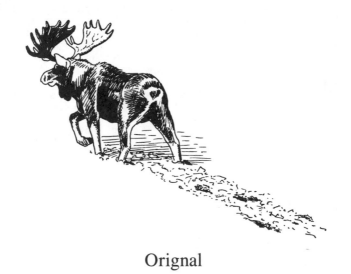

Orignal

Notre plus grand cervidé, *Alces alces*, habite la majeure partie du Canada, ainsi que les États américains où croît la forêt boréale, comme l'Alaska, le Maine, le Michigan, le Minnesota et les États des Rocheuses. L'espèce est introduite à Terre-Neuve, dans l'île du Cap-Breton et l'île d'Anticosti. Le saule semble constituer la base de son alimentation, et l'abondance de cette plante conditionne sa distribution dans la majeure partie de son aire.

C'est à l'empreinte du wapiti que celle de l'orignal ressemble le plus, par sa taille et sa forme, mais elle est plus grande et plus pointue (fig. 144 et 145). À l'occasion, un orignal aux sabots usés fait des empreintes anormalement rondes. Un jour que j'étais en montagne, dans l'Ouest, un skieur expert m'a demandé comment distinguer les pistes de l'orignal et du wapiti.

Je lui ai expliqué la différence, en insistant sur la forme plus allongée et pointue des sabots de l'orignal. Peu de temps après, il me demanda: «Et celle-ci?» Je regardai la piste et constatai qu'il s'agissait

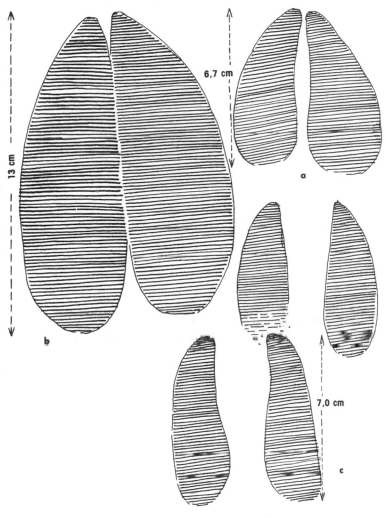

Fig. 144. Empreintes de l'orignal,
aux 2/3 de leur grandeur environ

a) Empreinte d'un jeune dans le sable humide (Alaska).
b) Empreinte d'un adulte dans la boue (Wyo.).
c) Empreintes avant et arrière d'un jeune dans la boue (Wyo.).

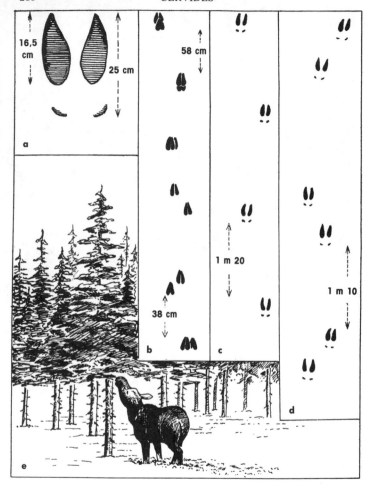

Fig. 145. Traces de l'orignal

a) Empreinte d'un orignal à la course, ergots visibles (Alaska).
b) Marche irrégulière (C.-B.).
c) Femelle adulte au trot, sur une vieille neige croûtée; une autre femelle à la marche au même endroit a laissé une piste semblable, mais avec des pas de 60 à 76 cm (Wyo.).
d) Trot (Alaska).
e) Bosquet de sapins broutés jusqu'à la hauteur que peut atteindre l'orignal (Wyo.).

d'un cas intermédiaire. Je dus admettre, un peu penaud, que je n'étais pas sûr... et il savait que j'écrivais ce livre à cette époque!

Pour ma défense, j'invoque une empreinte de femelle sur une neige croûtée en Alaska, qui mesurait 14 cm de long sur 13 de large. Un jeune d'un an a laissé des empreintes de 9,5 cm de long sur 11 de large, donc plus larges que longues. Cependant, en général, les empreintes de l'orignal sont longues et pointues.

En hiver, le crottin de l'orignal est caractéristique. À cause de son régime sec en cette saison, ses crottes ressemblent à de la sciure de bois agglomérée; généralement lisses, elles peuvent être arrondies ou allongées. Elles sont illustrées, avec des variantes, à la figure 146. La quantité de crottin présente à un endroit est supérieure à ce qu'on retrouve pour un wapiti, ce qui est normal, étant donné que l'animal est beaucoup plus gros. Dans 18 échantillons de crottin d'hiver, le volume moyen était d'un litre et variant entre 50 cl et 2 l; le nombre de crottes variait de 78 à 192, autour d'une moyenne de 128. Fait à noter, les échantillons trouvés près d'un endroit où un orignal s'est étendu longtemps sont généralement gros, tandis que ceux qui bordent un parcours où l'animal s'est alimenté sont plus fréquents et moins volumineux.

Au milieu de l'été, les crottes sont molles et peuvent être aussi informes que certaines bouses de vache. Au printemps et en automne, lors de la transition entre les aliments juteux et ligneux, les crottes sont intermédiaires: elles ont la forme de boulettes, mais déformées et réunies en masses. Ces masses sont plus grosses que celles produites par un wapiti.

Dans la neige ou dans l'herbe haute écrasée, on trouve des «lits» d'orignaux. Étant donné l'écart de taille entre le nouveau-né et le mâle adulte, il serait difficile de distinguer un lit d'orignal d'un lit de wapiti par sa seule grosseur, là où les deux espèces sont présentes. Les empreintes et les crottes devraient vous permettre de trancher.

En hiver, l'orignal broute les branches de sapin, de peuplier et d'autres arbres aussi haut qu'il peut. On prétend que l'orignal «abat» les petits arbres, en les recourbant avec son corps ou en les enfourchant pour atteindre les branches les plus hautes. J'avoue que je n'ai jamais observé ce comportement, mais j'ai vu des orignaux saisir un branche très haut, la plier jusqu'à ce qu'elle casse, puis brouter les pousses devenues plus accessibles. Je les ai vu faire cela avec de jeunes peupliers et de grands saules arbustifs. Dans un ravage riche en saules, ces derniers ont souvent la cime brisée, morte ou inclinée vers le bas ou dans diverses directions, comme on le voit à la figure 147. L'orignal, tout comme le wapiti, gruge l'écorce des peupliers faux-trembles (fig. 148 a).

En été, l'orignal se nourrit beaucoup de plantes aquatiques submergées, dans les étangs. Il a des préférences et fréquente régulièrement

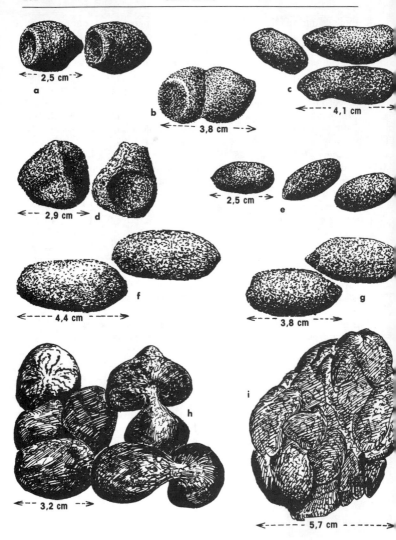

Fig. 146.   Crottes d'orignal, aux 2/3 de leur grandeur

Fig. 147. Orignal broutant des saules en hiver; cimes cassées pour rendre les branches accessibles (dessin de Grant Hagen).

certains étangs, notamment à l'aube et le soir. Il ne broute pas l'herbe de façon systématique; son cou est trop court pour cet exercice. Cependant, j'en ai vu se mettre à genoux sur leurs pattes de devant pour brouter, et leur régime comprend beaucoup d'autres plantes herbacées. Un jour, une orignale est venue se nourrir dans la végétation haute près de notre maison. Lorsqu'elle fut partie, j'inspectai les lieux et je découvris qu'elle n'avait mangé que la cime des épilobes. Vous remarquerez que les branches ou les plantes arrachées par la denture émoussée des artiodactyles ne présentent pas la coupe nette laissée par les dents aiguës des rongeurs. Comparez, par exemple, les figures 148 b) et 123 d).

Tout le monde a entendu parlé de l'appel de l'orignal, et des appelants en écorce de bouleau destinés à cet usage. Il y a beaucoup de confusion à ce sujet. Le mâle en rut produit un son grave, un bref grognement: *Mm-uh!*; c'est la femelle en rut qui produit la série de sons

Fig. 146 (page opposée)

a) Crottin, extrémité concave (Alaska).
b) Crotte double (C.-B.).
c) Crottes longues et étroites, de forme irrégulière (Wyo.).
d) Crottes de forme irrégulière (Alaska).
e) Crottes de jeune (Wyo.).
f) Grosses crottes (Minn.).
g) Crottes de jeune femelle.
h) Crottin mou, certaines crottes soudées; gros mâle (Wyo.).
 i) Crottin fusionné en une masse molle, due à des aliments juteux (Wyo.);
   h) et i) ne sont qu'une petite partie du même échantillon.

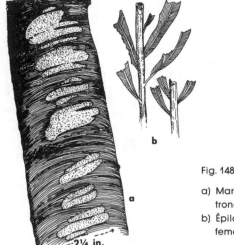

Fig. 148. Traces de l'orignal

a) Marques de dents sur un
tronc de peuplier.
b) Épilobe coupé par une
femelle (Wyo.).

graves ressemblant à des beuglements. J'ai déjà pu observer un couple, à distance raisonnable: la femelle a fait entendre un appel très net, *ouh-ou-ow-wha*, et j'ai vu le mâle lever son museau et écarter les lèvres pour lui répondre. Son grognement était trop faible pour que je puisse l'entendre d'où j'étais.

La mère et son petit communiquent par des sons faibles. Le bêlement du petit orignal est plus grave que l'appel criard du wapiti nouveau-né.

Caribou ou renne

Le membre le plus nordique de la famille des cerfs, *Rangifer tarandus*, occupe les régions circumpolaires de l'hémisphère nord. On l'appelle caribou en Amérique et renne en Eurasie. En Amérique du Nord, on le retrouve dans la toundra et la taïga du Nord, ainsi que dans certaines zones montagneuses des Laurentides, de la Gaspésie et de Terre-Neuve. Le renne domestiqué a été introduit dans les Territoires du Nord-Ouest et en Alaska.

Le caribou laisse les empreintes les plus caractéristiques des cervidés: ses sabots sont arrondis et s'écartent pour mieux supporter l'animal

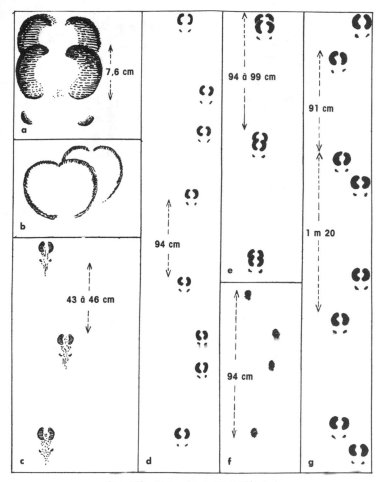

Fig. 149. Pistes de caribou (Alaska)

a) Dans le sable humide; les sabots atteignent parfois 12 cm de long.
b) Couche de neige sur la glace; seuls les sabots laissent une trace.
c) Marche dans une neige peu profonde.
d) Galop lent; une autre piste indiquait des bonds de 1 m 50; les bonds s'allongent avec la vitesse.
e) Marche, sur sable humide.
 f) Galop d'un nouveau-né; bonds de 50 cm.
g) Trot, dans le sable.

Caribou

sur la neige, selon le principe des raquettes. Sur une mince pellicule de neige, l'empreinte (fig. 149 b), est presque circulaire. On ne peut confondre les pistes du caribou avec celles de l'orignal.

Une caractéristique du pied du caribou est souvent révélée par les empreintes. On note un écart considérable entre les sabots et les ergots du pied avant. En outre, les sabots ont tendance à s'avancer au-delà du prolongement de la patte, et les ergots, à s'abaisser pour aider à

Vues ventrale et latérale
du pied avant gauche
du caribou

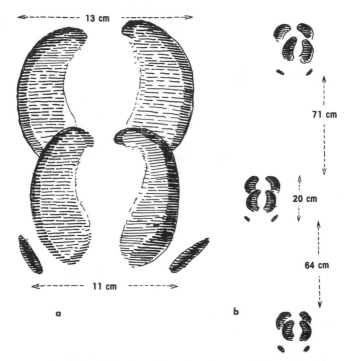

Fig. 150. Pistes du caribou, dans la boue (Alaska)

a) Empreinte du pied arrière, chevauchant légèrement celle du pied avant, plus grosse; les ergots vont avec le pied avant.

b) Marche; foulée de 25 cm.

supporter l'animal. Le pied arrière, quant à lui, est plus compact, les ergots y sont plus rapprochés des sabots et descendent moins bas. Il arrive parfois, dans une neige peu épaisse ou dans la boue, lorsque les empreintes se superposent partiellement, que l'ergot du pied avant soit suffisamment loin à l'arrière pour qu'on l'associe par erreur au pied arrière (fig. 150).

On a également observé qu'à grande vitesse, les traces d'*ergots* ont tendance à se placer à angle droit par rapport à la direction de l'animal, alors qu'elles se placent en diagonale à vitesse plus lente.

Les crottes du caribou ne sont pas aussi distinctives que ses empreintes, et ressemblent plus à celles des autres cervidés. La bouse résul-

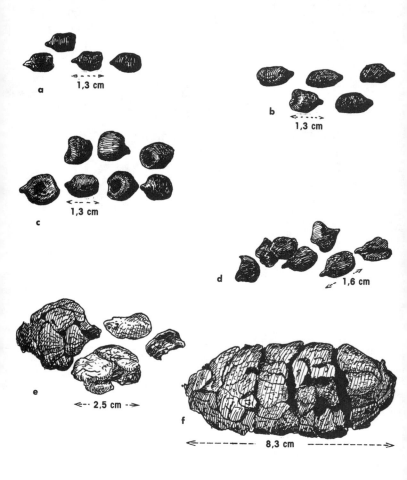

Fig. 151.   Crottes du caribou,
aux 2/3 de leur grandeur (Alaska)

a) Crottin d'une jeune femelle.
b), c) Autres spécimens typiques.
d) Crottin mou d'une femelle.
e) Crottes partiellement fusionnées.
f)   Bouse; e) et f) résultent d'aliments verts.

tant d'aliments verts ressemble à celle du mouflon et de certains autres artiodactyles (fig. 151 e) et f).

Dans les troupeaux d'artiodactyles qui se déplacent, on entend les cris des mères et de leurs petits qui s'interpellent. On connaît bien le bêlement des moutons et le meuglement des bovins dans de telles circonstances. Les caribous, quant à eux, produisent de courts grognements graves, *ah-âh, ah-âh*.

Le caribou bat les arbustes et les petits arbres pour user le duvet de ses bois. En hiver, on trouve de gros trous dans la neige, que les caribous ont creusés avec leurs gros sabots afin d'accéder au lichen.

Que ce soit dans le Grand-Nord canadien ou dans la taïga du Nouveau-Québec, les traces du caribou sont d'autant plus excitantes qu'elle sont souvent le prélude à l'observation de cet animal pittoresque.

Sanglier

Cochon et sanglier

On peut voir des pistes du porc domestique près des endroits où on l'élève, et également, aux États-Unis, dans les régions où il est redevenu sauvage, et là où il s'aventure parmi les chevreuils. Le sanglier d'Europe, *Sus scrofa*, est élevé en semi-domesticité dans des enclos au Canada, et a été relâché dans les Appalaches aux États-Unis.

Les empreintes du cochon et du sanglier sont plus rondes que celles du chevreuil. En outre, les ergots du cochon et du sanglier sont plus pointus et se trouve plus en retrait, sur le côté (fig. 152 b).

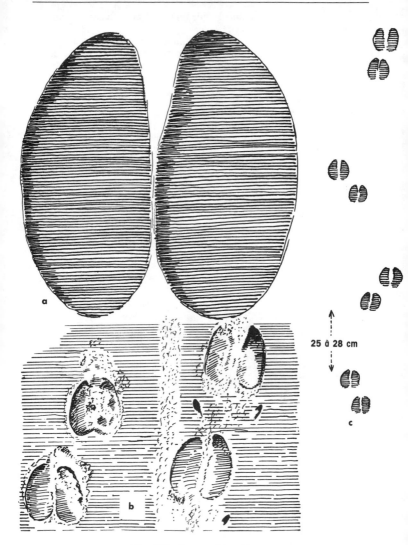

Fig. 152.   Traces du cochon

a) Empreinte de l'adulte dans la boue, réduite aux 2/3 (Iowa).
b) Empreintes dans la neige (Wyo.).
c) Piste de truie adulte, dans la boue (Iowa).

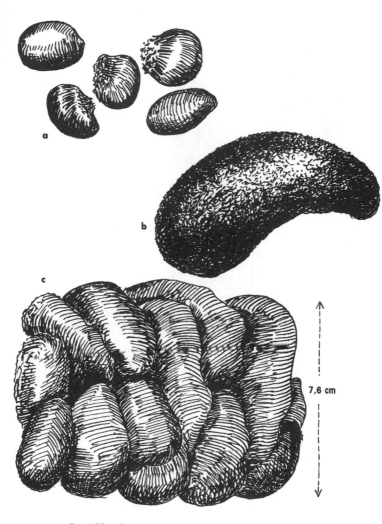

Fig. 153.   Crottes du cochon, aux 2/3 de leur grandeur
(ferme en Pennsylvanie).

a) Boulettes.
b) Type non segmenté.
c) Boulettes soudées en une masse; type courant.

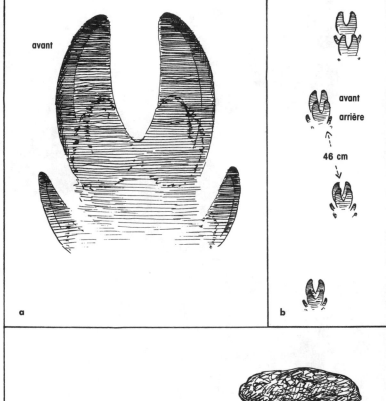

avant

avant
arrière

46 cm

a

b

c

Fig. 154. Traces du sanglier, dessinées par Carroll B. Colby
(Newport, N.H.).

Vues ventrale et latérale
d'un pied arrière droit de cochon,
aux 2/3 de la grandeur.

Plus agile que le cochon, le sanglier a des sabots plus étroits, des pattes et des foulées plus longues. Le sanglier, le cochon et le pécari creusent tous le sol et s'y vautrent, laissant des traces de leur activité. Le sanglier se frotte également sur les troncs d'arbres et les entaille avec ses défenses. Face à ces traces, comme devant celles des ours sur les arbres, il faut rechercher des poils et des pistes pour identifier l'animal (fig. 154),

M. LeRoy C. Stegeman, qui a étudié le sanglier au Tennessee, écrit que les sangliers se frottent sur les arbres jusqu'à une hauteur de 94 cm. Il ajoute:

La piste du sanglier est plus étroite que celle du cochon, les empreintes formant presque une ligne droite. Les empreintes du cochon sont décalées, formant deux lignes ou une ligne en zigzag (fig. 152 c). Le sanglier escalade en courant ou en sautant des pentes trop fortes pour un cochon. Le sanglier est un bon sauteur et franchit des obstacles comme des bûches, alors que le cochon les contournerait ou passerait en dessous. Les sangliers franchissent fréquemment les ruisseaux sur des billots, tandis que les cochons traversent à gué. Le

Fig. 154 (page opposée)

a) Empreinte du pied avant; le pied arrière est un peu plus petit; les sabots s'écartent sous le poids de l'animal; les ergots du pied avant laissent généralement des traces, rarement ceux du pied arrière; grandeur nature.

b) Les pistes indiquent généralement le trot, allure que prend l'animal même sur une courte distance; le pied arrière se superpose alors partiellement au pied avant.

c) Les crottes dépendent du régime alimentaire et de la grosseur de l'animal.

sanglier est beaucoup plus haut sur pattes que le cochon. La hauteur à laquelle les arbres sont maculés de boue est donc un bon indice de l'identité de l'animal.

La forme des crottes du cochon varie selon le type de nourriture ingérée. Elles peuvent être molles et presque informes, mais les aliments solides donnent plutôt des boulettes, qui peuvent être fusionnées en une masse (fig 153 c) ou séparées a). En b), on voit un type de consistance plus uniforme, sans segmentation. Lorsqu'il se nourrit de graminées, le cochon produit des crottes sèches qui ressemblent au crottin de cheval en plus petit. On trouve donc chez le cochon des excréments comparables à ceux du wapiti et de l'orignal, qui varient avec les saisons.

Pécari

Le pécari, *Pecari angulatus*, appartient à une famille voisine de celle des porcs. Il habite l'Amérique centrale et le Mexique, mais il s'est établi également dans le sud-ouest du Texas, le sud de l'Arizona et le sud-est du Nouveau-Mexique.

Le pécari habite le pays des *Prosopis* et des cactus, parfois les collines aux arbres épars et même les montagnes. Il est reconnu pour utiliser des terriers, des bûches creuses, parfois les grottes au milieu des falaises. Lors d'un voyage en Arizona, j'ai trouvé des tas de matière fécale dans de telles grottes; la plupart étaient comme celles de la figure 155, mais il y en avait beaucoup d'aplaties, en forme de crêpes grossières, qui avaient d'abord été semi-liquides. Le régime du pécari est très varié: racines, fruits, cactus, noix, insectes, oeufs et toute la viande qui lui est accessible.

Les traces de sabots sont plus petites que celles du cochon, mais ont le même aspect général (fig. 155). Le pécari n'a qu'un ergot au

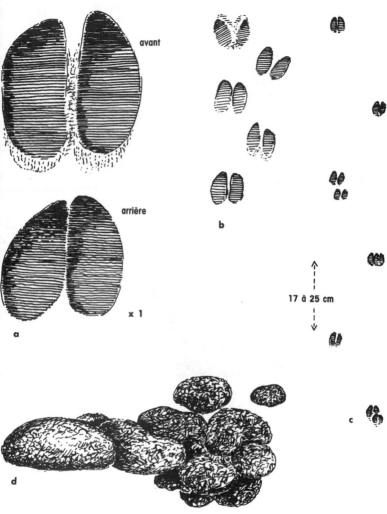

17 à 25 cm

Fig. 155.   Traces du pécari

a) Empreintes typiques dans l'argile, grandeur nature; sabots avant, 3,8 cm de long env.; sabots arrière, 3,2 cm de long (zoo Fleishhacker, Cal.).
b) Empreintes dans la boue, avec variantes (Tex. et Ariz.).
c) Piste dans la boue; largeur, 10 à 13 cm env. (Ariz).
d) Excréments (Ariz.).

pied arrière, mais il n'est pas visible dans les empreintes que j'ai trouvées. Animal actif, le pécari exécute facilement des bonds de 1 m 80, et on a signalé un saut de 3 m 30 chez un animal effrayé.

Lorsqu'il est suffisamment effarouché ou excité, le pécari produit une forte odeur assez caractéristique pour être détectée par l'odorat humain, et certainement rapidement détectée et interprétée par les autres pécaris et leurs ennemis.

Ces animaux s'expriment par un grognement ou un cri aigu. Leur présence se repère plus facilement, cependant, par les trous qu'ils font dans le sol et par les amas de leurs excréments dans les grottes.

Antilope d'Amérique

L'antilope d'Amérique, *Antilocapra americana*, est le seul membre de la famille des antilocapridés, dont le nom, fusion des mots «antilope» et «chèvre», indique qu'elle est intermédiaire entre deux familles. C'est un animal de la steppe, qui habite le sud de la Saskatchewan et de l'Alberta, l'Ouest américain, et le nord du Mexique.

Fig. 156 (page opposée)

a) Empreinte de faon, aux 2/3 de la grandeur (p. nat. de Yellowstone).
b) Empreintes d'un adulte, dans la boue, aux 2/3 de leur grandeur; avant, 8,3 cm de long; arrière, 7,0 cm (Nev.).
c) Piste de jeune antilope dans la boue (Nev.).
d) Piste d'un adulte courant lentement (Nev.).

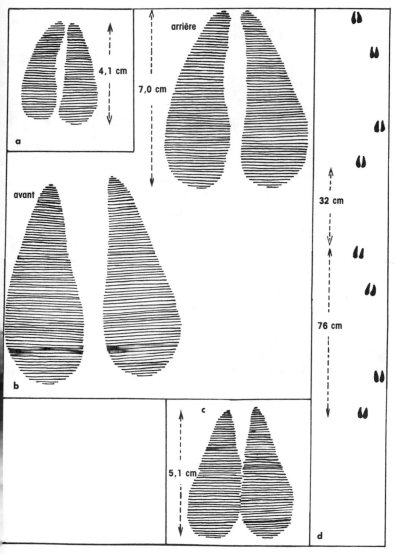

Fig. 156. Pistes de l'antilope d'Amérique

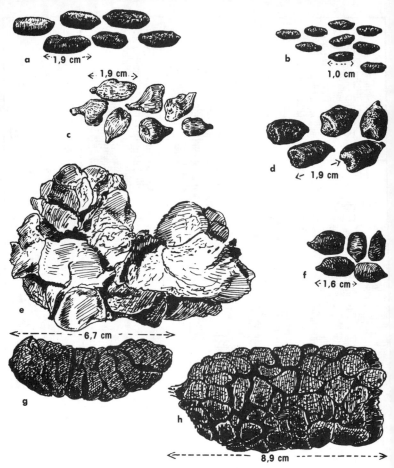

Fig. 157.   Crottes de l'antilope d'Amérique,
aux 2/3 de leur grandeur (Nev.).

a) Crottin d'adulte.
b) Crottin de faon.
c) Boulettes visqueuses d'adulte.
d) Boulettes dures.
e) Bouse.
f) Crottin de mâle adulte.
g) Bouse de jeune animal.
h) Bouse composée de boulettes agglomérées.

Ce gracieux animal est bâti pour la course et aime exercer cette faculté. J'ai vu souvent des troupeaux s'enfuir prestement, juste pour le plaisir de courir. Leur allure à la course est égale et souple, et l'animal est à peine soulevé à chaque bond.

Donald D. McLean, de Californie, a noté un bond d'au moins 8 m de long: «J'ai mesuré deux bonds de cette longueur dans le comté de Lassen, au-dessus d'une tranchée à fond de boue.» D'autres pistes indiquaient des bonds de 4 m 25 en moyenne, à grande vitesse.

Pour en arriver à des bonds de 4 m 25, M. McLean a mesuré la distance séparant deux empreintes du pied arrière droit. M. Morris F. Skinner, qui a étudié la course de l'antilope au Nebraska, a calculé que la distance séparant les quatre pattes au moment où elles touchaient le sol était de 2 m 75, et qu'il y avait de 1 m 80 à 2 m 10 entre les groupes d'empreintes, ce qui revient sensiblement au même.

M. Skinner a suivi un mâle adulte en roulant en auto entre 64 et 70 km/h; une femelle a couru entre 60 et 67 km/h. Au début, la femelle gardait la tête haute, puis elle a ramené les oreilles en arrière et étiré la tête et le cou vers l'avant quand elle a accéléré.

L'antilope d'Amérique n'a pas d'ergots, ce qui lui donne le pied le plus aérodynamique qui soit, à l'exception de celui du cheval, qui a un seul doigt.

Les empreintes de l'antilope sont assez semblables à celles du cerf, mais leur extrémité postérieure est généralement plus large. Certaines empreintes sont toutefois difficiles à distinguer. La figure 156 en présente l'aspect général. Dans certaines régions, le cerf mulet partage l'habitat de l'antilope, et leurs pistes peuvent être confondues.

À bien des points de vue, les crottes de l'antilope ressemblent à celles du cerf et du mouflon. Les crottes d'été forment souvent une masse étroite et allongée, très semblable à certaines crottes du mouflon: comparez les figures 157 et 159. Devant ce genre de crottes, dans les champs d'armoises, j'ai parfois pensé d'abord au coyote.

L'antilope a l'habitude de gratter le sol avec un sabot avant de déféquer ou d'uriner; c'est le contraire du comportement du lynx roux, qui *recouvre* ses excréments de terre. Les deux types de grattage peuvent donc être distingués, même sans l'aide des crottes, qui sont assez différentes.

Quand elle est surprise ou inquiétée, l'antilope produit un sifflement fort et assez aigu, semblable à celui du cerf de Virginie, mais apparemment plus musical: *hieou-ou-ou-ou!*. L'appel de la mère à son petit est un bêlement faible. Lorsque l'antilope est énervée ou curieuse, elle tape d'un pied, comme le fait le cerf.

Mouflon

Les deux espèces de mouflon, le mouflon d'Amérique, *Ovis canadensis*, et le mouflon de Dall, *Ovis dalli*, appartiennent au même genre que le mouton. Elles habitent la cordillère de l'Ouest, depuis l'Alaska et les Territoires du Nord-Ouest jusqu'au nord du Mexique et à la Basse-Californie.

Les mouflons font des pistes qui ressemblent à celles des cerfs. En général, cependant, leurs sabots ont des bords plus droits, et l'empreinte est rarement cordiforme. En d'autres termes, les empreintes sont généralement plus carrées, moins pointues. On ne peut nier, cependant, que dans certains cas il est difficile de préciser; les empreintes illustrées à la figure 158 sont celles qui se distinguent le plus de celles du cerf.

Pour ce qui est des crottes, comparez leur diversité à la figure 159 avec la variété illustrée pour les espèces de cerfs. Le dépistage de ces animaux n'est pas facile; on doit tenir compte de l'endroit où se trouvent les traces: sur les plates-formes rocheuses ou dans les bois fréquentés par les cerfs.

Le mouflon d'Amérique se couche sur de hautes corniches, d'où il a un bon point de vue sur ce qui l'entoure. Le mouflon gratte le sol avec un sabot pour faire une dépression lisse, puis s'y étend pour la nuit. Le même lit est utilisé souvent, et les endroits occupés depuis longtemps sont reconnaissables à la forte accumulation d'excréments.

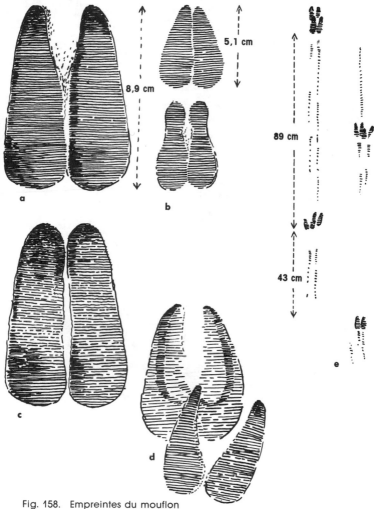

Fig. 158. Empreintes du mouflon

a) Empreinte du mouflon d'Amérique dans la boue (Wyo.).
b) Empreintes d'un jeune mouflon dans la boue (Wyo.).
c) Empreinte du mouflon d'Amérique dans la boue (Vallée de la Mort, Cal.).
d) Empreintes du mouflon de Dall (Alaska).
e) Piste du mouflon de Dall dans la neige (Alaska).

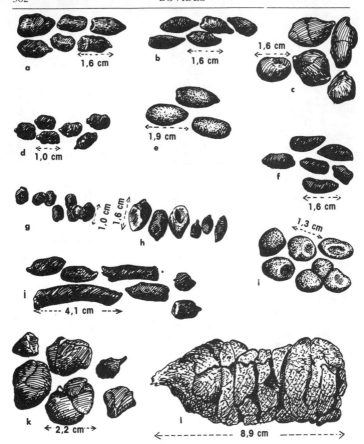

Fig. 159. Crottes de mouflon, aux 2/3 de leur grandeur

a) Mouflon de Dall mâle (Alaska).
b) Mouflon de Dall (Alaska).
c) Mouflon d'Amérique (Tex.).
d) Mouflon de Dall d'un an (Alaska).
e), f) Mouflon d'Amérique (Tex.).
g) Jeune mouflon de Dall (Alaska).
h) Mère et petit du mouflon d'Amérique (mts Wind River, Wyo.).
 i) Excréments argileux de mouflon d'Amérique, près d'une source miné-
    rale (Jackson Hole, Wyo.).
 j) Mouflon d'Amérique, aliments tendres (Wyo.).
k) Mouflon d'Amérique, excréments mous (Wyo.).
 l) Crotte de mouflon d'Amérique résultant d'aliments verts (Wyo.).

Le cri du mouflon est le bêlement du mouton. Toutefois, les troupeaux de mouflons sont plutôt silencieux, comparés à ceux de leurs cousins domestiques.

Mon frère et moi avons déjà profité de ce cri pour photographier le mouflon de Dall en Alaska. J'étais embusqué sur une crête, attendant un groupe de mouflons qui venaient vers moi. Ils étaient au bas de la pente, hors de mon champ de vision, et je ne savais pas où ils déboucheraient. Mon frère était sur la pente, à un endroit d'où il pouvait à la fois me voir et voir les mouflons; imitant leur bêlement pour ne pas les effrayer, il m'orientait en même temps: «*Bêêê*, ils vont à droite…, *bêêê*, ils remontent vers toi.»

Ainsi guidé, j'ai pu les photographier quand ils sont arrivés au sommet.

Avec un peu de chance, vous pourriez assister à un événement important de la vie des mouflons: à l'automne, dans les Rocheuses, si vous entendez un grand bruit sourd, comme une portière de voiture refermée violemment, ou deux planches de bois qu'on frappe ensemble, remontez à sa source: vous serez peut-être témoin d'un duel entre mouflons mâles, qui s'affrontent à coups de cornes.

Mouton

Les pistes et les crottes du mouton domestique peuvent être prises pour celles du chevreuil, du mouflon ou des chèvres; voyez les figures 156 à 162. Dans la Prairie et les Rocheuses, il y a de grands troupeaux de moutons: si vous trouvez une grande quantité de pistes qui traversent la campagne, avec des sabots ressemblant à ceux de la figure 160, vous pourrez sans peine identifier le mouton. Les chevreuils sont solitaires ou se tiennent par petits groupes. Les mouflons et les chèvres

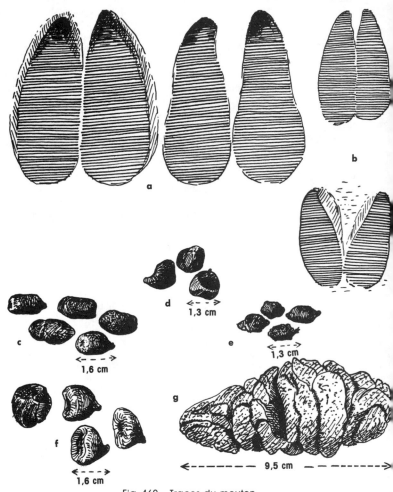

Fig. 160. Traces du mouton

a) Empreintes typiques de brebis, réduites aux 2/3 (Utah).
b) Empreintes d'agneaux dans la boue, réduites aux 2/3 (Utah).
c) Crottin de brebis (Wyo.).
d), e), f) Boulettes semi-molles (Tex., Cal., Utah).
g) Bouse typique due à des aliments juteux (Utah).

domestiques sont passablement isolés eux aussi, ou en groupes de quelques individus.

Quant aux pistes, le chevreuil a de plus longues pattes que le mouton, et fait de plus grandes enjambées.

Il est bon de se renseigner sur la présence des moutons dans un territoire donné: leur absence simplifie l'identification des traces d'animaux. Les naturalistes réduisent ainsi le champ des possibilités quand ils travaillent sur le terrain. À une occasion, dans les Tétons au Wyoming, j'ai trouvé des indices de la présence soit du mouflon, soit du mouton; il fallait absolument que j'identifie l'animal, pour régler un problème de réserve à gibier. J'étais incapable d'identifier les bêtes à partir des abondantes matières fécales qui se trouvaient sur les pentes, en altitude. Ce n'est qu'en retrouvant la dépouille d'un mouflon et en me renseignant sur les territoires alloués aux éleveurs de moutons que j'ai pu confirmer que les animaux présents étaient bien des mouflons.

La figure 160 révèle les différences et, je le crains, les ressemblances qui peuvent exister avec les empreintes et les crottes d'autres animaux.

Chèvre de montagne

Le meilleur alpiniste parmi nos gros mammifères est la chèvre de montagne, *Oreamnos americanus*, qui occupe les sommets et les corniches de la cordillère depuis l'Alaska et le Yukon jusque dans l'État

306

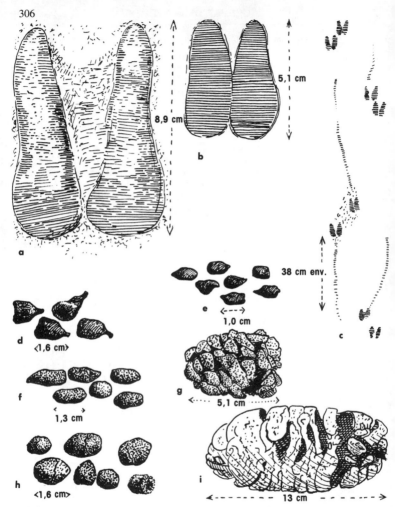

Fig. 161.   Traces de la chèvre de montagne

a) Empreinte typique dans la neige.
b) Empreinte de chevreau, dans la boue.
c) Marche, dans une neige peu épaisse.
d) Crottes, fin de l'été et début de l'automne.
e) Crottes de chevreau, fin de l'été.
f), h) Crottin d'hiver.
g) Crottes de fin d'été : boulettes réunies en une masse.
i) Bouse d'été, due à des aliments juteux.

de Washington et l'Idaho, ainsi que dans les Black-Hills du Dakota-Sud.

Les empreintes de la chèvre de montagne ressemblent à celles du mouflon: ses sabots ont tendance à s'écarter de façon à produire une empreinte quelque peu carrée (fig. 161).

Les crottes sont faciles à confondre avec celles des chevreuils, des mouflons et des moutons, comme on le voit en comparant les illustrations, mais elles sont généralement un peu plus petites. Il est intéressant de voir la transition entre les types de crottes, de la bouse d'été due aux aliments verts (fig. 161 i) au crottin d'hiver illustré en f) et h), qui est dû à des aliments secs.

Comme les autres habitants des massifs montagneux, la chèvre de montagne se couche sur les plates-formes rocheuses, où on retrouve ses lits de poussière et ses crottes. Comme le mouflon, elle se réfugie également dans les grottes.

Chèvre domestique

Il existe de nombreuses races de chèvres domestiques, et leurs empreintes varient avec leur taille. En général, c'est aux pistes et aux crottes de la chèvre de montagne que les leurs ressemblent le plus, comme on le constate en comparant les figures 161 et 162. Les chèvres domestiques ne fréquentent pas le domaine des chèvres de montagne dans les Rocheuses, et il ne devrait pas y avoir de confusion possible entre ces deux espèces sur le terrain. Dans le sud-ouest des États-Unis et au Mexique cependant, les chèvres domestiques s'aventurent souvent en altitude, dans l'habitat du mouflon et du chevreuil. Par conséquent, il faut examiner attentivement les pistes d'artiodactyles dans ces régions. Les empreintes illustrées ici, notamment aux figures 160, 161 et 162, devraient aider à distinguer les pistes de cet animal de celles des espèces sauvages.

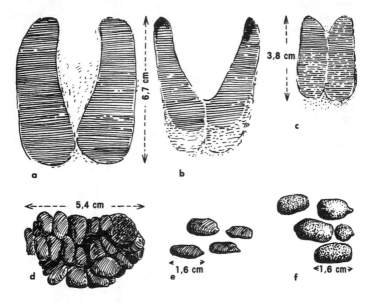

Fig. 162. Traces de la chèvre domestique

a), b) Empreintes dans la boue (î. de Kanaga, Alaska).
c) Empreinte de chevreau (î. de Kanaga).
d) Bouse d'été (î. de Kanaga).
e) Crottin d'hiver (Wyo.).
f) Crottin d'hiver (Tex.).

Bison

Le bison d'Amérique, *Bison bison*, ne vit plus à l'état sauvage, aujourd'hui, que dans quelques parcs et réserves de l'Ouest canadien et américain, comme dans les parcs nationaux de Wood-Buffalo, d'Elk-Island et des lacs Waterton, en Alberta, celui de Prince-Albert en Saskatchewan, et celui de Yellowstone aux États-Unis.

Les empreintes du bison ressemblent beaucoup à celles des bovins d'élevage. En terrain dur, où seule la bordure externe du sabot laisse une trace claire, la présence de deux doigts n'est pas évidente, et la première impression pourrait être celle d'une empreinte de cheval. Les

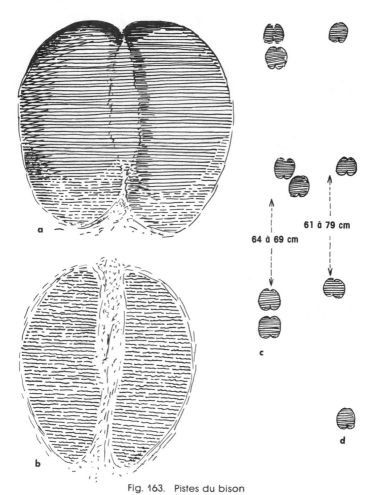

Fig. 163. Pistes du bison

a) Empreinte typique dans la boue, 13 x 13 cm (p. nat. de Yellowstone).

b) Empreinte restaurée d'un superbison disparu, trouvé en Alaska (moulage du pied avant gauche d'un jeune spécimen du Pleistocène obtenu par Otto W. Geist).

c), d) Deux variantes de la piste du bison à la marche. L'empreinte du pied avant est légèrement plus grande que celle du pied arrière (parc nat. de Yellowstone).

Fig. 164. Traces du bison

a) Dépression dénudée créée dans la Prairie par les bisons qui s'y vautrent.

b) Bouse molle séchant en crêpe de 30 cm de diamètre environ, due à du fourrage vert.

c) Crotte plus dure et stratifiée, due à des aliments plus secs.

Page opposée : Bison se frottant sur les arbres, et anneaux de frottement, en plus pâle sur l'écorce.

Bisons

crottes ressemblent beaucoup, elles aussi, à celles du boeuf, à la fois
les bouses molles et les types stratifiés, plus durs. A la figure 163 b)
on voit une empreinte restaurée d'un jeune superbison du Pleistocène
de l'Alaska, produite à partir d'un moulage en plâtre de la patte d'un
spécimen retrouvé par M. Otto W. Geist. Le pied a évidemment rape-
tissé considérablement et l'empreinte devrait être plus grande, mais
on constate une grande ressemblance avec l'empreinte du bison
moderne.

Dans une pinède de la vallée de Hayden dans le parc de Yellowstone, les bisons se sont tellement frotté le corps et les cornes contre
les arbres que la plupart des troncs présentent un anneau d'usure pâle.
On y trouve de longs poils de bison, bruns et un peu crépus, accrochés à l'écorce. En Oklahoma, j'ai vu des arbres isolés si usés de cette

façon, qu'ils en étaient morts. Les bisons se frottent également contre des rochers, des poteaux de téléphone ou tout autre gros objet commode. À côté, le sol est piétiné, et on trouve généralement quelques poils.

Les dépressions poussiéreuses où les bisons aiment à se rouler ont toujours fait partie du paysage de la Prairie (fig. 164 a). Contrairement aux chevaux, les bisons ne font pas un tour complet en se roulant dans la poussière; je suppose que leur bosse les en empêche. Il paraît qu'autrefois, les bisons ouvraient avec leurs cornes le sol d'un endroit détrempé, puis s'y roulaient jusqu'à ce que leur corps soit littéralement couvert de plaques de boue. Ce comportement rappelle celui du wapiti mâle à l'époque du rut, et pourrait avoir la même signification.

Boeuf musqué

Le boeuf musqué, *Ovibos moschatus*, a élu domicile dans les terres les plus nordiques du monde, et rares sont ceux qui ont eu l'occasion de le voir dans son domaine. Il y a longtemps, j'ai débarqué dans l'île de Nuvinak, dans la mer de Béring, où quelques boeufs musqués avaient été relâchés. Il y avait là, au milieu des dunes, un vieux mâle qui prit une allure toute belliqueuse quand je me suis approché pour le photographier. C'est là que j'ai pris ses empreintes, qui ressemblent tant à celles du bison et du boeuf domestique.

Le boeuf musqué est une bête étrange qui s'accommode de la toundra du Haut-Arctique, au Canada et au Groenland, où son long manteau lui est bien utile. L'espèce a un comportement bien particulier: quand des loups ou des chasseurs s'approchent d'un troupeau, les adultes se mettent tous en cercle, les cornes face à l'ennemi et les petits regroupés au centre, bien à l'abri. Jadis, quand une expédition voulait capturer un jeune pour un jardin zoologique, il fallait d'abord abattre la muraille défensive des adultes pour avoir accès aux petits.

Les pistes illustrées à la figure 165 ressemblent à celles du boeuf domestique. Elles proviennent de l'île de Nunivak. Rassurez-vous cependant, vous ne trouverez pas de bétail dans l'aire de distribution naturelle du boeuf musqué.

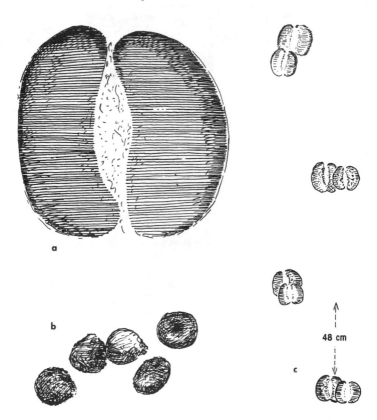

Fig. 165. Traces du boeuf musqué (île de Nunivak, Alaska)

a) Empreinte dans la boue, environ 13 x 13 cm.
b) Crottes en forme de boulettes.
c) Piste dans le sable; largeur, environ 25 cm; empreinte avant, 13 x 13 cm; empreinte arrière, 10 x 10 cm.

Boeuf domestique

Dans de nombreuses régions de l'Ouest, où les bovins partagent de grands territoires avec le wapiti et d'autres gros mammifères, les pistes peuvent parfois porter à confusion. Les empreintes du boeuf ressemblent à celles du bison et du boeuf musqué. Celle d'un gros veau ou d'un jeune d'un an est facile à confondre avec l'empreinte du wapiti adulte. L'empreinte du boeuf ou de la vache est cependant plus grosse et plus massive que celle du wapiti.

Les crottes des bovins sont semblables à celles du bison, et présentent les mêmes variantes. Il faut savoir que certaines crottes de wapitis mangeant du fourrage vert en été ressemblent beaucoup elles aussi à celles des bovins en cette saison. Il est alors difficile de les distinguer autrement que par le volume moyen des excréments, qui est bien inférieur chez le wapiti. Comparez les figures 132 et 143.

Cheval et âne

Les empreintes du cheval peuvent difficilement être prises pour celles d'un autre animal. Le cow-boy de l'Ouest doit absolument savoir reconnaître les pistes de chevaux, pour pouvoir retrouver et rassembler, souvent à partir d'empreintes fragmentaires, des animaux égarés dans la montagne. Normalement, l'empreinte du cheval révèle un sabot unique, arrondi ou ovale, avec une encoche en V au milieu. Un cheval ferré laissera bien sûr une empreinte fortement délimitée par le fer. Sur une boue ferme, on voit les crampons du doigt et du talon. L'empreinte de la mule est plus petite et plus étroite que celle du cheval, et celle de l'âne est encore plus petite. Les empreintes reprodui-

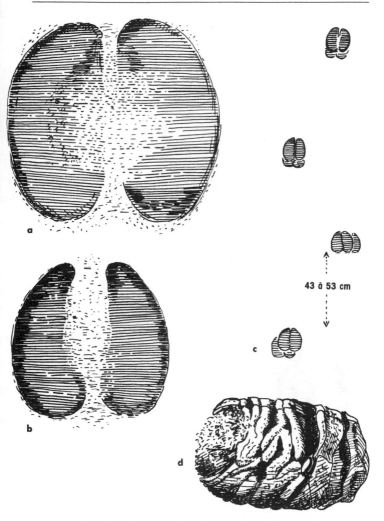

Fig. 166. Traces du boeuf domestique (Wyoming)

a) Empreinte de bovin Hereford, dans la boue; 11 à 12 cm de long.
b) Empreinte de gros veau; 7,6 cm de long.
c) Piste de vache Hereford; pas de 43 à 53 cm.
d) Crotte, type ferme, 17 cm de long.

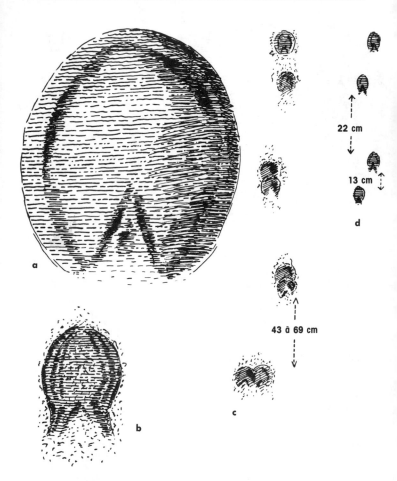

Fig. 167.   Empreintes du cheval et de l'âne

a) Empreinte de cheval de selle dans la neige; empreinte avant, 15 cm
   de long; empreinte arrière, 14 cm (Wyo.).
b) Empreinte de jeune âne dans la poussière; 6,4 cm de long environ
   (Nev.).
c) Piste de cheval de selle dans une neige légère; la position relative des
   empreintes avant et arrière varie; ici, le pied antérieur devance le pied
   postérieur ou est à égalité avec lui.
d) Piste de l'âne dont l'empreinte est présentée en b).

Chevaux

tes à la figure 167 a) et c) sont celles de chevaux de selle non ferrés, du genre de ceux qu'on trouve dans les montagnes. De toute évidence, les gros chevaux de trait, s'il en reste encore, laissent des empreintes beaucoup plus grandes.

Le crottin du cheval est caractéristique et nous est familier. Une observation intéressante nous ramène à l'époque où des chevaux redevenus sauvages peuplaient les plaines de l'Amérique, il y de cela quelques siècles. (Il y a à nouveau des chevaux sauvages dans l'Ouest américain, et des ânes sauvages dans le sud-ouest des États-Unis.) On a observé qu'une fois qu'un étalon sauvage a établi son territoire avec un groupe de juments, il dépose son crottin régulièrement au même endroit, au point de produire un monticule de bonne hauteur. Apparemment, le rhinocéros mâle fait la même chose, ce qui n'est peut-être pas étonnant, puisque les deux espèces appartiennent à l'ordre des ongulés à sabots impairs, les périssodactyles.

Dans certains coins de l'Ouest, il est encore possible de se cacher à un point d'eau, et de voir au point du jour les antilopes et les chevaux sauvages avancer parmi les armoises et venir s'abreuver. Quel spectacle émouvant que celui d'une bande de chevaux qui s'étire en dévalant une colline dans le désert, crinières au vent, le regard vif et alerte, à nouveau sauvages comme l'étaient leurs ancêtres, bien avant l'homme moderne!

Tapir

Parent du cheval et du rhinocéros, le tapir habite les régions tropicales de l'Amérique. Il y a deux espèce: celle qui habite l'Amérique centrale et le sud du Mexique, *Tapirus bairdi*, est la plus petite.

Dans la Zone du canal de Panama, j'ai trouvé l'empreinte caractéristique à trois sabots, dans la boue, là où un tapir avait traversé de
petits cours d'eau. Souvent, les empreintes bien nettes suivaient des
sentiers tracés par l'homme dans la forêt. Le tapir parcourt aussi ses
propres sentiers, qui ressemblent à des sentiers de bovins, sauf que
les empreintes ont trois sabots. Les tapirs vont à l'eau et se roulent
sur le dos dans les mares peu profondes.

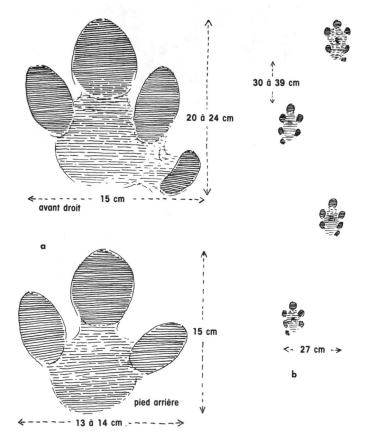

Fig. 168.   Empreintes du tapir (Zone du canal de Panama)

a) Empreintes avant et arrière, dans la boue.
b) Piste à la marche, dans la boue; le pied arrière se superpose légèrement au pied avant.

Tapir

À la figure 168 a), on voit le quatrième doigt du pied antérieur, ce qui n'est pas toujours le cas dans les empreintes, en particulier quand celle du pied arrière se superpose à celle du pied avant. La largeur de la piste que j'ai mesurée dépassait un peu 25 cm.

Oiseaux

LES OISEAUX sont faciles à reconnaître à leur vol, à leur chant et à leurs vives couleurs. Le recours à leurs traces peut sembler superflu, mais celles-ci sont utiles, et même parfois indispensables, pour certaines études. Dans les pages qui suivent, on trouvera les pistes de groupes d'oiseaux représentatifs, le plus facilement repérables lors d'expéditions de dépistage, à l'exception de l'un d'eux, le condor, devenu extrêmement rare.

En général, les oiseaux chanteurs qui, comme les parulines et les bruants passent le plus clair de leur temps perchés, sautillent quand ils sont sur le sol, de sorte que leurs empreintes sont jumelées. Les ansériformes et les galliformes, de même que les espèces qui passent beaucoup de temps au sol, comme le corbeau, la pie et le merle, marchent ou courent. Les oiseaux du premier groupe laissent une série d'empreintes parallèles, ceux du deuxième groupe, des empreintes alternées. Il y a bien sûr des exceptions, comme le junco, dont les empreintes sont alternées. Ou encore le grand-duc, qui marche sur le sol et vit pourtant dans les arbres. (fig. 169 à 176).

Les crottes des oiseaux, dont plusieurs sont illustrées ici (fig. 177 à 179) diffèrent nettement de celles des mammifères, mais certaines sont difficiles à distinguer les unes des autres. Comme chez les mammifères, les excréments durs peuvent indiquer des aliments secs, comme des rameaux et des bourgeons pour la gélinotte, tandis que les matières semi-liquides dénotent souvent des aliments juteux. Les crottes des oiseaux sont souvent recouvertes, au moins à une extrémité, d'une matière calcaire blanche.

Les pelotes régurgitées par certains oiseaux (fig. 180-182) ressemblent à première vue aux crottes de certains carnivores, mais se composent uniquement de plumes, de poils et d'os, sans les résidus de digestion présents dans les crottes de carnivores. Ces résidus se présentent comme une matière friable et terreuse qui lie les poils et les os dans les crottes de carnivores.

Les pelotes de déjection sont extrêmement utiles pour l'étude du régime alimentaire de certains oiseaux. Toutefois, les séries présentées ici révèlent tellement de variations de taille et de forme pour un même oiseau, en fonction du type de nourriture ingérée, qu'il n'est pas utile d'étudier les pelotes sans référence à un nid ou à un perchoir connu. Remarquez, par exemple, la variation extrême des pelotes du grand-duc (fig. 182 c); notez également la ressemblance générale entre ses pelotes et celles de l'aigle royal. Je trouve nécessaire de détermi-

Lagopède des saules à l'envol; les galliformes et divers autres oiseaux laissent souvent des traces d'ailes dans la neige quand ils s'envolent.

ner autrement quel oiseau utilisait un perchoir ou un nid particulier avant de recueillir des pelotes pour étude.

Malgré toutes ces contraintes, on peut apprendre beaucoup sur l'histoire naturelle des oiseaux par leurs traces. Une accumulation de crottes caractéristiques (fig. 178 e) sur une bûche ou à côté révèle un perchoir de tambourinage de la gélinotte huppée. Des empreintes particulières, autour d'un morceau de viande morte dans les bois, vous indiquent que la vue perçante des corbeaux et des pies l'avait déjà repéré. Des traînées de guano blanc sur la face d'une falaise dénotent la présence d'un nid de rapace ou de corbeau. Des souillures blanches parmi la végétation, dans le bois, devraient vous inciter à rechercher un nid, au-dessus. On trouve une certaine satisfaction à suivre les oies, les canards et les goélands qui se sont promenés sur la rive d'un cours d'eau, en particulier quand les crottes et quelques plumes aident à identifier les empreintes. Il est utile de savoir distinguer la grue - dotée d'un petit pouce - du héron - muni d'un grand pouce.

Vous pourriez vous demander, comme moi un jour, si l'oiseau qui a marché sur la rive de l'étang était une grue ou un dindon. Le pied de la grue est mince et le dessin des doigts est délicat tandis que le pied du dindon est plus grossier et plus raboteux sur le dessous.

J'ai donc cru bon d'accorder une certaine attention aux oiseaux dans ce guide consacré avant tout aux mammifères.

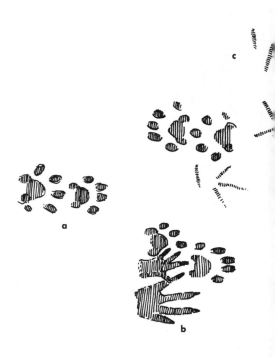

Fig. 169.   Au bord de l'eau

Certains animaux ont l'habitude de parcourir les rives des cours d'eau.
Ici, un vison (a) a fait un aller-retour. Un rat musqué (b) est passé à droite.
Des chevaliers branle-queue (c) ont laissé leurs empreintes. Une berna-
che (d) est passée par-dessus les pistes du chevalier et du rat musqué.
Les traces imparfaites, à droite, pourraient être celles d'un crapaud (e).
Toutes ces traces mettent en lumière les habitudes de divers animaux, qui
ont mêlé leurs pistes, là où ils se trouvaient chez eux. On ne voit pas tou-
jours la palmure du pied de la bernache, ni tous les doigts du chevalier.

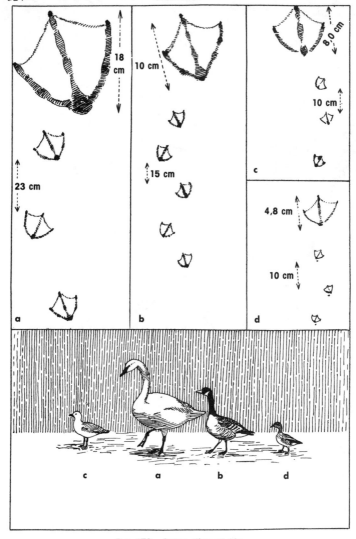

Fig. 170. Pistes d'anatidés

a) Cygne trompette, dans la boue (Wyo.).
b) Bernache du Canada, dans la boue (Wyo.).
c) Goéland à ailes grises (Wash.).
d) Sarcelle à ailes vertes (Aléoutiennes).

Fig. 171. Empreintes de galliformes

a) Gélinotte des armoises, dans la boue.
b) Tétras sombre, dans la neige.
c) Gélinotte huppée, dans la boue.
d) Faisan de chasse mâle, dans la boue.
e) Lagopède des rochers, dans la boue à gauche, dans la neige à droite;
   plumes des doigts bien développées.

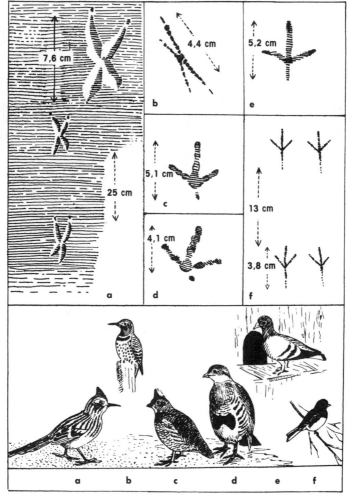

Fig. 172. Empreintes d'oiseaux divers

a) Géocoucou, dans le sable (Cal.).
b) Pic flamboyant, dans la boue.
c) Colin écaillé (Tex.).
d) Perdrix grise, dans la poussière (Nev.).
e) Pigeon biset, dans la neige.
f) Junco, dans la neige.

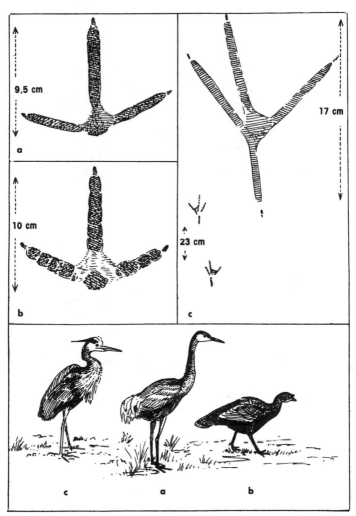

Fig. 173.   Empreintes de la grue, du dindon et du héron

a) Grue du Canada, dans la boue (Okla.).
b) Dindon sauvage, dans la boue (Okla.).
c) Pied droit du grand héron, dans la boue; plus bas, enjambée, presque en ligne droite (p. nat. de Yellowstone).

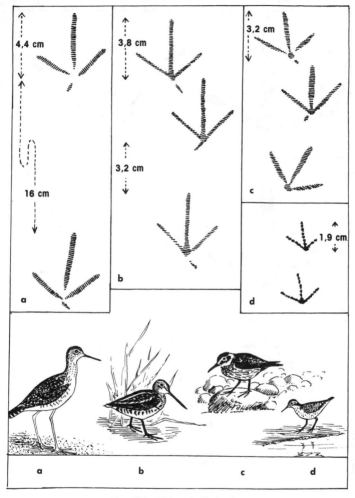

Fig. 174. Pistes de limicoles

a) Grand chevalier, dans la boue.
b) Bécassine des marais, dans la boue.
c) Bécasseau des Aléoutiennes.
d) Chevalier branle-queue, dans le sable.

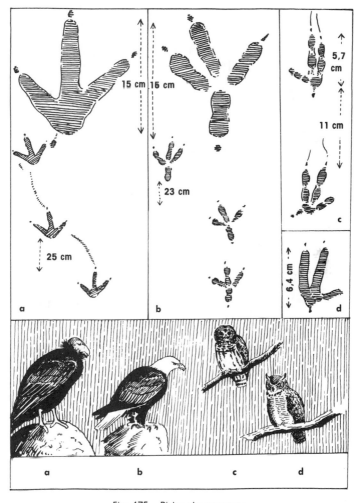

Fig. 175. Pistes de rapaces

a) Condor de Californie, dans la neige (j. zool. nat., Wash., D.C.).
b) Pygargue à tête blanche, dans le sable (Aléoutiennes).
c) Chouette rayée, dans la neige (Wash., D.C.).
d) Grand-duc d'Amérique, dans la neige (j. zool. nat.).

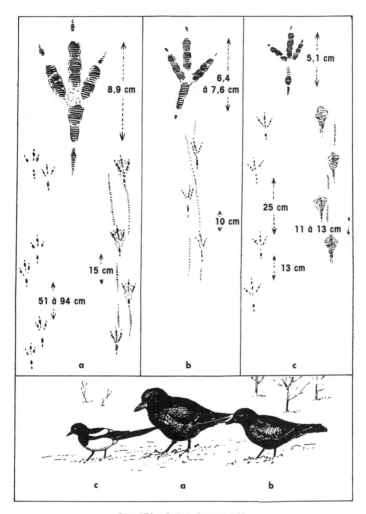

Fig. 176.   Pistes de corvidés

a) Empreinte de corbeau, dans le sable (Aléoutiennes); à gauche, bonds
   avant l'envol (Wyo.); à droite, marche dans la neige (Wyo.).
b) Empreinte de corneille dans la boue (Okla.); en bas, marche.
c) Empreinte de pie dans la neige (Wyo.); à gauche, bonds; à droite, marche, dans une neige profonde.

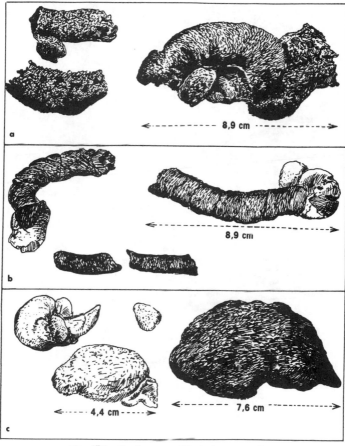

Fig. 177. Crottes, aux 2/3 de leur grandeur

a) Cygne trompette (p. nat. de Yellowstone).
b) Bernache du Canada; celle du bas, petite race caqueteuse (Aléoutiennes).
c) Grand Héron; échantillon curieux, où le plus gros spécimen serait une pelote de déjection; le héron avait mangé des mulots (Wyo.).

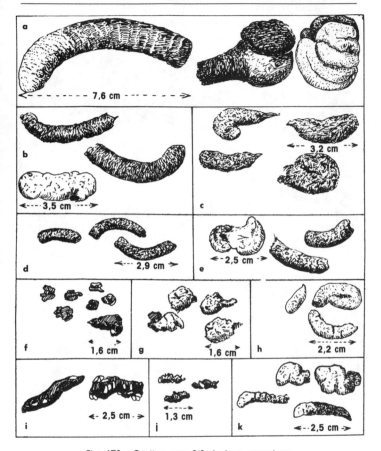

Fig. 178. Crottes, aux 2/3 de leur grandeur

a) Dindon sauvage: crotte dure à gauche (Ariz.) et un peu plus molle à droite à cause d'aliments plus juteux (Okla.).

b) Tétras sombre: crotte d'hiver vieille et desséchée, en haut; crotte d'hiver fraîche et plus grosse, au centre; crotte d'été plus molle, en bas (Wyo.).

c) Gélinotte des armoises.   d) Tétras du Canada (Minn.).

e) Gélinotte huppée; crotte d'été à gauche.

f) Colin arlequin (Tex.).   g) Petite Poule-des-Prairies (Okla.).

h) Gélinotte à queue fine (N.-Dak.).   i) Jaseur boréal, régime de fruits.

j) Solitaire de Townsend, régime de fruits.   k) Perdrix choukar (Wyo.).

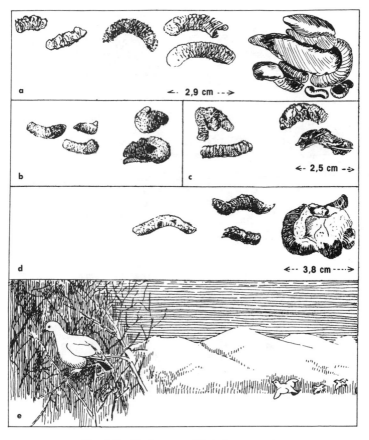

Fig. 179. Crottes, aux 2/3 de leur grandeur

a) Lagopède des rochers: à droite crotte d'été molle; les deux autres sont
   dures (Alaska).
b) Lagopède à queue blanche (Colo.).
c) Lagopède des rochers (Alaska).
d) Corbeau: à droite, matière enroulée en partie recouverte de blanc;
   à gauche, crottes plus courtes.
e) Lagopède dans le Nord; leur régime hivernal composé de bourgeons
   et de ramilles produit des crottes ligneuses.

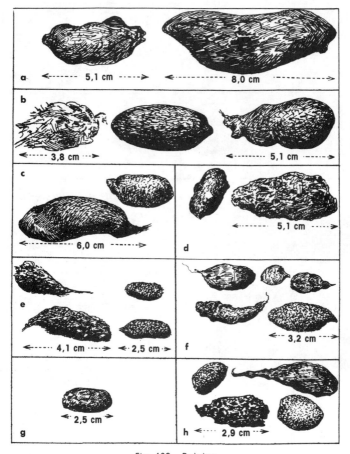

Fig. 180. Pelotes

a) Buse rouilleuse (Wyo.).
b) Buse à queue rousse: celle de gauche contient des plumes; celle de droite, des poils de spermophile (Wyo.).
c) Faucon des Prairies (Wyo.).   d) Buse de Swainson (Nev.).
e) Pie-grièche (gauche, Wyo.; droite, Nev.).   f) Crécerelle (Nev.).
g) Casse-noix (Wyo.).   h) Pie (Wyo.).

Des pelotes de gerfaut trouvées en Alaska ne se distinguaient pas de celles du faucon des Prairies (c) et présentaient la même variation de grosseur et de forme. Les deux oiseaux avaient surtout mangé des rongeurs.

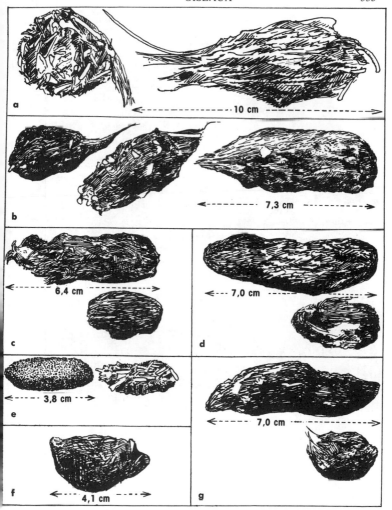

Fig. 181. Pelotes, aux 2/3 de leur grandeur

a) Goéland à ailes grises: à gauche, os et fragments d'oursins; à droite, plumes (Aléoutiennes).
c) Hibou moyen-duc (Wyo.).
b) Corbeau (Wyo.).
d) Hibou des marais (Alaska).
e) Chouette des terriers: à gauche, restes d'insectes; à droite, de rongeurs.
f) Chouette lapone (Wyo.).
g) Autour des palombes (Wyo.).

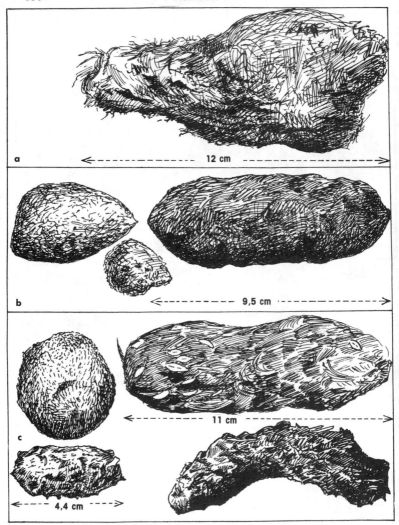

Fig. 182. Pelotes de rapaces, aux 2/3 de leur grandeur

a) Pygargue à tête blanche (Aléoutiennes).
b) Aigle royal: ces variantes peuvent se trouver dans un même nid (Nev., Wyo. et Alaska).
c) Grand-duc d'Amérique (Wyo.).

Amphibiens et reptiles

LES AMPHIBIENS ET LES REPTILES laissent eux aussi des traces de leur passage. En fait, si vous inspectez une route poussiéreuse au petit matin, vous verrez des pistes de crapauds en abondance. Vous constaterez également qu'un crapaud qui n'est pas dérangé marche au lieu de sauter (fig. 183). Par contre, je n'ai jamais pu constater que la grenouille pouvait marcher.

Dans les sables du désert, on trouve de nombreuses pistes, dont celles des lézards. Les tortues terrestres creusent des terriers, dont certains sont récupérés plus tard par la chouette des terriers. La tortue-gaufre de Floride creuse un terrier de plusieurs mètres de long, doté d'une ouverture de 20 ou 30 cm de diamètre.

Au moins trois espèces de tortues du genre *Gopherus* se sont adaptées aux habitats arides, voire désertiques, et creusent des terriers pour s'abriter dans le sol.

Gopherus polyphemus est l'espèce que l'on rencontre de la Caroline du Sud au Texas. Elle est coloniale. Ses terriers s'ouvrent par une entrée ovale d'environ 15 x 23 cm qui épouse sa forme et s'étendent parfois sur plus de 6 m sous le sol.

Tortue-gaufre, émergeant
de son terrier

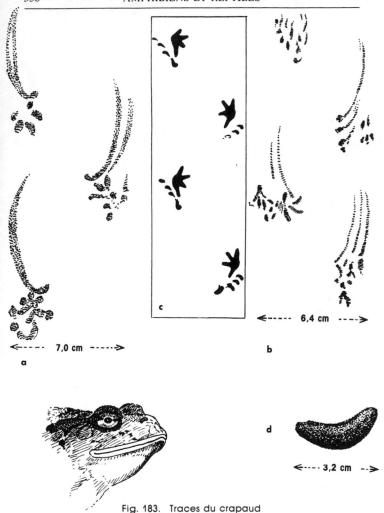

Fig. 183. Traces du crapaud

a), b) Piste d'un crapaud qui marche en se traînant les pieds, sur une route poussiéreuse. La forme exacte des empreintes est difficile à déterminer dans la poussière.

c) Empreintes de crapaud dans la boue humide, où on voit très bien le pied avant aux doigts sortis, ainsi que la rangée de doigts du pied arrière.

d) Excrément de crapaud, aux 2/3 de sa grandeur.

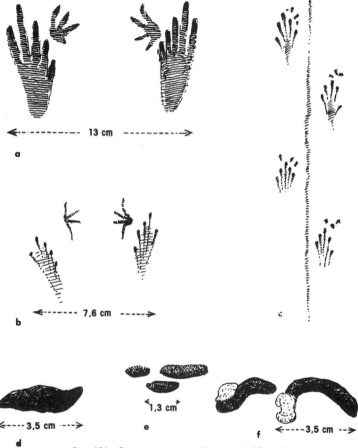

← ---------- 13 cm ---------- →

a

← ------- 7,6 cm ----- →

b

c

← ---- 3,5 cm ---- →

d

← 1,3 cm →

e

← ---- 3,5 cm -- →

f

Fig. 184.   Traces de grenouilles et de lézards

a) Empreintes de ouaouaron dans la boue.
b) Empreintes d'une grenouille de la taille de la grenouille léopard.
c) Piste de lézard dans le sable; les doigts avant ne sont pas nets (Nev.).
d) Crottes de grenouille léopard (Minn.).
e) Crottes d'un petit lézard cornu.
f) Crottes d'un lézard à collier qui s'est nourri d'insectes (Okla.).

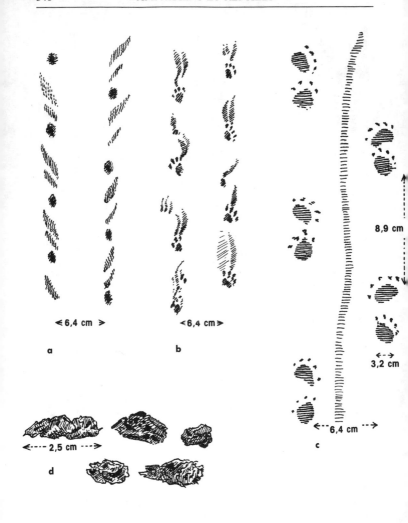

Fig. 185.   Traces de tortues d'espèces inconnues (Okla.)

a) Pistes que le sable a obscurcies.
b) Sur un sable plus ferme, les détails sont un peu plus clairs.
c) Dans la boue, détails des pieds et trace de la queue.
d) Crottes noires ou vert foncé, aux 2/3 de leur grandeur.

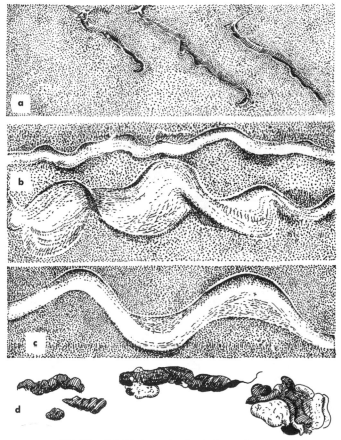

Fig 186. Traces de serpents et de couleuvres

a) Piste de crotale, *Crotalus cerastes*, dans le sable; le déplacement se fait vers la gauche (photo de Walter Mosauer).
b) Couleuvre rayée, dans la poussière: en haut, déplacement lent vers la droite, piste de 1,6 à 1,9 cm de large; en bas, déplacement rapide vers la droite, avec forts mouvements latéraux, piste de 1,9 à 13 cm de large.
c) Piste de *Lampropeltis* dans la poussière; 2,5 cm de large.
d) À droite, deux crottes d'*Heterodon*; à gauche, crottes d'une espèce inconnue.

Une espèce un peu plus petite, *Gopherus berlandieri*, habite le Mexique et certaines régions du sud du Texas.

La dernière espèce, appelée tortue du désert, *Gopherus agassizi*, habite les milieux arides du sud-ouest des États-Unis. Son terrier n'est pas aussi profond que celui des deux autres espèces, et certains individus trouvent des abris sans avoir à se creuser de terrier. Elle est apparemment plus solitaire.

Parmi les nombreux terriers que vous pouvez trouver dans le sud des États-Unis, il y a ceux à l'entrée ovale ou aplatie de la tortue-gaufre. Si vous trouvez une chouette des terriers, un opposum, un serpent à sonnettes ou un autre animal dans un refuge souterrain, il se peut que la galerie qu'il habite ait été d'abord creusée par cette tortue.

Chez les reptiles, les excréments des couleuvres, des serpents et des lézards présentent la particularité d'être recouverts d'un dépôt calcaire blanc à un bout, comme c'est le cas chez les oiseaux. Comparez, par exemple, les figures 184 f) et 186 d) avec 177 b), 178 a) et 179 d). Les quelques traces de reptiles et d'amphibiens reproduites ici ne sont qu'un aperçu de ce qu'on trouve dans la nature.

Insectes et autres invertébrés

LES INSECTES laissent eux aussi des traces, et même des pistes et des crottes. En Floride, j'ai trouvé dans le sable, les crêtes et les tubes en forme de corde qui indiquent les galeries de la courtilière (fig. 188 a). Cela ressemblait aux galeries de taupes qui auraient eu 2,5 cm de diamètre. Il y avait aussi des monticules, comme des taupinières miniatures, dus aux rejets de certains coléoptères fouisseurs du genre *Geotrupes*. Certains monticules atteignaient jusqu'à 15 cm de diamètre et présentaient l'aspect bosselé de certaines taupinières fraîches. Cependant, sous l'action de la pluie, du vent et du soleil, leur surface devenait bientôt lisse. Parmi d'autres coléoptères qui font des monticules, mentionnons *Bolboceras* (fig. 188 b), *Bolbocerosoma* et *Phanaeus carnifex*. Certains monticules sont moins visibles. Vous pouvez également vous familiariser avec les galeries creusées sous l'écorce des arbres, qui laissent des arabesques caractéristiques sur le bois des arbres morts dont l'écorce s'est exfoliée.

Comme on pouvait s'en douter, le gros criquet bourdonnant dit criquet des Mormons laisse une piste caractéristique dans la poussière et le sable (fig. 189). La sauterelle fait une piste assez semblable, quand elle n'est pas en train de sauter ou de voler; il y en a de toutes les tailles, selon les espèces. Un jour que j'étais parti à la découverte dans les dunes du sud-ouest des États-Unis, je découvris des pistes de lézards, de rats kangourous et de renards - ainsi que de nombreux dessins délicats qui devaient être l'oeuvre d'insectes. Devant moi, un coléoptère d'un noir luisant était en train de faire une de ces pistes (fig. 189 c). Les pistes des criquets, des sauterelles et des coléoptères se ressemblent; apparemment, c'est la patte arrière qui traîne derrière et qui laisse un sillage, et une des deux paires de pattes antérieures qui fait la marque transversale. À la figure 189 a), où les marques transversales sont plus nettes qu'en b), on remarque que chaque «empreinte» se compose de trois parties, correspondant aux trois paires de membres.

Maintenant, une énigme. Nous étions plusieurs à nous reposer au bord du lac Jackson au Wyoming. Le sable fin était sillonné de nombreuses pistes, dont celle reproduite à la page 344. Une piste de chevreuil? Sûrement pas avec une empreinte de moins d'un centimètre de long! Cette piste nous entraîna dans le monde du rêve. Quant à vous, si vous réussissez à identifier son auteur, n'hésitez pas à m'en informer!

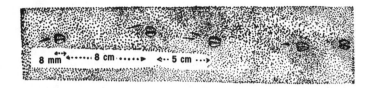

Piste mystérieuse

On a reproduit et agrandi les crottes du criquet des Mormons, de la chenille et de la sauterelle à la figure 189. En f), les plantes dont les criquets se sont nourris ont donné lieu à des crottes composées de fibres rigides empilées en paquets réguliers. Une année de sécheresse, les sauterelles étaient extrêmement abondantes le long de la rivière Missouri au Montana, où ces spécimens ont été recueillis. Le sol était couvert d'excréta qui ressemblaient à des épis.

Les crottes de chenilles illustrées en e) ont la particularité d'être segmentées sur le long et de former un hexagone.

Un jour, par la fenêtre de la cuisine, j'ai vu de ces excréta épars, sous de grandes plantes; au-dessus, parmi le feuillage, il y avait une grosse chenille en train de gruger patiemment le bord d'une feuille. Ces excréta pourraient aider l'entomologiste à repérer l'insecte, et aussi à en identifier l'espèce, une fois ces excréments mieux connus et classés. À cette fin, une bonne méthode consiste à mettre en cage un insecte ou une chenille, puis à dessiner et à décrire les crottes qu'il y dépose. C'est ainsi que j'ai réussi à identifier avec certitude certains échantillons illustrés ici.

En plus, il y a les petites gouttes de gomme sur l'écorce des conifères, les petits tas de sciure ici et là, et tous les autres indices du travail discret des insectes.

Il reste beaucoup à apprendre du monde des insectes.

Quand mon frère et moi étions jeunes, au Minnesota, nous avions trouvé des petits trous dans le fond boueux de la rivière Rouge. Toujours par deux, et plus larges qu'un doigt, ces trous se trouvaient près de la rive, en eau peu profonde. Assez souvent, quand on insérait un doigt dans un des deux trous, une écrevisse émergeait de l'autre extrémité du tunnel, la queue la première. Après avoir découvert ce phénomène, et afin de capturer l'écrevisse et l'observer, nous insérions un doigt à chaque extrémité, puis nous capturions l'animal en rentrant notre main dans le sable au milieu du tunnel.

Plus tard, sur les rives des marais du Dakota-Nord et ailleurs, j'ai repéré de petites cheminées en boue sur la rive, près de l'eau, et j'ai appris qu'elle étaient l'oeuvre des écrevisses, qui y faisaient aboutir leur tunnel.

Les crabes des sables ont leurs terriers sur la plage et, tel que mentionné à la page 205, on peut confondre ces terriers, sur la côte atlantique de la Floride, avec ceux d'une souris à pattes blanches, *Peromyscus polionotus*, qui vit à cet endroit.

Dans l'eau peu profonde près des rives de la rivière Rouge, nous trouvions également des palourdes d'eau douce, et les sillons qu'elles tracent dans la boue en marchant sur le «pied» charnu qu'elles sortent de leur coquille entrebâillée. Sur certaines plages de sable, au bord de la mer, il est courant de rechercher des myes à marée basse, en repérant les moindres monticules sur la surface lisse du sable. Les traces des myes et des écrevisses sont reproduites à la figure 187.

Tout ce qui rampe laisse tôt ou tard une piste quelque part.

Vous avez sûrement déjà remarqué le nombre anormalement élevé de vers de terre qui rampent sur le sol après une pluie, même sur les trottoirs; on a même déjà prétendu qu'ils tombaient du ciel!

En réalité, après une forte averse, les vers ont tendance à sortir à la surface du sol et on peut voir, dans les endroits boueux, le réseau de leurs pistes, comme à la figure 190. Si vous y regardez de près, vous verrez que la largeur de la piste est maximale - plus de 3 mm - dans la boue meuble. Sur une surface plus ferme, la piste est plus étroite, parce que les vers ne s'enfoncent pas autant; dans les endroits secs, la piste disparaît momentanément, leur corps lisse n'y laissant pas de trace.

On trouve également des trous dans la boue, de même diamètre que les portions les plus larges de la piste, là où les vers sont sortis de terre. À côté de ces orifices, les couvrant parfois, on trouve un petit amas d'excrétions de boue produites par le ver (fig. 190).

Fig. 187.   Traces d'écrevisse et de palourde.

a) Cheminée creuse produite par l'écrevisse sur le rivage.
b) Terrier d'écrevisse à deux issues, dans la boue sous l'eau.
c) Palourde et sa piste, dans la boue.

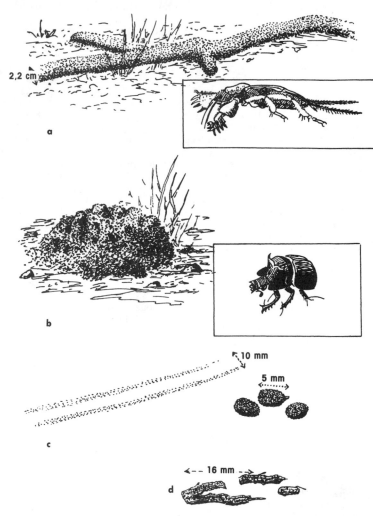

a) Galerie de courtilière, *Gryllotalpa*.
b) Monticule de terre rejetée par un coléoptère fouisseur du genre *Geotrupes*; atteint parfois 15 cm de diamètre; *Bolboceras*, autre insecte fouisseur, à droite.
c) Piste de centipède; à droite, excrément de mille-pattes, *Spirobolus* (Fl.).
d) Excréments de sauterelle vraie, *Pterophylla*.

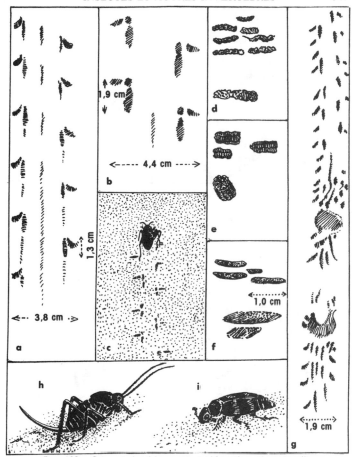

Fig. 189. Criquet des Mormons, coléoptère et sauterelle

a), b) Pistes du criquet des Mormons dans la poussière (Wyo.).

c) Coléoptère et sa piste, dans le sable du désert.

d) Excréta du criquet des Mormons, à peu près grandeur nature; en dessous, spécimen grossi pour révéler la structure.

e) Excréta de chenille; spécimen grossi révélant la structure hexagonale
   en coupe.

f) Excréta de sauterelle, à peu près grandeur nature, spécimens grossis
   en dessous.

g) Piste de «sauterelle» dans le sable; traînement de pattes accompagnant un petit bond.

h) Criquet des Mormons.   i) Nécrophore.

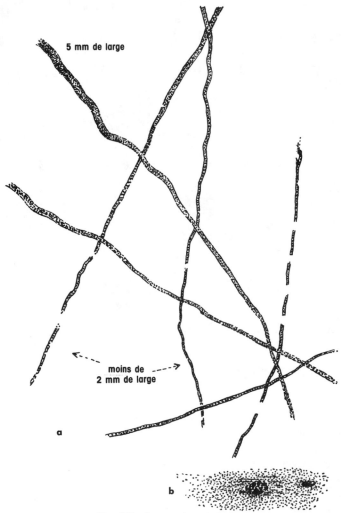

5 mm de large

moins de 2 mm de large

a

b

Fig. 190. Traces de ver de terre

a) Trace dans la boue humide.
b) Trou, l'un bouché par de petites boulettes de boue.

Branches

L'ESPÈCE ANIMALE dépend ultimement des végétaux, et il est normal que les arbres et les arbustes fournissent aux animaux une partie de la nourriture des animaux. Un printemps, au Wyoming, alors que la neige avait fondu, j'ai trouvé au bord de la rivière un massif de shéferdies dont l'écorce avait été grugée par les campagnols. Souvent, on découvre que l'écorce des rosiers sauvages a été grugée sous la neige, et que leurs branches ont été sectionnées (fig. 191 a). Les traces de dents sont minuscules, inférieures à 2 mm.

Un automne, au Wyoming, il avait neigé alors que les peupliers avaient encore leurs feuilles. Les bois étaient jonchés de branches et d'arbres tombés sous le poids de la neige mouillée. Au printemps suivant, après la fonte, nous avons découvert que les petites bêtes qui passent l'hiver à l'abri sous la neige n'avaient manqué de rien. L'écorce des peupliers régale de nombreux animaux, et les branches tombées révélaient partout que les rongeurs s'étaient régalés. La figure 191 c) montre des marques laissées par les gaufres sur une branche de peuplier; ces derniers y avaient accédé par des tunnels dans la neige et avaient laissé des carottes de terre par-dessus et à côté des branches. Comparez la surface lisse résultant du travail du campagnol en b), et l'aspect rugueux de la branche en c), dont le gaufre a mangé l'écorce et entaillé le bois. Les traces de dents du gaufre mesurent environ 2 mm, parfois moins, parfois beaucoup plus.

On l'a vu, les wapitis et les orignaux se nourrissent eux aussi d'écorce, notamment sur les peupliers mais aussi sur les sapins et parfois les aulnes et les gros saules. Généralement, ils laissent des traces verticales ou diagonales sur les troncs (fig. 148). Il arrive que l'on trouve une grosse branche inclinée ou horizontale portant des morsures d'orignal, comme en 191 d); ces marques mesurent de 6 à 12 mm de large.

Maître charpentier, le castor abat des arbres qui peuvent atteindre 60 cm de diamètre. La figure 191 e) montre un rameau écorcé par un castor; les traces de dents y ont 3 mm de large. En f), un castor a sectionné une branche de saule en laissant des traces de dents entre 3 et 6 mm de large. En g), une branche de peuplier a été écorcée par le castor, qui y a fait des entailles de 2 à 6 mm de large. Dans les chantiers des castors, vous remarquerez également qu'ils grugent et écorcent les arbres jusqu'à 2 m du sol; ils ont bien sûr atteint cette hauteur en marchant sur la neige.

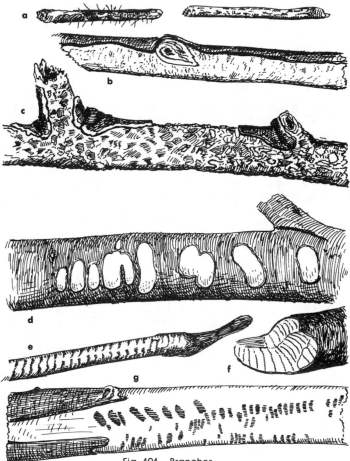

Fig. 191. Branches

a) Branches de rosier sauvage rongées par des campagnols en hiver. À l'extrémité, la coupe en biais n'est pas due à un seul coup de dent, mais à plusieurs coupes successives (voir fig. 107 b).
b) Branche de peuplier rongée par des campagnols sous la neige.
c) Branche de peuplier rongée par des gaufres sous la neige.
d) Branche de peuplier faux-tremble mordue par un orignal (voir fig. 148).
e) Branche de saule écorcée par un castor.
f) Extrémité de tige de saule sectionnée par un castor.
g) Branche de peuplier rongée par un castor (voir fig. 87 c).

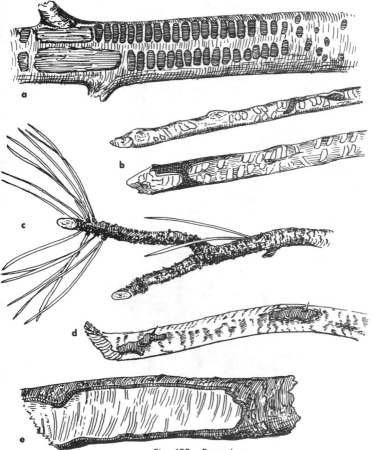

Fig. 192.   Branches

a) Trous de pic maculé mesurant jusqu'à 3 mm de large, sur une branche de saule.

b) Traces de dents du lapin à queue blanche; 3 à 6 mm. (Wisc.).

c) Pousses de pin lodgepole grugées par un lièvre d'Amérique; voir les
illustrations des pages 245 et 354 (Wyo.).

d) Écorce rongée par un porc-épic; les traces de dents varient de 3 à 6
mm (Idaho).

e) Très vieilles traces de dents de porc-épic sur une branche d'épinette;
environ 3 mm de large (Wyo.). Voir les illustrations des pages 174 et 186.
(Wyo.)

Les pics font de belles rangées de trous dans l'écorce (fig. 193).
Les insectes et les phénomènes naturels laissent beaucoup d'autres cicatrices sur les arbres. Les traces d'éclairs sont parmi les plus courantes: il s'agit de longues traînées verticales, souvent en biais; elles se
cicatrisent bien sur les peupliers faux-trembles. Il arrive également que
la foudre brise ou fende les arbres.

Une trace que tous les randonneurs doivent savoir reconnaître est
la marque que laissent les forestiers en entaillant l'écorce à la hache
(fig. 194 a) pour baliser leurs sentiers. Cette trace vous évitera peut-
être le désagrément de passer une nuit en forêt, si vous vous êtes égarés.

Fig. 193.   Trous du Grand Pic

Ces trous sont faits par le pic en quête de colonies de fourmis sur les troncs
des arbres ou sur les souches. De grandeur variable, ils dépassent parfois
30 cm de long, et sont souvent groupés. Il sont généralement de forme
rectangulaire, mais il y a des variantes, selon les endroits où les insectes
se trouvent. Les trous creusés par le Pic maculé sont souvent carrés ou
oblongs eux aussi.

Fig. 194

a) Vieille marque de forestier dessinée par Paul Brooks (Mass.); souvent
   difficile à distinguer de la cicatrice laissée par une branche coupée.
b) Tronc de peuplier faux-tremble portant une vieille marque d'éclair; une
   marque de forestier a les mêmes bords rugueux, mais elle est beaucoup plus courte.

Fig. 195.   Le Tétras du Canada et le Tétras sombre se nourrissent tous deux
de branchettes d'épinette et de sapin, et laissent des ramilles partiellement dénudées, comme celle-ci. Le lièvre d'Amérique broute souvent les ramilles de la même manière (voir page 245).

Os et bois grugés

UN JOUR D'HIVER, alors que je me dirigeais en traîneau à chiens vers un troupeau de rennes dans le comté de Koskokwim en Alaska, j'ai pu observer, amplifié à l'extrême, un comportement plutôt courant chez les cervidés. Les rennes que je voyais ne se contentaient pas de gruger les bois tombés de leurs congénères, mais les grugeaient sur la tête même de leur propriétaire! Bon nombre de rennes qui portaient encore leurs bois se les étaient fait considérablement gruger; les mères, notamment, se nourrissaient des petits bois de leurs faons.

Ce comportement, qui a été noté en de nombreux endroits chez les cervidés, est très courant dans les troupeaux de wapitis du Wyoming. Les animaux se servent de leurs prémolaires et de leurs molaires pour gruger, ce qui laisse des traces caractéristiques. Voyez les andouillers de la figure 196 c), qui ont l'air d'avoir été creusés et «usés» de curieuse façon.

Comparez ce bois à celui représenté en b), qui a été grugé par des rongeurs, pourvus de dents spécialement conçues à cette fin. Ces rongeurs comprennent sans doute les campagnols et les souris, peut-être les spermophiles et très certainement le porc-épic. Je suis incapable d'identifier les rongeurs qui exécutent ce travail, mais je sais qu'ils sont extrêmement efficaces. La figure 196 b) montre tout ce qui reste d'un gros bois de wapiti, et a), la corne presque complètement grugée d'un mouflon. J'ai également trouvé un os de la jambe d'un cheval passablement réduit.

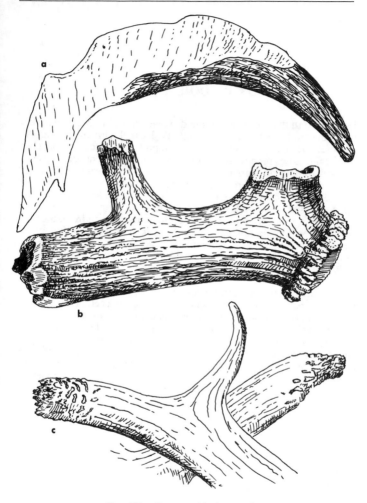

Fig. 196.   Cornes et bois grugés

a) Tout ce qui reste d'une corne de mouflon mangée par des rongeurs.
b) Tout ce qui reste d'un grand bois de wapiti, presque complètement
   mangé par des rongeurs.
c) Andouillers de deux bois de wapiti grugés par cet animal.

Index

LE LECTEUR trouvera commode d'aller directement aux illustrations: la plupart du temps, il ne sera pas nécessaire de consulter le texte pour identifier les traces.

Les pages en **caractères gras** sont celles des illustrations. Quand le nom commun ou scientifique apparaît dans la légende à la page opposée, la page indiquée en gras est bien celle de *l'illustration*. Une pagination continue **(156-59)** indique une succession ininterrompue d'illustrations.

«Si je devais faire l'étude des pistes d'animaux et les représenter par des illustrations, je conclurais par celles de l'homme.»

Henry David Thoreau